刑法総論

川端　博
明照博章
今村暢好

成文堂

はしがき

　本書は，川端　博『刑法』の「刑法総論」部分を分離独立させて川端　博，明照博章および今村暢好の３名で改訂をほどこして刊行するものである。刑法学は，理論的分析が年々精緻をきわめるようになり，刑法に関する本は，ますます難解になってきている。そのため刑法の本は，一読しただけでは分かりにくいとの印象をもたれ，敬遠されがちである。しかし，もともと「刑法」は，一般市民を対象にして日常生活において生じる「犯罪」について規定している法律なのである。それは，法律上，「こういうことはしてはいけない」という「禁止」と「こういうことをしなさい」という「命令」を示し，禁止または命令に違反したばあいには，「刑罰」を科すことによってわたくし達に「なすべき」行為を明らかにする「行為規範」にほかならない。そうすると，刑法が行為規範として機能するためには，刑法の内容は，一般人であるわたくし達に十分に理解できるものでなければならないはずである。その意味で，刑法の本は分かりやすく，そして刑法の全体像がすぐに見えるようなものであることが要請されることになる。そこで，法律を学んでいる法学部の学生や法科大学院生はもとより，「裁判員裁判制度」が定着している今日，裁判員になる可能性のある多数の市民の方々にも読まれ，納得のいくような刑法の本が望まれる。本書は，そのような要望に応えようとするものである。つまり，本書は，刑法の学修者の「教科書」であると同時に市民のための「刑法入門書」でもあると言える。

　改訂は，明照が作成した原案について３名で協議を重ねて確定稿にまとめ上げるという手順でなされた。最近，刑法改正が相次いでいるので，それをもれなく取り込んだことは言うまでもない。さらに判例および学説の発展についても対応したことは，もちろんである。

　本書の出版に当たって成文堂の阿部成一社長から暖かい御配慮を賜ったの

で，心から御礼を申し上げる次第である。また，編集・公刊に関して非常に御世話になった編集部の篠崎雄彦氏にも謝意を表したいと思う。

令和6年（2024年）1月8日

川　端　　　博
明　照　博　章
今　村　暢　好

凡　　例

1　判　　例

1　引用判例の略称は，次の例による。

大判大 5・5・4 刑録 22 輯 685 頁 ➡ 大審院判決大正 5 年 5 月 4 日大審院刑事判決録
22 輯 685 頁。

最決昭 37・2・8 刑集 16 巻 11 号 1522 頁 ➡ 最高裁判所決定昭和 37 年 2 月 8 日最高
裁判所刑事判例集 16 巻 11 号 1522 頁。

東京高判昭 30・5・19 高刑集 8 巻 4 号 568 頁 ➡ 東京高等裁判所判決昭和 30 年 5 月
19 日高等裁判所刑事判例集 8 巻 4 号 568 頁。

2　略語

刑　　録	大審院刑事判決録
刑　　集	大審院刑事判例集，最高裁判所刑事判例集
裁判集刑	最高裁判所裁判集刑事
高 刑 集	高等裁判所刑事判例集
裁　　特	高等裁判所刑事裁判特報
判　　特	高等裁判所刑事判決特報
高 刑 速	高等裁判所刑事裁判速報集
東　　時	東京高等裁判所刑事裁判時報
東 高 刑	東京高等裁判所判決時報刑事
1 審刑集	第 1 審刑事裁判例集
下 刑 集	下級裁判所刑事判例集
裁　　時	裁判所時報
月　　報	刑事裁判月報
判　　時	判例時報
判　　タ	判例タイムズ
新　　聞	法律新聞
評　　論	法律評論

3　大審院の判例等を原文のまま引用するばあいには，読みやすくするために，
原則として，旧漢字・片仮名を新漢字・平仮名に改め，句読点・濁点を付した。

2　法　　令

法令の略語は一般の慣用に従う。なお，刑法については，原則として，条文番号
のみで引用する。

参考文献

浅田和茂『刑法総論』第 3 版　成文堂（2024 年）

井田　良『講義刑法学　総論』第 2 版　有斐閣（2018 年）

伊東研祐『刑法講義　総論』　日本評論社（2010 年）

大塚　仁『刑法概説　総論』第 4 版　有斐閣（2008 年）

大塚裕史・十河太朗・塩谷毅・豊田兼彦『基本刑法 I　総論』第 3 版　日本評論社
　（2019 年）

大谷　實『刑法講義総論』新版第 5 版　成文堂（2019 年）

川端　博『刑法総論講義』第 3 版　成文堂（2013 年）

木村光江『刑法』第 4 版　東京大学出版会（2018 年）

斎藤信治『刑法総論』第 6 版　有斐閣（2008 年）

佐久間修『刑法総論』　成文堂（2009 年）

曽根威彦『刑法総論』第 4 版　弘文堂（2008 年）

高橋則夫『刑法総論』第 5 版　成文堂（2022 年）

只木　誠『コンパクト刑法総論』第 2 版　新世社（2022 年）

団藤重光『刑法綱要総論』第 3 版　創文社（1990 年）

西田典之［橋爪　隆（補訂）］『刑法総論』第 3 版　弘文堂（2019 年）

林　幹人『刑法総論』第 2 版　東京大学出版会（2008 年）

日髙義博『刑法総論』第 2 版　成文堂（2022 年）

平野龍一『刑法　総論 I』　有斐閣（1972 年）

福田　平『全訂　刑法総論』第 5 版　有斐閣（2011 年）

堀内捷三『刑法総論』第 2 版　有斐閣（2004 年）

前田雅英『刑法総論講義』第 7 版　東京大学出版会（2019 年）

松原芳博『刑法総論』第 3 版　日本評論社（2022 年）

松宮孝明『刑法総論講義』第 5 版補訂版　成文堂（2018 年）

山口　厚『刑法総論』第 3 版　有斐閣（2016 年）

山中敬一『刑法総論』第 3 版　成文堂（2015 年）

目　　次

はしがき（i）
凡　　例（iii）
参考文献（iv）

第1章　刑法とは何か

1　刑法とは何か……………………………………………………………*1*
　(1)　刑法の意義(*1*)　　(2)　刑法学(*3*)　　(3)　刑法の解釈(*3*)

2　刑法の種類………………………………………………………………*4*
　(1)　種　類(*4*)　　(2)　法　源(*5*)

3　刑法典の歴史……………………………………………………………*6*
　(1)　近代に至るまでの刑法の歴史(*6*)
　(2)　近・現代における刑法の立法(*7*)

4　刑罰の種類と内容………………………………………………………*13*
　(1)　刑罰の意義(*13*)　　(2)　刑罰権(*13*)　　(3)　刑罰の種類(*14*)

第2章　刑法の基本原則

1　罪刑法定主義の意義……………………………………………………*17*
　(1)　意　義(*17*)　　(2)　罪刑法定主義の思想的背景(*18*)
　(3)　罪刑法定主義の派生的原則(*20*)

第3章　刑法の機能と適用範囲

1　刑法の機能………………………………………………………………*33*
　(1)　意　義(*33*)　　(2)　規制的機能(*33*)　　(3)　秩序維持機能(*34*)

vi　目　次

　　(4)　自由保障機能(37)

　② 刑法の適用範囲（刑法の効力）‥‥‥‥‥‥‥‥‥‥‥‥‥‥‥ *38*

　　(1)　時間的適用範囲（時に関する効力）(38)

　　(2)　場所的適用範囲（土地に関する効力）(41)

　　(3)　人的適用範囲（人に関する効力）(45)

第4章　犯罪論の体系

　① 犯罪論とは何か‥‥‥‥‥‥‥‥‥‥‥‥‥‥‥‥‥‥‥‥‥‥‥ *47*

　　(1)　意　義(47)　　(2)　統一性の原理(47)　　(3)　包括性の原理(48)

　② 犯罪論の概要‥‥‥‥‥‥‥‥‥‥‥‥‥‥‥‥‥‥‥‥‥‥‥‥ *49*

　　(1)　学説の分類(49)　　(2)　諸説の検討(52)

　　(3)　通説・判例による犯罪の定義(54)　　(4)　犯罪論と刑法理論(56)

第5章　構成要件該当性

　① 構成要件の理論‥‥‥‥‥‥‥‥‥‥‥‥‥‥‥‥‥‥‥‥‥‥‥ *63*

　　(1)　構成要件論の沿革(63)　　(2)　現在の構成要件論の輪郭(63)

　　(3)　構成要件の種類(64)

　② 犯罪の主体‥‥‥‥‥‥‥‥‥‥‥‥‥‥‥‥‥‥‥‥‥‥‥‥‥ *65*

　　(1)　自然人(65)　　(2)　法　人(66)

　③ 行為論‥‥‥‥‥‥‥‥‥‥‥‥‥‥‥‥‥‥‥‥‥‥‥‥‥‥‥ *68*

　　(1)　序(68)　　(2)　身体的動作説(68)　　(3)　有意行為論(68)

　　(4)　目的的行為論(69)　　(5)社会的行為論(69)　　(6)　人格的行為説(69)

　　(7)　構成要件的有意行為論(70)

　④ 因果関係‥‥‥‥‥‥‥‥‥‥‥‥‥‥‥‥‥‥‥‥‥‥‥‥‥‥ *70*

　　(1)　因果関係論の意義(70)　　(2)　学　説(71)　　(3)　択一的競合(73)

　　(4)　相当性の判断(74)　　(5)　客観的帰属の理論（客観的帰属論）(75)

目　次　vii

5　構成要件的故意……………………………………………………………… 76

(1)　意　義(76)　　(2)　故意の犯罪論体系上の位置づけ(77)

(3)　故意の対象(77)　　(4)　故意の種類(78)

(5)　錯誤による故意阻却(79)

6　構成要件的過失……………………………………………………………… 80

(1)　新旧過失犯論争(80)　　(2)　新過失犯論(80)　　(3)　信頼の原則(81)

(4)　業務上過失と刑の加重(82)

7　不作為犯論…………………………………………………………………… 82

(1)　意　義(82)　　(2)　作為との同価値性(83)

(3)　作為義務の位置づけ(83)　　(4)　作為義務の発生根拠(84)

第6章　違法性

1　違法性の基本概念…………………………………………………………… 87

(1)　主観的違法性説と客観的違法性説(87)

(2)　人的不法論と物的不法論(88)

(3)　人的不法論・物的不法論と刑法の倫理化との関係(89)

(4)　違法性における事後判断と事前判断(90)

(5)　可罰的違法性の理論(90)　　(6)　主観的違法要素(91)

2　正当化事由（違法性阻却事由）の意義…………………………………… 94

(1)　意　義(94)　　(2)　正当化事由の統一的原理(95)

(3)　違法性阻却事由の種類(96)　　(4)　正当防衛(101)

(5)　緊急避難の法的性格(105)　　(6)　正当化事情の錯誤(107)

第7章　有責性（責任）

1　責任論における基本観念…………………………………………………… 113

(1)　責任の意義(113)　　(2)　責任の判断(114)

(3)　自由意思と責任(114)　　(4)　責任阻却事由(117)

viii　目　次

　(5)　道義的責任論，社会的責任論と法的責任論(*118*)

　(6)　行為責任論，性格責任論，性格論的責任論および人格責任論(*120*)

　(7)　心理的責任論と規範的責任論(*121*)

2　責任能力 ……………………………………………………………… *123*

　(1)　責任能力の内容(*123*)　　(2)　責任能力の位置づけ(*127*)

　(3)　責任能力の存在時期(*128*)　　(4)　原因において自由な行為(*128*)

3　違法性の認識と違法性の錯誤 ……………………………………… *131*

　(1)　意　義(*131*)　　(2)　学説・判例(*132*)　　(3)　故意と過失の限界(*134*)

4　期待可能性 …………………………………………………………… *136*

　(1)　意　義(*136*)　　(2)　判例の立場(*137*)

　(3)　期待可能性の理論の実践的役割(*138*)

　(4)　期待可能性の体系上の位置づけ(*138*)

　(5)　期待可能性の有無の判断基準(*139*)

　(6)　期待可能性の錯誤(*141*)

第8章　未遂犯

1　未遂犯の意義 ………………………………………………………… *143*

　(1)　実行の着手(*143*)　　(2)　実行の着手に関する学説の状況(*144*)

　(3)　判例の立場(*148*)　　(4)　特殊な犯罪類型における実行の着手時期(*149*)

2　中止未遂（中止犯） ………………………………………………… *152*

　(1)　中止未遂（中止犯）の法的性格と成立要件(*152*)

3　不能犯 ………………………………………………………………… *160*

　(1)　意　義(*160*)　　(2)　不能犯に関する学説(*161*)

第9章　共　犯

1　共犯の基本概念 ……………………………………………………… *165*

　(1)　共犯の意義と種類(*165*)　　(2)　正犯と共犯の区別(*165*)

目　次　ix

　⑶　犯罪共同説と行為共同説(*168*)　　⑷　共犯の従属性(*170*)

　⑸　従属性の程度(*171*)

2　共犯の処罰根拠 ……………………………………………………… *173*

　⑴　責任共犯説(*173*)　　⑵　違法共犯説(*174*)

3　共犯の特殊類型 ……………………………………………………… *174*

　⑴　必要的共犯(*174*)　　⑵　共謀共同正犯(*176*)

　⑶　承継的共同正犯(*180*)　　⑷　共同正犯関係からの離脱(*181*)

4　幇助犯の因果関係 …………………………………………………… *183*

　⑴　問題の所在(*183*)　　⑵　幇助犯の因果関係(*184*)

5　身分犯と共犯 ………………………………………………………… *185*

　⑴　刑法 65 条の解釈(*185*)　　⑵　加減的身分と共犯の具体例(*188*)

　⑶　消極的身分犯と共犯(*188*)

　⑷　刑罰阻却的身分（一身的刑罰阻却事由）と共犯(*189*)

第 10 章　罪数論および刑罰論

1　罪数論 ………………………………………………………………… *191*

　⑴　罪数論の意義(*191*)　　⑵　一罪と数罪の種類(*192*)

　⑶　単純一罪(*192*)　　⑷　包括一罪（包括的一罪）(*194*)

　⑸　科刑上一罪(*195*)　　⑹　併合罪(*196*)　　⑺　単純数罪(*197*)

　⑻　罪数決定の基準(*198*)　　⑼　観念的競合における行為の 1 個性(*199*)

　⑽　牽連犯における「手段と結果」の関係(*202*)

　⑾　科刑上一罪における「かすがい現象」(*204*)

2　刑罰論 ………………………………………………………………… *207*

　⑴　刑罰論における基本観念(*207*)

　⑵　刑罰権発生のための条件―処罰条件(*213*)

　⑶　刑の適用(*213*)　　⑷　加減例(*214*)　　⑸　刑の執行(*215*)

　⑹　刑の執行猶予(*216*)　　⑺　刑罰の消滅(*218*)　　⑻　保安処分(*219*)

x 目 次

事項索引 …………………………………………………………… *221*
判例索引 …………………………………………………………… *227*

第1章　刑法とは何か

1　刑法とは何か

⑴　刑法の意義

　刑法とは，犯罪と刑罰との関係を規律する法律を意味する。刑法において
は，犯罪の「成立要件」とその犯罪に対して科せられる「法律効果」として
の刑罰が規定されていることになる。

　刑法は，英語では Criminal Law（犯罪法），ドイツ語では Strafrecht（刑罰
法），フランス語では Droit pénal（刑罰法）と称され，『広辞苑』は，語義の第
1として「刑罰の法則・おきて」を挙げている。このように名称は，必ずし
も一致していないが，いずれにしても，それによって犯罪または刑罰に関す
る法律であることは表現されている。

　古来，社会あるところ犯罪が存在し，それに対して刑罰が制裁として科せ
られてきた。社会秩序を維持するためには，秩序を破壊する行為を禁圧する
必要がある。そこで，そのような反社会的な行為を「犯罪」とし，それをお
こなった行為者に対して「刑罰」を科することによって，秩序の維持が図ら
れてきたのである。「何」を犯罪とするのか，「どのような制裁」を刑罰とす
るのかは，時代により，場所または国家により異なる。そこには「歴史性」
と「地域性」がみとめられる。刑法を学ぶにあたっては，その点に留意する
必要がある。

　「何」を犯罪とし，その成立要件としていかなる要素をみとめるべきかにつ
いて考察することを「犯罪論」という。その詳細は，4章～10章（罪数論まで）
において説明する。

　刑罰の理念・根拠・種類・執行などについて考察することを「刑罰論」と

いう。刑罰論については，10章（刑罰論）において説明する。

　犯罪に対する市民の関心は強い。連日のようにマスメディアが，犯罪について詳細に報道しているので，犯罪は，一般市民にとっても身近なものとなっている。治安状態が悪化していると感じられるようになっている昨今，生活の安全という観点からも関心をもたざるを得なくなっている。また，裁判員裁判が実施されているので，裁判員や将来裁判員となり得る一般市民も，刑法の基礎知識をもつ必要に迫られている。そのため，刑法についてもっと知りたいという要求・要望は，ますます強くなっているといえるであろう。それで，刑法を学ぶ人が増加するに至っている。

　ところが，いざ刑法を学び始めると，その難しさに打ちのめされる者が出てくる。身近な刑法が，刑法学として学び始めると，法律論の難解さに頭をかかえてしまうことになるという現象が生ずるのである。それはなぜだろうか。

　その原因は，初学者が抱いている「刑法」・「刑法学」のイメージと現実の「刑法」・「刑法学」があまりにもかけ離れていることに求められる。すなわち，初学者が抱く刑法のイメージは，「犯罪は，人間の実存における限界状況下の行動であるから，刑法および刑法学においては人生に苦悩する人間の生き方，倫理的・哲学的アポリアに対する解答，犯罪の原因とその対策の解明がなされているに違いない」というものであると解される。つまり，刑法および刑法学においては「人間学的省察」が満ちあふれているはずであるという期待である。ところが，刑法学における現実の議論は，この期待を裏切らざるを得ない。なぜならば，そこでは人生論は語られず，法と倫理の峻別といって倫理問題が棚上げされ，犯罪の原因論や対策論は，刑事学・犯罪学ないし刑事政策学の固有の問題とされており，さらに法哲学などの基礎法学分野の考察も排除されているからである。刑法学では，刑法の「解釈学」が中心とされているのであり，それには合理的な理由が存在する。

　そこで，まず刑法の解釈学について理解する必要性が生ずるのである。刑法解釈学を理解すれば，現在の刑法の理解が容易となる。

(2) 刑法学

刑法学は，狭義では，実定刑法の解釈を任務とする「刑法解釈学」を意味し，広義では，さらに，刑法理論（刑法哲学），刑法史学および比較刑法学を包含する刑法に関する学問を意味する。刑法理論は，犯罪および刑罰の哲学的基礎を考察し，刑法史学は，刑法の歴史的発展を歴史学の方法に従って考察し，比較刑法学は，各国間の刑法を比較して考察する学問である。最広義における刑法学は，これらのほかに刑事学（犯罪学および刑事政策学）をも包含する学問として理解される。

刑法解釈学は，刑法典の規定が，総則と各則とに大別されていることに対応して，講学上，「刑法総論」および「刑法各論」に分けられる。

刑法総論は，刑法典の総則編に含まれる規定を中心として，犯罪の成立要件とこれに対する法律効果としての刑罰の適用に関する一般原則を考察する学問領域である。

これに対して刑法各論は，刑法典の各則に規定されている各種の犯罪類型の意味と，これに対する法定刑との関係を考察する学問領域である。刑法各論については，『刑法各論』において説明する。

(3) 刑法の解釈

刑法は，成文で表示されるが，その成文が「条文」にほかならない。しかし，条文は，「刑法規範」そのものではなく刑法規範を表示した「命題」であり，刑法規範は，条文によって表示されているものの「意味」である。その刑法の「規範的意味」を認識することが刑法の解釈なのである。条文は，文法的には「言葉」（自然言語）によって形成され，論理的には「命題」の形式でもって表示されているので，刑法を解釈するにあたっては，まず，条文の言葉の「言語学的意味」を明らかにし，命題の「論理的意味」を明らかにしなければならない。このように，言葉の言語学的意味を明らかにすることを「文理解釈」といい，命題の論理的意味を明らかにすることを「論理解釈」という。

法命題を形成する自然言語は，もともと多義的であるから，文理解釈だけ

4 第1章 刑法とは何か

によって規範的意味は一義的には確定され得ない。ある特定の意味に限定するには、一定の基準が必要となる。また、命題は、論理的につねに少なくとも二つの意味を有し得る。たとえば、ある命題は、ある観点からは「原則」を表示したものと解され、別の観点からは「例外」を表示したものと解され得るのである。そのうちのいずれをとることも「論理的には」可能であるが、いずれが「正しい」かは論理解釈によっては判断できない。それを判断するためには、一定の基準が必要である。このような基準を提供するのが、「目的論的解釈」にほかならない。

目的論的解釈として、縮小解釈・拡張解釈・類推解釈がある。刑法の条文の言葉の「日常用語の意味」を標準として、それよりも狭く解釈することを「縮小解釈」といい、それよりも広く解釈することを「拡張解釈」という。刑法の条文で規定されている事実と規定されていない事実との類似性を基礎にして、刑法の規定を後者の事実に推し及ぼすような解釈を「類推解釈」という。拡張解釈が、刑法の条文の「言葉の可能な意味の範囲」内にとどまるのに対して、類推解釈はその範囲を超えてしまうので、罪刑法定主義の見地から禁止される。これについては、第2章①(3)において罪刑法定主義の派生的原則の個所で詳しく述べることにする。

刑罰法規は、行為者の権利・自由を制限するものであるから、刑法の解釈は厳格でなければならない（Poenaria sunt restringenda）。しかし、その反面として、行為者に有利な類推解釈は、罪刑法定主義に違反するのではなく、むしろその実質的趣旨に適合するものとして許されることになる。したがって、超法規的な違法性阻却事由および責任阻却事由が広くみとめられるのである。犯人に不利益な類推（analogia in malam partem）は許されないが、有利な類推（analogia in bonam partem）は禁止されていないのである。

② 刑法の種類

(1) 種　類

「犯罪」とその犯罪に対して科せられる「刑罰」の内容を規定した国家的法

規範のすべてを「実質的意義における刑法」といい，刑法という名前を付けられた法律，すなわち，「刑法」（明治40年法律45号）を「形式的意義における刑法」という。これは，刑法に関する基本法であるから，「刑法典」と称される。

刑法典は，一般的な犯罪に対するものとして「普通刑法」といわれる。これに対して，刑法典を除く他の刑罰法規は「特別刑法」といわれる。諸外国において，刑罰を補充するものとしての保安処分の制度をも刑法典中に規定する立法例が増加しており，保安処分に関する法も最広義の刑法に含まれる。

刑法は，刑罰権の主体としての国家とその客体である犯人との関係を規律する法律として，「公法」の範疇に属し，刑罰権の発動に関する実質的法律関係を規定するものとして，「実体法」に属する。実体法としての刑法を実現するための手続法が，刑事訴訟法である。

⑵ 法 源

法源とは，法の存在形式をいう。刑法の法源は，罪刑法定主義の観点から次のように制限される。

（i）原則として，狭義の法律に限られる（憲31条）。法律の代表的なものが，「刑法典」であり，刑法典は，他の刑罰法規に対する基本法としての性格を有する（8条参照）。

（ii）委任命令に罰則を付することは，特定委任のばあいに限って許される。憲法73条6号ただし書きは，「政令には，特にその法律の委任がある場合を除いては，罰則を設けることができない」と規定して，法律が具体的に罰則を委任する「特定委任」のみを許しているのである。そして，国家行政組織法12条3項も，総理府令・省令について，法律の特定委任があったばあいのほか罰則を設けることができないとしている。

なお，地方自治法14条3項は，かなり広範囲の包括的委任をみとめているが，条例は，民意を反映する地方公共団体の議会の議決によって成立する成文法であるから，「法律」に準ずるものとして実質的には罪刑法定主義に反しないものと解され得る。

6 　第1章　刑法とは何か

(iii)　慣習や条理は，直接の法源としてみとめられない。罪刑法定主義が刑罰法規の法源を狭義の法律とするのであるから，慣習や条理は法源となり得ないのである。しかし，慣習や条理は，構成要件の解釈や違法性阻却事由などに関して一定の意味を有し得る。違法性に関しては，条理上，超法規的な阻却事由がみとめられ得るのである。

(iv)　判例は，判例法主義をとる英米法とは違って，成文法主義を建前とする大陸法系に属するわが国においては，直接の法源性をみとめられない。

③ 刑法典の歴史

(1)　近代に至るまでの刑法の歴史

(i)　古　代

　上代の延喜式の大祓詞によれば，疾病や自然の災厄をも含んだ天津罪，国津罪の観念があり，宗教的な祓による解除がおこなわれた。公刑罰としての死刑，罰金，没収，追放なども存在したとされている。

　大化の改新の後，中国の法制を模範にして大宝律（大宝2年・702年），養老律（養老2年・718年）が制定された（なお，養老律は，形式的には，明治維新まで一度も改正されることなく存続した）。これらには，各則的な諸種の規定のほか，たとえば，責任能力，錯誤，共犯などに関する総則的規定も設けられ，刑罰としては，正刑，換刑，閏刑，附加刑の4種があり，正刑は，笞，杖，徒，流，死の5種類につき20等の段階が区分され，また，連坐，縁坐の制度もみとめられていた。それは，唐律の規定を踏襲したものであるが，規定の簡素化と刑の緩和化が図られている点に，わが国独自の発展のきざしがみられる。平安時代の中期以降，律令制度は，次第にすたれ，刑事法の分野では，検非違使庁の庁例が重要な意味を有することとなった。庁例刑法の内容は，律に比べて手続きを簡素化し，刑を緩和する傾向にあったのであり，自由刑が広汎におこなわれ，また，追放刑も採用された。

(ii) 中　世

　鎌倉時代には，律令法の適用は，主として公家法の領域に限られ，これに対する武家の法が，新たに国法の中核を成すに至った。北条泰時の御成敗式目（貞永式目）（貞永元年・1232年）は，当時の武家の慣習法を成文化したものである。刑罰としては，死刑（斬），流刑（遠流），追放刑（追却），自由刑（召籠，召禁），身体刑（火印，片髪剃，指切），職務刑（改易，出仕停止）のほか，広範囲にわたって財産刑（没収）がおこなわれていた。

　室町時代末期から戦国時代にかけて，刑罰制度は，幕府法および各分国法ともに，威嚇主義的傾向を有した。たとえば，死刑は，磔，逆磔，鋸引，串刺，牛裂，車裂，火焙，釜煮，簀巻など，残虐な方法で執行され，また，耳をそぎ，鼻を削るなどの身体刑も広く適用され，縁坐，連坐の制度が著しく拡大されるとともに，喧嘩両成敗の法が広くおこなわれた。

(iii) 近　世

　武家の刑法は，江戸時代に至って，一応，完成をみた。徳川幕府の刑法も，慣習法を中心とする武断的・威嚇的性格のものであったが，次第に緩和化の傾向が現われた。幕府による慣習法の立法化が相次いで試みられ，刑法については，八代将軍吉宗のいわゆる御定書百ケ条，すなわち，公事方御定書下巻（寛保2年・1742年）がとくに重要である。それは，徳川幕府の判例刑法の集成であり，その後における判例法の基礎として重要な意味をもった。江戸時代には，幕府法のほか，各藩もそれぞれの刑法を有していたが，その多くは幕府法に倣ったものであったとされる。

(2)　近・現代における刑法の立法

(i)　旧刑法制定まで

　明治元年〔1868年〕に「仮刑律」が定められ（公布はされていない），明治3年〔1870年〕に「新律綱領」が制定され，明治6年〔1873年〕の「改定律例」は新律綱領を修正し，ここに律令系刑法への復帰がみられた。

　しかし，明治13年〔1880年〕の「刑法」（明治15年（1882年）施行）は，西

8　第1章　刑法とは何か

洋の近代刑法を継受したのである。これは，明治政府がパリ大学から招聘したボアソナード（1825-1910）によって起草された草案（明治10年（1877年）完成）を元老院の審査に付して修正をほどこしたうえ，明治13年太政官布告36号として公布されたものである。フランス刑法，とくにナポレオン刑法典からの影響が強く，「啓蒙主義的な市民的自由主義思想」を背景とした法典であったとされる。現在，「旧刑法」と称されるこの刑法典は，総則と各則を区分し，罪刑法定主義を宣言し（旧刑法2条），犯罪を重罪，軽罪および違警罪に三分し，刑罰として，死刑，徒刑，流刑，懲役，禁獄（重罪の刑），禁錮，罰金（軽罪の刑），拘留，科料（違警罪の刑）の各種を含む主刑と，剥奪公権，停止公権，禁治産，監視，罰金，没収を含む附加刑とを規定していた。

(ii)　現行刑法典の成立

　その後，富国強兵策を強力に推進した明治政府は，法制の範をドイツ帝国に求め，ドイツ刑法の影響のもとに制定されたのが，明治40年〔1907年〕の「刑法」である（明治41年・1908年施行）。この刑法典が現行刑法にほかならない。

　この法典の特徴は，犯罪類型が包括的であること，および，法定刑の幅が広いことである。たとえば，旧刑法における殺人罪は，謀殺罪（292条），故殺罪（294条），毒殺罪（293条），惨刻殺罪（295条），便利殺罪（296条），誘導殺罪（197条），誤殺罪（298条）などに細分され，それぞれについて，死刑または無期徒刑が科せられていたが，現行刑法は，殺人罪を199条だけに統合し，法定刑も「死刑又は無期若しくは5年以上の拘禁刑」として，きわめて幅を広くしている。

(iii)　刑法の一部改正

　刑法典は，明治41年〔1908年〕の施行以来，時代状況に合わせて，部分的に改正されてきている。昭和16年〔1941年〕の改正法（法律61号）では，没収・追徴の範囲を拡張し（19条，19条の2），強制執行不正免脱罪（96条の2），競売入札妨害罪および談合罪（96条の3）を新設したうえ，収賄罪の構成要件

を細分化してその法定刑を引き上げた（197 条以下）。

戦後，昭和 22 年〔1947 年〕の改正法（法律 124 号）は，新たに制定された日本国憲法の精神，とくに平等主義，人権尊重主義などの観点から刑法典の全般にわたって改正がなされた。たとえば，皇室に対する罪（73〜76 条）および妻の姦通罪（183 条）に関する規定が削除され，公務員の職権濫用罪（193〜195 条），暴行罪（208 条），脅迫罪（222 条）の法定刑が加重され，刑の執行猶予を付すことのできる条件が緩和され（25 条），さらに，前科抹消の制度（34 条の 2），重過失致死傷罪（211 条後段），名誉毀損罪における事実の証明に関する規定（230 条の 2）が新設された。

昭和 28 年〔1953 年〕（法律 195 号）および昭和 29 年〔1954 年〕（法律 57 号）の改正により，刑の執行猶予を付すことのできる要件がさらに緩和され，執行を猶予された者に対する保護観察の規定が新設されている。

昭和 33 年〔1958 年〕（法律 107 号）の改正では，証人威迫罪（105 条の 2），あっせん収賄罪（197 条の 4），あっせん贈賄罪（198 条 2 項），凶器準備集合罪・凶器準備結集罪（208 条の 2）が新設され，昭和 35 年〔1960 年〕（法律 83 号）の改正では，不動産侵奪罪（235 条の 2），境界毀損罪（262 条の 2）の規定が新設された。

昭和 39 年〔1964 年〕（法律 124 号）の改正では，身代金拐取罪（225 条の 2），身代金拐取予備罪（228 条の 3）が新設されている。

昭和 43 年〔1968 年〕（法律 61 号）の改正では，併合罪の要件（45 条後段）が修正され，業務上過失致死傷罪・重過失致死傷罪（211 条）の法定刑が引き上げられ，昭和 55 年〔1980 年〕（法律 30 号）の改正では，各収賄罪（197〜197 条の 4）の法定刑が引き上げられたのである。

昭和 62 年〔1987 年〕（法律 52 号）には，コンピュータ犯罪に対応するために，電磁的記録不正作出罪・不正電磁的記録供用罪（161 条の 2），電子計算機業務妨害罪（234 条の 2），電子計算機使用詐欺罪（246 条の 2）の規定が新設された。

平成に入り，平成 13 年〔2001 年〕（法律 97 号）の改正では，支払用カード電磁的記録に関する罪が新設され，平成 13 年〔2001 年〕（法律 138 号）の改正

では，危険運転致死傷罪が新設されている。平成15年〔2003年〕（法律122号）の改正では，国民以外の者の国外犯に関する規定が設けられるに至った。平成23年〔2011年〕（法律74号）には，強制執行を妨害する行為に関して新たな処罰規定を設けたり，わいせつ物頒布等罪の客体にわいせつな電磁的記録にかかる記録媒体を加えられている。平成25年〔2013年〕（法律49号）の改正では，刑の一部の執行猶予が新設され，平成29年〔2017年〕（法律72号）の改正では，強姦罪から強制性交等罪などへと変更された。

　令和に入り，令和4年〔2022年〕（法律67号）の改正では，懲役刑と禁錮刑を廃止して拘禁刑を新設し，再度の執行猶予の要件が緩和され，侮辱罪の法定刑が引き上げられ，令和5年〔2023年〕（法律66号）の改正では，強制性交等罪から不同意性交等罪などへと変更され，16歳未満の者に対する面会要求等の罪が新設されるなどの刑法の一部改正がなされている。

　これらは，その時々の犯罪現象に対応するための法改正であり，刑法の現代化を推進するものである。

　戦後における貨幣価値の急激な下落に対処するため，罰金および科料の額などに関する特例として，昭和23年〔1948年〕に罰金等臨時措置法（昭和23年法律251号）が設けられ（昭和47年法律61号により改正），刑法における罪についても本法が適用されてきた。しかし，平成3年〔1991年〕（法律31号）の改正により，刑法における罪や「暴力行為等処罰に関する法律」における罪などについては，当該法条の罰金・科料の額そのものが現在の貨幣価値に相応するように引き上げられている。

(iv)　特別刑法の立法

　特別刑法としては，旧刑法時代に，爆発物取締罰則（明治17年太政官布告32号），決闘罪に関する件（明治22年法律34号）などが制定され，現行刑法の時代に入ってから第二次世界大戦までに，「暴力行為等処罰に関する法律」（大正15年法律60号），「盗犯等の防止及処分に関する法律」（昭和5年法律9号），「経済関係罰則の整備に関する法律」（昭和19年法律4号）などが制定されている。

　そして，戦後，「覚せい剤取締法」（昭和26年法律252号），「破壊活動防止法」

（昭和 27 年法律 240 号），「売春防止法」（昭和 31 年法律 118 号），「新幹線鉄道における列車の運行の安全を妨げる行為の処罰に関する特例法」（昭和 39 年法律 111 号），「航空機の強取等の処罰に関する法律」（昭和 45 年法律 68 号），「人の健康に係る公害犯罪の処罰に関する法律」（昭和 45 年法律 142 号），「火炎びんの使用等の処罰に関する法律」（昭和 47 年法律 17 号），「航空の危険を生じさせる行為等の処罰に関する法律」（昭和 49 年法律 87 号），「人質による強要行為等の処罰に関する法律」（昭和 53 年法律 48 号）などが制定されているのである。

さらに，「児童買春，児童ポルノに係る行為等の処罰及び児童の保護等に関する法律」（平成 11 年法律 52 号），「不正アクセス行為の禁止等に関する法律」（平成 11 年法律 128 号），「組織的な犯罪の処罰及び犯罪収益の規制等に関する法律」（平成 11 年法律 136 号），「ストーカー行為等の規制等に関する法律」（平成 12 年法律 81 号），「配偶者からの暴力の防止及び被害者の保護に関する法律」（平成 13 年法律 31 号），「心神喪失等の状態で重大な他害行為を行った者の医療及び観察等に関する法律」（平成 15 年法律 110 号），「犯罪による収益の移転防止に関する法律」（平成 19 年法律 22 号），「自動車の運転により人を死傷させる行為等の処罰に関する法律」（平成 25 年法律 86 号），「私事性的画像記録の提供等による被害の防止に関する法律」（平成 26 年法律 126 号），「性的な姿態を撮影する行為等の処罰及び押収物に記録された性的な姿態の影像に係る電磁的記録の消去等に関する法律」（令和 5 年法律 67 号）などが制定されている。

(v) 刑法の全面改正の動向

大正 10 年〔1921 年〕10 月に政府から刑法改正の可否と綱領について諮問をうけた臨時法制審議会は，大正 15 年〔1926 年〕10 月に「刑法改正ノ綱領」を答申した。昭和 2 年〔1927 年〕1 月に司法省に設置された刑法改正原案の起草委員会が上記の「綱領」を基礎にして「刑法改正準備草案」を起草し，さらに刑法並監獄法改正調査委員会において上記の「予備草案」が審議され，昭和 15 年〔1926 年〕に「改正刑法仮案」として発表されたが，第二次世界大戦の激化のため，改正作業は中止されてしまった。

「改正刑法仮案」は，刑罰の種類について資格喪失，資格停止，居住制限，

12 第1章 刑法とは何か

譴責や不定期刑を新設し，刑罰のほかに保安処分を規定し，さらに宣告猶予の制度などを定めていた。これは，法典として立法化されなかったが，その後の刑法典の部分的改正において，いくつかの規定が採用されている（たとえば，19条，19条の2，96条の2，96条の3）。

戦後，法務省は，全面改正作業にとりかかり，昭和31年〔1956年〕には小野清一郎博士を座長とする「刑法改正準備会」を発足させ，同準備会は，昭和36年〔1961年〕12月に「改正刑法準備草案」を発表した。昭和38年〔1963年〕5月に法務大臣から刑法の全面改正の可否と綱領を諮問された法制審議会は，同年7月に「刑事法特別部会」を発足させ，同部会は「準備草案」を土台にして審議を進め，昭和47年〔1972年〕3月に「法制審議会刑事法特別部会改正刑法草案」を公表した。そして法制審議会は，昭和49年〔1974年〕5月に上記部会案を可決し，法務大臣に対して，現行「刑法に全面的改正を加える必要がある。改正の要項は当審議会の決定した改正刑法草案による」という答申をした。同年12月に上記の確定案は，「法制審議会改正刑法草案」として公表された。

「改正刑法草案」は，条文の表記を現代語に改めて読みやすくし，刑法学説の成果をかなり取り入れて理論的深化を図っているなどすぐれた面をもっている。

しかし，その反面，構成要件の細分化と種々の犯罪の新設と旧来の犯罪の存置・重罰化の傾向があること，行刑に関する学問的成果をあまり考慮していないこと，などの欠陥も指摘された。このように欠陥として指摘されている点をめぐって改正反対の運動が起こった。現今の政治情勢のもとでは全面改正の成否は予断を許さないが，しかし，時代の要請に合ったすぐれた刑法典の実現は，今後とも希求されなければならない。

現行刑法は，制定以来一度も大改正をうけてきておらず，片仮名なまじりの漢文調の法文のままであったため，一般にはなじみにくい難解な法文となってしまっていた。そこで，現代語を用いて刑法典を平易化することが，「刑法の一部を改正する法律」（平成7年法律91号）によって実現したのである。刑法の「行為規範性」の観点からは，刑法典の平易化はおおいに歓迎すべき

ものである。

本法律による刑法改正は，一部改正の方式が採用され，現行刑法との内容上の一体性が維持されている。改正内容の要点は，次のとおりである。

(a)刑法の表記を現代用語化して平易化する。

(b)いんあ者の行為に関する規定を削除する。

(c)尊属殺人罪，尊属致死傷罪，尊属逮捕監禁罪の規定を削除する。

(d)この法律の施行に関し必要な経過措置を定めることとし，関係法律につき所要の改正をおこなう。

4 刑罰の種類と内容

(1) 刑罰の意義

刑罰とは，形式的には，犯罪に対する法的効果として，国家によって犯人に科せられる一定の法益の剥奪をいう。その実質的意義は，犯罪に対する国家的応報であるとともに，一般予防および特別予防を目的とすることに求められる。刑罰の考察にあたっては，実証的観点からの議論がきわめて重要な意味をもつが，それは刑事学（犯罪学ないし刑事政策学）において非常に詳細に検討されている。

(2) 刑罰権

刑罰権とは，犯罪者を処罰できる国家の権限をいう。刑罰権には，「一般的刑罰権」と「個別的刑罰権」とがある。一般的刑罰権とは，およそ犯罪があるばあいに，国家がその犯人を処罰できることをいい，個別的刑罰権とは，具体的に犯罪がおこなわれたばあいに，その犯人を処罰できることをいう。個別的刑罰権は，刑罰請求権とも称される。個別的刑罰権は，観念的な存在にとどまり，実際に刑罰を科し得るためには，その前提として，裁判所によって犯人に対する有罪の判決が下され，それが確定したことが必要である。この意味において，刑罰権は，さらに，未確定の段階における「観念的刑罰権」と，確定した段階における「現実的刑罰権」とに区別され得る。前

14　第1章　刑法とは何か

者の段階では，「裁判による刑罰の適用」が問題となり，後者の段階では，確定した「刑罰の執行」が問題となる。

(3) 刑罰の種類

刑法は，死刑・拘禁刑・拘留および科料を主刑とし，没収を付加刑として規定している (9条)。主刑とは，それ自体を独立して科すことができる刑罰をいい，付加刑とは，主刑を言い渡すばあいに，これを付加してのみ科すことができる刑罰をいう。

(i) 死 刑

死刑とは，受刑者の生命を剥奪する刑罰をいい，「生命刑」とも称される。死刑は，刑事施設内において，絞首して執行する (11条1項)。

(ii) 自由刑

自由刑とは，受刑者を拘禁してその自由を剥奪する刑罰をいう。自由刑として，刑法は，拘禁刑および拘留を規定している (なお，令和4年法律67号施行日までは，懲役と禁錮の区別がある運用となる。両者は，いずれも受刑者を刑事施設に拘置するが，前者が所定の作業 (刑務作業) を課するものであるのに対して，後者はこれを課さない点で異なる)。

(a) 拘禁刑は，受刑者を刑事施設に拘置する (12条2項)。拘禁刑に処せられた者には，改善更生を図るため，必要な作業を行わせ，または必要な指導を行うことができる (12条3項)。拘禁刑は，無期および有期とし，有期拘禁刑は，1月以上20年以下である (12条1項)。ただし，法定刑の加重減軽がなされるばあいには (72条)，その上限は30年，下限は1月未満とすることができる (14条)。無期拘禁刑は，期間の定めのない拘禁刑であるが，一定の期間を経過すれば仮釈放が許されるから (28条)，絶対的な終身拘禁刑ではない。有期拘禁刑とは，期間を定められた拘禁刑をいい，その刑期は裁判が確定した日から起算される (23条1項)。

(b) 拘留は，1日以上30日未満とし，受刑者を刑事施設に拘置する (16条

1項）。令和4年法律67号施行日以降，拘留に処せられた者には，改善更生を図るため，必要な作業を行わせ，または必要な指導を行うことができる（16条2項）ことになる（令和4年法律67号施行日までは，禁錮が運用されるが，拘留は，刑期が短いこと，および，拘置の場所が拘留場である点で，禁錮と異なる）。

(iii) 財産刑

財産刑とは，一定の額の金銭を受刑者から剥奪する刑罰をいう。刑法は，財産刑として罰金と科料を規定しており，両者は，金額によって区別される。付加刑として没収がある。

(a) 罰金は，1万円以上とするが，これを減軽するばあいには，1万円未満に下げることができる（15条）。罰金を完納することができない者は，1日以上2年以下の期間労役場に留置する（18条1項）。

(b) 科料は，1000円以上1万円未満とする（17条）。科料を完納することができない者は，1日以上30日以下の期間労役場に留置する（18条2項）。

(c) 没収とは，犯罪に関連する一定の物について，その所有権を剥奪して，国庫に帰属させる処分をいう。没収できる物については，19条で規定されている。没収は，付加刑であるが，刑罰的側面のほか保安処分的側面を併せもっている。

追徴は，没収が不可能なばあいに，それに代わるべき一定の金額を国庫に納付すべきことを命ずる処分であり（19条の2），刑罰ではないが，一種の換刑処分として付加刑である没収に準ずるものである。

第2章　刑法の基本原則

1　罪刑法定主義の意義

⑴　意　義

　罪刑法定主義とは、「一定の行為を犯罪とし、これに刑罰を科するためには、その行為がなされる前に、犯罪と刑罰が法律によって規定されていなければならない」とする原則をいう。

　犯罪がおこなわれると、それに対して刑罰が科せられる。刑罰の理念をめぐって、刑罰は悪行に対する「応報」であると解する「応報刑論」と刑罰は行為者が再び犯罪をおこなわないように改善するために科せられる「教育」手段であると解する「教育刑論」との対立がある。

　この点について、教育刑論が妥当であると解される。教育刑論の見地からは、刑罰は、行為者の「再社会化」のための教育手段である以上、行為者にとって有益なものであるといえる。そうすると、刑罰を科せられること自体に不利益はないかの観を呈する。しかし、刑罰が重大な法益剥奪を内容とする強制的な処分である点において、刑罰は「苦痛」にほかならない。したがって、応報刑論と教育刑論のいずれの立場に立ったとしても、刑罰が「苦痛」であることには変わりがないのである。その「苦痛」をできるかぎり課せられないように行動しようとするのは、人間の情として当然のことである。どういう行為が犯罪とされ、それに対してどのような刑罰を科せられるのか、が明らかにされていないばあいには、いつ何時、予想外の刑罰を科せられるかもしれないという不安が生ずるので、国民としては自由に行動できなくなる。なぜならば、これまで適法とされてきた行為をおこなっても、突如として国家によって犯罪行為として断罪され、犯罪者の烙印をおされてしまうと

18 第2章 刑法の基本原則

いう「恐怖」が生ずるからにほかならない。

　このような「恐怖」を取り除くためには，何が犯罪であり，それに対して
どのような刑罰が科せられるのかということ，つまり「罪刑」が，法の種類
の中でもっとも明確な形態である「法律」で「規定」されている必要がある
（法定主義）。しかし，国民の行動の自由をより確実に保障するためには，これ
だけでは十分でない。たしかに，犯罪と刑罰とが法律によって明確に規定さ
れていれば，行為者としては，犯罪とされている行為さえおこなわなければ
処罰されないのであるから，多少は安心できる。

　ところが，罪刑の法定が「行為後」になされてもよいとすると，やはり行
為者としては，後になって自分の行為が犯罪とされることもあり得るので，
自由に行動できないことになる。そこで，行動の自由を保障するためには，
罪刑の法定は「行為前」にされていることが必要とされるのである。このよ
うにして，罪刑法定主義は，「行動の自由」を保障するための法原則として，
「犯罪と刑罰」が「行為前」に「法律」によって「規定」されていなければな
らない，という内容をもつことになるわけである。

(2) 罪刑法定主義の思想的背景

(i) 総　説

　罪刑法定主義の成立そのものは，歴史的には，モンテスキュー（1689-1755）
らによって強調された国法思想としての「三権分立論」と刑事政策思想とし
てのフォイエルバッハ〔Paul Johann Anselm von Feuerbach〕（1755-1833）の「心
理的強制説」を基礎にしている。

(ii) 三権分立論

　旧体制時代（アンシャン・レジーム）の「罪刑専断主義」のもとにおいては，
犯罪と刑罰が究極的には国王の裁量に委ねられていた結果，個人の自由は著
しく侵害されていた。その歴史を踏まえて，市民国家においては，個人の自
由を最大限に保障する原理として三権分立論が強調されたのである。これ
は，立法・司法・行政の機能を分離・独立させたうえで，それぞれ別個の国

家機関に帰属させて、「権力集中」による個人の自由の侵害を防止することを目的とするものである。この思想は，裁判が立法府の制定した法律だけに従ってなされることによって，個人は裁判官の専断から保護されることになるとして，刑事裁判においては，犯罪と刑罰があらかじめ「法律」によって定められている必要があると主張した。この思想の主たる関心は，制度的に「裁判官の恣意」を防ぐことにあったのであり，ロック（1632-1704），モンテスキュー，ベッカリーア（1738-1794）などがこの思想の代表者である。

(iii) 心理的強制説

近代刑法の父といわれるフォイエルバッハは，「心理的強制説」を創唱し，その観点から罪刑法定主義を導き出した。彼によれば，もともと人間は，快楽を求め不快を避けるように打算的に行動するものであるから，あらかじめ犯罪と刑罰が法律によって規定されていれば，人間は犯罪をおこなわないことから生ずる「小さな不快」と犯罪をおこなって科せられる刑罰という「大きな不快」とを比較して，「大きな不快」を避けるために犯罪をおこなわないことを選択することになる。つまり，犯罪と刑罰が法律に規定されることによって，人間は犯罪をおこなわないように心理的に強制されていると理解されるのであり，この観点から罪刑法定主義が理論的に基礎づけられたわけである。しかし，心理的強制説が前提としている人間像は「啓蒙的理性人」を基礎としており，「現実の人間」の実態にそぐわないので，現在ではこの説はあまり支持されていない。前提となった心理的強制説それ自体には異論が多いが，それから導き出された罪刑法定主義は，今なお重要な法原則として生き続けている。

(iv) 基礎づけ

上述のように，罪刑法定主義は「自由主義思想」から生まれた法原則である。しかし，近時，自由主義思想とは異なる観点からこの原則を理論的に基礎づける種々の試みがなされているが，沿革的にも原理的にも「自由主義」によって基礎づけられるのが妥当である。行為前に実定化された法律で「犯

罪と刑罰」を明確に規定することによって，行為者に「法的効果の予測可能性」を保障し，「行動の自由」を最大限に保護しようとすることにこそ，罪刑法定主義の核心がある。ここから刑法の「行為規範性」が導き出される。すなわち，刑法は，国民一般におこなうべき行為やおこなってはならない行為を規定し，行動すべき指針を示す「行為規範」としての性質を有するのである。

　内容的には罪刑法定主義は，「形式」による「法律適用」の適正を図る制度として特徴づけることができる。つまり，正当性・正義の理念ではなくて，あくまでも「形式的合法性」・「法的安定性」の理念によって「法律適用の厳正」を維持し，実質的な「事後立法」を禁止することが，罪刑法定主義の本来の任務なのである。

(3) 罪刑法定主義の派生的原則

(i) 意　義

　罪刑法定主義の意味・内容から論理必然的に導き出される原則を「罪刑法定主義の派生的原則」という。派生的原則として，通常，①慣習刑法の排斥，②絶対的不確定刑の否定，③刑法の効力不遡及および④類推解釈の禁止という4つの原則が挙げられる。これらのほかにも派生的原則をみとめるべきであるとする見解も主張されている。

(ii) 慣習刑法の排斥

　罪刑法定主義は，罪刑が「成文法」である「法律」で定まっていることを要求するので，「法律」以外の「不文法」である「慣習法」で罪刑を規制することが許されないのは，当然である。つまり，慣習法は，その内容も効力発生時期などもきわめて不明瞭であるから，行為者がその存在と内容を知ることは困難であるし，慣習刑法に基づいて裁判がなされると，裁判官の恣意的判断が大幅にみとめられ，行為者の自由がかなり制約されることになる。このばあい，注意しなければならないのは，犯罪および刑罰の関係を「もっぱら慣習法によって」決めてはならないことを意味するにすぎないということ

である。なぜならば，慣習刑法とは，犯罪と刑罰をもっぱら慣習法だけで定めているばあいを意味するからである。したがって，犯罪の構成要件の内容の一部分の決定を慣習法に委ねたとしても，慣習刑法をみとめたことにはならないのである。近代国家においては，刑罰権が国家に独占されているため，私刑（リンチ）などの「慣習法上の刑罰」はみとめられないので，刑罰についてはとくに問題となることはない。

　構成要件の一部が慣習法に委ねられている規定の例として，刑法123条の水利妨害罪がある。すなわち，本条は「水利」を妨害する行為を処罰しており，その水利の内容は慣習法によって定まることとなっている。このばあい，慣習刑法をみとめたようにみえるが，けっしてそうではない。なぜならば，法律である刑法123条で規定されている構成要件の一部である「水利」の内容の確定だけを慣習法に委ねているにすぎず，慣習法で定まった水利を妨害すれば「刑法」上の犯罪として，また，「刑法」上規定された刑罰でもって処罰するのであって，慣習刑法による処罰ではないからである。

(iii)　絶対的不確定刑の否定

　罪「刑」法定主義の本来の趣旨を徹底すると，犯罪行為に対応する刑罰の「種類と分量」も法律によって厳格に規定されているべきであり，刑罰は絶対的に確定されていることが望ましいことになるはずである。なぜならば，行為前に刑罰が確定的に定められていれば，裁判官が犯人に対して刑罰を言い渡すときには，裁判官の裁量の余地がまったくなくなり，それだけ行為者の自由が確実に保障されることになるからである。すなわち，量刑にあたって裁判官の恣意が完全に排除されるので，一般に行為者としては，犯罪の法的効果についての予測可能性が確保されることになるのである。罪刑法定主義の初期の思想には，「絶対的確定刑」の要請が色濃く残っていたが，刑罰がもっている「矯正」という目的の観点からは，上記のような考え方には不都合が生ずる。すなわち，一定の犯罪行為に対する刑罰が画一的に定められていると，行為者としての犯人の事情をまったく考慮できなくなってしまい，事案に適合する具体的に妥当な処理が不可能となるのである。これは，刑事

22　第2章　刑法の基本原則

政策学（刑事学）によって確立された「刑罰の個別化」の理念に背反するものである。刑罰は，犯罪者による是認の有無にかかわらず，国家によって強制的に科せられる制裁（サンクション）であると同時に，犯罪者を改善・教育するための方策でもある。犯罪者を健全な社会人として矯正すること（再社会化）こそが，刑罰の目標とされなければならない。

　ところで，個々の犯罪者の素質，性格，人格，生いたち，生活環境，教育程度などは，それぞれ著しく異なっている。このように個性のある犯罪者の改善を目標とするかぎり，その人それぞれにもっとも適した種類と分量の刑罰を科するのがよいとされるべきであろう。犯罪者の「再社会化」という要請を完全に満たすことを目標にすると，犯罪者の特殊事情に応じた刑罰を科するのが望ましいこととなり，刑罰の種類または分量はあらかじめ固定的に決められていない方がよいこととなる。

　このように刑種・刑量をともに定めていないばあい，または，刑種だけを定めて刑量をまったく定めていないばあいの法定刑を，「絶対的不確定刑」という。仮に絶対的不確定刑をみとめると，たしかに，量刑と刑の執行が適正になされるかぎり，犯人の再社会化にとって適切な効果を生むかもしれない。しかし，それが，恣意的になされたばあいには，行刑の対象となる犯人の自由が極端に奪われるおそれが生ずる。そのおそれを解消するためには，法律のもつ固定化作用による「枠づけ」が必要となる。そこで，刑罰の個別化の要求と量刑の枠づけの要求を調和的にみとめるために，「相対的不確定刑」が刑法に規定されているのである。

　現在の刑事学の見地からは，刑罰の個別化の要請を無視することはできない。元来，罪刑法定主義の思想は，絶対的不確定刑の採用を否定するにとどまり，絶対的確定刑を積極的に要求するものではないのである。もしこれを積極的に要求すると，事案の具体的に妥当な解決を得るために，裁判官が事実認定の段階で「事実」をゆがめて法の適用を免れさせる危険性があり，客観的な「論理」的批判によって規制できない「裁判官の専断」が入り込んでくるおそれがある。そこで，「刑罰の個別化の要請」と「人権保障の機能」とを調和させるものとして，相対的不確定刑がみとめられることとなった。

刑法上，限られた範囲内で刑種の選択をみとめ（たとえば，死刑と自由刑〔199条・240条など〕，自由刑と財産刑〔204条・208条など〕），自由刑と財産刑について最大限（長期・多額）と最小限（短期・寡額）とを法定して，裁判官にその範囲内で宣告刑を量定させるのが，「相対的不確定刑」の例であり，多くの犯罪に対する刑罰は，このように規定されている。

罪刑法定主義は，刑法においてとくに議論されているが，行刑の段階でも，犯人の人権の保障という観点から考慮されなければならない。犯罪者は，受刑者として行刑機関の権力の対象となるので，その法的地位，権利義務関係，処遇の在り方などについて明確な法定化が必要になる。

(iv) 刑法の効力不遡及

憲法39条前段は「何人も，実行の時に適法であつた行為……については，刑事上の責任を問はれない」と規定している。これは，「刑事事後法」を禁止し，刑法の効力不遡及の原則を宣言するものである。罪刑法定主義は，「行為前に」刑法規範が存在することを要求するから，「行為後に」制定された刑法がそれ以前の行為についても適用されると，結局，行為当時には存在していなかった刑法によって処罰されることとなって，罪刑法定主義の精神は否定されることになる。したがって，刑法が制定前の行為に遡って適用されないとする原則も，罪刑法定主義から当然に導かれる論理的帰結である。

ところで，憲法39条前段は，行為時に「適法」とされた行為を後になって「違法」な行為として処罰してはならないとしているにとどまり，行為の前後をとおして違法であるが「刑に変更」があったにすぎないばあいについては，何も触れていない。このばあいについて，刑法6条は，軽い刑を定めた刑法の遡及をみとめている。これは，犯人の利益になる取扱いであり，もともと行為者の利益のためにみとめられている罪刑法定主義の趣旨を拡張するものであるから，効力不遡及の原則の例外とし承認されているのである。

ここで，関連問題として，「判例の不遡及的変更」について，みることにしよう。

司法機関としての裁判所または裁判官によって，特定の訴訟事件に対し

て，法を解釈・適用して示された判断を「判例」という。判例は，司法機関がおこなう「公的な法解釈」である点において，私的な法解釈としての学説と決定的に異なる。先例拘束性の原則が確立されている英米法系の国では，判例に「法源性」がみとめられている。すなわち，不文法としての「判例法」（ケース・ロー）が重要な「法形式」となるのである。ところが，成文法主義・制定法主義をとっている大陸法系の国では，判例法の法源性を否定する立場が支配的である。大陸法系に属するわが国でも，そうである。その根拠は，裁判官に判例の援用を直接強制する法律上の明文の規定がないこと，国民に対しても法としての形式的拘束力をみとめる明文の規定がないこと，もし裁判所が法を定立することをみとめると，三権分立の建前に反することになること，などに求められている。罪刑法定主義の見地においては，判例を刑法の直接的な法源とするのは否定されるべきである以上，判例が不利益に変更されたばあいにも，その援用を受忍しなければならないのであろうか。これが，「判例の不遡及的変更」の問題にほかならない。

たしかに，判例には形式的な拘束力がないので，「直接的な」法源性はみとめられないが，しかし，判例が現実に「規範的な機能」を果たしている事実は否定できないであろう。つまり，国家の司法機関がひとたび一定の事案について一定の判断を下すと，国民は，同種の事案については同じような判断が下されるであろうと予測・期待して自分の行動を規律するようになるので，判例が「行為規範」としての意味をもつに至るのである。行為の法的効果の予測可能性を重視するばあいには，法的安定性は重要な要請であり，法的安定性の見地からは，判例のもつ「行為規範」としての機能についても，その安定性が要求されることになる。そこで，制定法主義をとっているわが国においても，罪刑法定主義の要請として判例の不遡及的変更の原則をみとめるべきであるとする見解が，判例の間接的法源性を論拠にして主張されるに至っている。わが国においては，判例は法ではなくて，法の「解釈」の1つにしかすぎないとする立場がきわめて強いので，この見解は少数説にとどまっている。

(v) 類推解釈の禁止

(a) 意 義

類推解釈とは，刑法の条文で規定されている事実と規定されていない事実との「類似性」を基礎にして，刑法の規定を後者の事実に推し及ぼす解釈をいう。通説は，罪刑法定主義の見地からは，「拡張解釈」は許されるが，「類推解釈」は許されないとする。拡張解釈とは，日常言語（自然言語）の有する「規準的意味」よりも広く解することをいい，その意味の範囲を超えるばあいが類推解釈である。拡張解釈は，法文の語義を日常言語として包含できる範囲内で拡大するにとどまるため，行為者に与えられるべき「予測可能性」の原理がこれによって損なわれないので，罪刑法定主義に違反しない。ところが，類推解釈は，法文の意味の範囲を超えることによって，本来刑法が予定していない事実に対してもその法規を適用するから，行為者に対して予測可能性の範囲を超える責任を追及するという結果をもたらし，あらかじめ法文で明確に禁止行為を定めておくべきとする罪刑法定主義に適合しない。したがって，刑法においては，類推解釈は原則として許されない。

法文の言葉の可能な意味の範囲内であるかどうか，によって，拡張解釈か類推解釈かを決定するのは，ほとんど不可能であるとして，類推解釈を刑法においても許容する見解（類推解釈許容説）が，主張されている。この見解によれば，必ずしもすべての類推解釈が許されるのではなくて，解釈によって得られた結論が妥当かどうか，によって，その許容の可否が決められることになる。この見解においては，「結論の正当性」の吟味という別個の困難な問題が生じ，妥当でない。

(b) 類推解釈と拡張解釈の区別

類推解釈と拡張解釈の区別について，2つの観点からみることにしよう。1つは，類推解釈と拡張解釈の「内容」からみた区別の観点であり，もう1つは，類推解釈と拡張解釈の「形式」からみた区別の観点である。

まず，「内容」の点については，すでに述べたように，日常言語のもつ「規準的な意味」を基礎として，それよりも広く解するばあいが拡張解釈であり，その意味の範囲を超えるばあいが類推解釈である。いいかえると，法文の語

26 第 2 章 刑法の基本原則

義を日常言語として包含できる範囲内（「法文の言葉の可能な意味の範囲内」）で拡大するのが拡張解釈であり，その範囲外まで拡大するのが類推解釈であるということになる。日常言語は，もともと多義的であり，そこには一定の意味の広がりが存在する。比喩的にいえば，言葉は本来的語義を中心点として一定の円を描いており，その中心部分（「核心部分」）は明瞭であるが，円周部分は必ずしも明瞭ではない。たしかに，円周部分は不明瞭ではあるが，しかし，まったく限界がないというわけではない。その限界づけは，困難ではあるが，けっして不可能ではない。

「推論形式としての類推」という観点から検討する。拡張解釈と類推解釈の限界は，必ずしも明瞭であるといえないが，しかし，「推論形式」としては，両者は明らかに異なる。すなわち，類推解釈が，構成要件に規定されていることと一定の事実との間に「共通性・類似性」を見出してこれを基礎として，その事実に構成要件で規定されている規範的内容を適用するのに対して，拡張解釈は，もっぱら「言葉の意味の範囲」を問題にするのであって，けっして共通性・類似性を基礎にして言葉の意味の拡張を図るものではないのである。このような類推解釈が禁止される根拠は，類推という「推論形式」をとること自体が，刑罰法規の適用を不当に拡大する危険を有することに求められる。この点にこそ，罪刑法定主義の実践的意義があるのであり，この意味において，解釈の形式・プロセスが重要なのである。

(c) **許される類推解釈**

類推解釈は，行為者にとって不利益となるから禁止されるのである。したがって，行為者にとって「有利な類推解釈」は，当然，許される。たとえば，犯罪の成立を否定する正当化事由（違法性阻却事由）や責任阻却事由については，類推がひろくみとめられるのである。類推解釈がみとめられた判例として電話処方事件が挙げられる（大判昭 6・12・21 刑集 10 巻 803 頁）。すなわち，薬剤師が処方箋によらずに調剤すると処罰されるが，大審院の判例は，一定のばあいに医師の「電話による処方」に従ってなされた調剤を「処方箋による」調剤と同じように扱って犯罪の不成立をみとめている。

(vi) 明確性の原則

　明確性の原則とは，刑罰法規の内容は具体的かつ明確に規定されなければならないとする原則をいう。明確性の原則が，罪刑法定主義の内容として論じられることは，大陸法系の国においては，あまりなかったといえる。しかし，刑罰法規の内容が不明確で漠然としているばあいには，その法規は憲法31条に違反し，無効になると解される（「不明確〔漠然性〕ゆえに無効の理論」）。

　罪刑法定主義を「予測可能性」の観点から基礎づける立場からは，構成要件の明確性の原則は罪刑法定主義の重要な内容をなすことになる。なぜならば，構成要件の内容が漠然と規定されているばあいには，違法行為とそうでない行為との限界がきわめてあいまいとなり，行為者の行動が大幅に制約されることになるからである。刑罰法規において構成要件を規定するばあい，ある程度抽象的文言を使用せざるを得ないが，しかし，「行為規範」としての刑法の観点からは，刑法の名宛人である一般人にとって違法行為の内容が理解できるように明確に規定されなければならない。その際，法文の規範的意味を認識するための専門知識を有する裁判官に対する解釈指針を提示することよりも，一般人である行為者に規範的意味を了解させることの方が重視されるべきである。このような観点からは，規範的構成要件要素については，立法技術上，その内容をできるだけ明確にする定義規定を設ける努力が必要とされることになる。

　このように，明確性の原則は，刑罰法規を国民の「行為規範」と解する立場を前提とするものであるが，刑法は，もともと裁判規範として機能するものであり，その条文から「合理的な処罰範囲」を明確化できることが重要であるとする立場によると，刑罰法規で告知されなかった行為も，処罰の合理性を根拠にして処罰してよいということになる。しかし，これは罪刑法定主義に反するといわなければならない。

(vii) 刑罰法規の内容の適正・実体的デュー・プロセス

　刑罰法規の内容の適正とは，刑罰法規に定められる犯罪と刑罰は，当該行為を犯罪とする合理的根拠があり，かつ，刑罰はその犯罪に均衡した適正な

28 第2章 刑法の基本原則

ものでなければならないとする原則を意味するとされる。

　まず，犯罪と刑罰とが法律において明確に定められていても，その内容が「処罰の必要性および合理的根拠」を欠くときは刑罰権の濫用となり，実質的に国民の人権を侵害するので，憲法上許されないとされる。次に，犯罪と刑罰とが著しく均衡を欠き不相当な法定刑が規定されているときは，「罪刑均衡の原則」に反し，違憲であるとされる。

　「実体的デュー・プロセスの理論」は，有力であるが，しかし，「形式原理」としての罪刑法定主義とは，ほんらい直接の関連を有しないと解すべきであろう。罪刑の均衡は，もともと「責任主義」の問題なのである。すなわち，量刑の場面で問題になる「責任」は広義の責任であり，「広義の責任」は「不法」をも包含するものである。二元的人的不法論の見地からは，たんに行為無価値だけでなく，結果無価値も問題となるが，結果無価値を包含する「不法」と刑との間に定型的にみて著しい不均衡があるばあいには，広義の責任に見合うだけの刑以上の刑罰を科することになるので，「責任主義」に違反するのである。

(viii)　類推解釈および刑罰法規の明確性に関連する判例

　類推解釈および刑罰法規の明確性に関連する最高裁判所の判例をみておくことにする。

　まず，「写真コピー」の作成について文書偽造罪の成立をみとめることが許されない類推解釈にあたるか，が問題となるケースがある。すなわち，行政書士であるＡは，供託金の供託を証明する文書として行使する目的をもって，地方法務局供託官が発行した供託金受領証から，供託官の記名印および公印押捺部分を切り取り，これを虚偽の供託事実を記入した用紙の下方に接続させて台紙上に貼り付け，その台紙上に作出された合成原稿を電子複写機（コピー機）で複写することによって，真正な供託金受領証の写しであるかのような外観を呈する写真コピー５通を作成し，これらを情を知らない者に対して提出または交付した。このばあい，Ａについて有印公文書偽造，同行使罪が成立するか，が問題となったのである。

判例・通説は，Aの行為は有印公文書偽造・同行使罪を構成すると解している。最高裁判所の判例は，次のように判示しているのである（最判昭51・4・30刑集30巻3号453頁）。すなわち，本判決は，「公文書偽造罪は，公文書に対する公共的信用を保護法益とし，公文書が証明手段としてもつ社会的機能を保護し，社会生活の安定を図ろうとするものであるから，公文書偽造罪の客体となる文書は，これを原本たる公文書そのものに限る根拠はなく，たとえ原本の写であつても，原本と同一の意識内容を保有し，証明文書としてこれと同様の社会的機能と信用性を有するものと認められる限り，これに含まれるものと解するのが相当である」。そして，写真コピーは，「写ではあるが，複写した者の意識が介在する余地のない，機械的に正確な複写版であつて，紙質等の点を除けば，その内容のみならず筆跡，形状にいたるまで，原本と全く同じく正確に再現されているという外観をもち，また，一般にそのようなものとして信頼されうるような性質のもの」であるから，「このような写真コピーは，そこに複写されている原本が右コピーどおりの内容，形状において存在していることにつき極めて強力な証明力をもちうるのであり，それゆえに，公文書の写真コピーが実生活上原本に代わるべき証明文書として一般に通用し，原本と同程度の社会的機能と信用性を有するものとされている場合が多い」と判示しているのである（同旨，最決昭54・5・30刑集33巻4号324頁，最決昭58・2・25刑集37巻1号1頁）。

　これに対して反対説は，文書偽造罪の客体を原本に限定しコピーはこれに含まれないとしたうえで，写真コピーが原本と同一の証明機能を有することを理由にして写真コピーを文書偽造罪の客体に含めるのは，罪刑法定主義に違反する「類推解釈」であるとする。たしかに，文書偽造罪の客体が「原本」に限られ「写し」はこれに包含されないという命題が正しければ，「原本」と同程度の証明機能を有することを根拠にして「写し」である写真コピーを「原本」と同様に扱うべきであるとする解釈は「類推解釈」にあたることになる。なぜならば，証明機能という「類似性」ないし「共通性」を基礎にして，写しを原本と同じように扱うという論理操作をおこなっていることになるからである。

30　第2章　刑法の基本原則

しかし，判例・通説は，このような「推論形式」をとっているのではない。かつて偽造罪の客体が原本に限定されていたのは，「手書きによる写し」の証明機能があまりにも低かったため，それに対して公共の信頼が寄せられていなかったからである。「客体を原本に限る」という命題自体が維持できない社会的事実の変化があるばあいには，その命題を変えることは許される。問題は，その変更をみとめ得る合理的根拠があるかどうか，である。それは，「推論形式」としての「類推解釈」にあたるかどうか，の問題とは次元を異にする。推論形式として類推をおこなっていないにもかかわらず，類推解釈にあたるとして非難するのは妥当でない。

次に，刑罰法規の明確性に関する最高裁判所の判例をみることにしよう（最〔大〕判昭60・10・23刑集39巻6号413頁）。

福岡県青少年保護育成条例10条1項（行為時。現31条）は「何人も，青少年に対し，淫行又はわいせつの行為をしてはならない」と規定し，その違反者に2年以下の懲役または10万円以下の罰金を科していた（16条1項）。A（当時26歳）は，B子（当時16歳）が18歳に満たない青少年であることを知りながら，ホテルの客室でB子と性交渉をもった。なお，Aは，B子を単なる自己の性欲の対象としてしか扱っていなかったものである。本件においては，本条例は，結婚を前提とする真摯な合意に基づくようなばあいを含め，すべて一律に規制しようとするものであるから，処罰の範囲が不当に広汎に過ぎ，また「淫行」の範囲は不明確であって，広く青少年に対する性行為一般を処罰する危険があるから，罪刑法定主義の要請である「刑罰法規の明確性の理論」および「過度の広汎性の理論」に違反するといえるか，が争われた。

青少年保護育成条例は，各地方公共団体が青少年（18歳未満）の健全な保護育成を図るため，青少年に対する有害行為の規制等について規定しており，本ケースでは淫行処罰規定が問題となる。最高裁判所の判例は，徳島市公安条例事件判決で刑罰法規の「明確性」の理論をみとめ，その判断基準について「通常の判断能力を有する一般人の理解において，具体的場合に当該行為がその適用を受けるものかどうかの判断を可能ならしめるような基準が読みとれるかどうかによつてこれを決定すべきである」と判示している（最〔大〕

判昭 50・9・10 刑集 29 巻 8 号 489 頁）。

　次に，「過度の広汎性の理論」とは，アメリカ法において主として表現活動を規制する法律（刑罰法規に限られない）について発展したもので，その適用範囲が過度に広汎であり，憲法上規制することが許されない行為までも含むばあいは，その法律は違憲であるとする原則をいう。この理論は，刑罰法規に関しては，構成要件が広汎すぎて処罰に値しない行為までも処罰の対象としている刑罰法規は無効であるとするものである。明確性の理論と広汎性の理論は，実質的には相互に関連するが，構成要件が明確でも過度に広汎で広く処罰に値しない行為を含むことはあり得るから，両者は概念としては同じではないとされる。

　上述の青少年保護育成条例事件において最高裁の判決は，次のように判示している。すなわち，「本条例一〇条一項の規定にいう『淫行』とは，広く青少年に対する性行為一般をいうものと解すべきではなく，青少年を誘惑し，威迫し，欺罔し又は困惑させる等その心身の未成熟に乗じた不当な手段により行う性交又は性交類似行為のほか，青少年を単に自己の性的欲望を満足させるための対象として扱つているとしか認められないような性交又は性交類似行為をいうものと解するのが相当である。けだし，右の『淫行』を広く青少年に対する性行為一般を指すものと解するときは，『淫らな』性行為を指す『淫行』の用語自体の意義に添わないばかりでなく，例えば婚約中の青少年又はこれに準ずる真摯な交際関係にある青少年との間で行われる性行為等，社会通念上およそ処罰の対象として考え難いものをも含むこととなつて，その解釈は広きに失することが明らかであり，また，前記『淫行』を目して単に反倫理的あるいは不純な性行為と解するのでは，犯罪の構成要件として不明確であるとの批判を免れないのであつて，前記の規定の文理から合理的に導き出され得る解釈の範囲内で，前叙のように限定して解するのを相当とする。このような解釈は通常の判断能力を有する一般人の理解にも適うものであり，『淫行』の意義を右のように解釈するときは，同規定につき処罰の範囲が不当に広過ぎるとも不明確であるともいえないから，本件各規定が憲法三一条の規定に違反するものとはいえず，憲法一一条，一三条，一九条，二一

条違反をいう所論も前提を欠くに帰し，すべて採用することができない」と判示しているのである。本判決の多数意見（法廷意見）は，判旨に示された基準によって「限定解釈」をおこなえば明確性の原則に反しないと解しているわけである。

第3章　刑法の機能と適用範囲

1 刑法の機能

(1) 意　義

刑法は，規制的機能，秩序維持機能および自由保障機能を有する。

(2) 規制的機能

「規制的機能」とは，犯罪行為に対する規範的評価を明らかにする機能をいう。その内容は，「評価機能」と「意思決定機能」とから成る。

　評価機能とは，一定の行為を犯罪とし，その犯罪行為に一定の刑罰を結びつけることによって，その行為が「法的に無価値」であることを示す機能を意味する。ここで「無価値」という表現が用いられているが，これは，日常用語とはかなり異なる用語法である。日常用語においては，無価値は，文字どおり，「価値がないこと」を意味し，「無意味」であることを示す言葉として用いられる。しかし，刑法学においては，「無価値」とは，「価値に反すること」，つまり，「価値を侵害すること」を意味するのである。いいかえると，一定の価値を侵害するから「許されるべきではない」ことを意味することになる。そうすると，刑法の評価機能は，一定の行為が刑法の見地からみて許されないものであり，それに相応する刑罰を科することによって，法秩序の立場からの「評価」を示していることになる。

　これに対して「意思決定機能」とは，行為者に対して，犯罪行為をおこなわないように意思決定をなすべきことを命令する機能をいう。すなわち，刑法が一定の行為を犯罪としてマイナス評価を下している以上，そのような犯罪行為をおこなわないように一般に命じていることになる。したがって，刑

34　第3章　刑法の機能と適用範囲

法が対象としている国民は，犯罪をおこなわないように「意思決定」すべきことを要求されているのである。

評価機能と意思決定機能という2つの機能は，それぞれ刑法の「規範としての性質」である「評価規範」および「決定規範」に対応する。すなわち，刑法の評価機能は，刑法の規範の作用という観点からみたばあいには，「評価規範」として特徴づけられる。同じように，刑法の意思決定機能は，「決定規範」として特徴づけられるのである。評価規範と決定規範は，「主観的違法性説と客観的違法性説」の問題において，重要な意味をもつので，6章①(1)「主観的違法性説と客観的違法性説」において改めて触れることにする。

(3)　秩序維持機能

刑法は，国家による犯人の処罰を定めるものとして，国家と犯人との関係を適正に規律することを任務としているので，一方において，国家的公共社会の秩序を維持して，その文化的発展に奉仕することになる。すなわち，国家的に承認された「価値」を保護することによって，一定の「価値秩序」が維持され，それを基礎にして文化の発展が保障されるのである。刑法は，刑罰を手段とすることによって，秩序の維持を図っている。これが，「刑法の秩序維持機能」にほかならない。

他方において刑法は，国家的刑罰権の発動を一定限度に抑制することによって，国民の個人的自由その他の利益を不当に侵害することがないように配慮しなければならない。この要請に基づく機能が「刑法の自由保障機能」である。これについては，(4)「自由保障機能」で説明する。

秩序維持機能は，「法益保護の機能」として現われる。法益とは，法的に保護される利益をいい，保護法益ともいわれる。法益の保護は，他の法領域においてもおこなわれているが，刑法は，刑罰を手段とすることによって，さらにその保護の徹底を期しているのである。刑罰は非常に強力な制裁であるから，刑法における「法益の保護」は，他の法律による保護が十分になされ得ないばあいに限定される必要がある。つまり，他の法的手段，たとえば，行政罰や損害賠償などによって十分に対応できるばあいには，第1次的には

それに任せるべきことになる。いいかえると，刑法は補充的に作用すべきことを意味するわけである。これを刑法の「第2次的性質」または「補充的性質」という。したがって，刑法による保護は，網羅的ではなく断片的なものとならざるを得ない。これを刑法の「断片性」という。

このように刑法は，第2次的・補充的に法益の保護をおこなうわけであるから，秩序維持機能は，別の側面において，「一般予防的機能」および「特別予防機能」として現われる。一般予防的機能とは，社会の一般人を犯罪から遠ざける機能をいう。刑法は，一定の行為を犯罪とし，それに対して刑罰を科することを明示するから，これを知らされた国民は，犯罪を犯して処罰されることを避けるようにすると解される。すなわち，犯罪行為をおこなえば厳しく処罰されることになるから，あえて犯罪行為をおこなって厳しい刑罰を科せられる事態を避けるように行動することになると解されるわけである。これは，刑法が国民一般に対して，犯罪を抑止する効果をもっていることを意味する。このようにして国民一般に対する一般予防効果が生ずるのである。

特別予防的機能とは，特定の犯人に，将来，同様の犯罪を犯させないようにする機能をいう。犯人は，刑法を適用されて処罰されるので，刑罰の教育効果として2度と同じ犯罪をおこなわないようになると解されるわけである。

前に，刑法の「第2次的性質」または「補充的性質」について述べたが，これは別の観点からも説明できる。すなわち，刑法の「謙抑主義」の帰結として把握できるのである。「刑法の謙抑主義」とは，刑法の発動はすべての違法行為を対象とすべきでなく，刑罰は必要やむを得ないばあいに限って適用されるべきであるとする原則をいう。「謙抑主義」という用語は，宮本英脩博士によって最初に用いられたものである。宮本博士によると，謙抑主義とは「刑法は有らゆる違法な行為に対して刑罰を以て臨まんとするが如き，謂はば不遜な態度を採るものでないということである」とされる（宮本『刑法大綱』16頁）。宮本博士は，より詳しく次のように述べられた。

すなわち，「元来犯罪は社会の必然的現象にして根絶し得べきものにあらず。強て之を根絶せんと欲すれば，縦へ一般方策を以てするも，刑罰を以て

36　第3章　刑法の機能と適用範囲

するも，又縦へ其目的は人類愛の理想に基き，一方に社会の安全を保護し，一方に犯罪人の改善を図るに在りとするも，却て妄に個人の利益を侵害し，社会文化の発達を妨ぐるに至る。故に刑罰は之を行ふに限度あり。是れ刑法が自ら謙抑して，一切の違法行為を以て処罰の原因と為さず，僅に種類と範囲とを限りて，専ら科刑に適する特殊の反規範的性情を徴表する違法行為のみを以て処罰の原因と為したる所以なり」と叙述されたのである（宮本『刑法学粋』65-66頁）。

　その趣旨は，次のとおりである。すなわち，犯罪は，もともと根絶できるものではないから，これを根絶しようとして一般的な施策や刑罰を用いても，うまくゆかない。たとえ刑罰の目的は，社会を保護するとともに，犯罪者の改善を図るものであると解したとしても，刑罰を科することは，かえって個人の利益を侵害し，文化の発展を妨げることになる。このように，刑罰には限界があるから，刑法は，自らを抑えて慎重な態度を取るべきであり，刑罰を科するのが適切である違法行為のみを選択して処罰すべきであるとされるわけである。刑法の謙抑主義は，「刑罰万能主義」を否定して，刑法の適用領域を適切な範囲に限定しようとする考え方であるといえる。

　なぜ謙抑主義が刑法の根本原則として現代においても承認されるべきなのであろうか。たとえ生活利益を保護するためであっても，刑法がただちに発動すべきものではないとされるのは，刑罰が物理的強制力によって人の自由・財産などを剥奪するものであって，それ自体としては望ましくないが，やむを得ない手段であるからにほかならない。刑罰を執行することは，その反作用として多くの弊害を伴わざるを得ないので，他の「社会統制手段」でまかなえるときは，その手段に委ねるのがよいとされるのである。つまり，刑法が発動するのは，倫理的制裁や民事的損害賠償，行政手続きによる制裁などの「刑法以外の社会統制手段」では十分でないときに限られるべきであり，その意味において，刑法は，生活利益保護のための「最後の手段」（ultima ratio）として特徴づけられる。このようにして，謙抑主義は刑法の根本原則とされるわけである。

　刑法の謙抑主義から「刑法の補充性」・「刑法の断片性」および「刑法の寛

容性」が導き出される。すなわち，刑法学者のリストは，「最良の社会政策は最良の刑事政策である」と述べたが，刑法を手段とするだけでは犯罪を抑止できず，しかも，刑罰は，人の自由・財産などを剥奪するきわめて苛酷な制裁であるから，犯罪を防止するための「最後の手段」にとどめるべきことになる。これは，刑法の「補充性」を意味する。そして，刑法による規制は，生活領域のすみずみまで及ぼすべきでなく，社会秩序維持にとって必要・最小限度の領域に限られるべきことになる。これは，刑法の「断片性」を意味する。さらに，犯罪が実際におこなわれても，法益保護を図るうえで必要やむを得ないという事情がみとめられないかぎり，「寛容の精神」を重んじて処罰を差し控えるべきであることになる。これは，刑法の「寛容性」にほかならない。

このように，謙抑主義は，刑法の補充性，断片性および寛容性を内容とするものであり，刑法の立法および解釈の原理として機能する。

⑷　自由保障機能

自由保障機能は，まず，刑法が一定の行為を犯罪とし，これに対して一定の刑罰を科することを明らかにすることによって，国家的刑罰権を「発動」し犯罪の被害をうけないようにして「善良な国民」の自由を保障することを意味する。さらに，これは，国家的刑罰権の発動を法的に制約することを通して，「刑罰権の濫用」を防止することによって「犯人」をも保障する機能を有することになる。それは，犯人にとっての「マグナ・カルタ的機能」ともいわれる。

このように，刑法のもつ秩序維持の機能と自由保障の機能とは，密接な関係を有するが，相互に矛盾，対立するばあいがある。そのどちらを重視するか，は，時代により，社会により，また，個々の学者によって，かなり異なる。どちらかに片寄ることは許されないのであって，バランスを取る必要があり，両者を具体的に調和させる点に，刑法における理論と実践の中核があるとされている。

38　第3章　刑法の機能と適用範囲

2 刑法の適用範囲 (刑法の効力)

(1) 時間的適用範囲 (時に関する効力)

(i) 意　義

「刑法の時間的適用範囲」とは，刑法がどの時点からどの時点まで効力を有するか，という問題を意味し，「刑法の時に関する効力」ともいわれる。

　刑法は，その施行の時以後の犯罪に対して適用され，施行前の犯罪に対しては適用されない。これを「刑法の効力不遡及の原則」という。これは，第2章①(3)(iv)において述べたように，罪刑法定主義の派生的原則の1つである。刑罰法規を遡及して適用することを一般的にみとめると，「法的安定性」が著しく害され，個人の自由が不当に侵害されることになるので，この原則が確立されたのである。

　「判例の不利益な変更」についても，「刑法の効力不遡及の原則」の適用を問題にする見解もある。すなわち，判例が被告人にとって不利益に変更されたばあい，従前の判例によると罪とならないと解釈されていたものが，後の判例によって罪となるとされ，それに基づいて被告人を処罰することは許されないとする見解が主張されているのである。しかし，通説は，これを否定的に解し，判例は解釈の一種にとどまり法とはいえないから，判例変更については罪刑法定主義の派生的原則である刑法の効力の不遡及の原則は及ばないとする。通説の立場が，妥当である。

　刑法の効力不遡及の原則は，実体法としての刑法についてみとめられるものであって，刑事訴訟法や行刑法については適用されない。なぜならば，手続法や行刑法は，つねに現在の手続きや現在の刑の執行に対して適用されるものであるからである。

　刑法の施行時期については，通常，その法規自体または他の法規によって，特別の規定が設けられている。特別規定がないばあいには，一般法である「法の適用に関する通則法」という名の法律の2条の規定により，公布の日から起算して満20日を経過した時から施行される。

(ii) 犯罪後の法律による刑の変更と軽い刑法の適用

6条は，犯罪後の法律により「刑の変更」があるばあいに軽い刑法の適用をみとめている。これは，形の上では「刑法の効力不遡及の原則」の例外をなすものである。すなわち，犯罪をおこなった時の刑法に規定されている刑よりも，裁判がなされている時の刑法の刑が軽いばあいには，「軽い刑」を規定している刑法が適用されるので，行為後の刑法の効力が遡って及ぶことになるわけである。「犯罪時法」(旧法)と「裁判時法」(新法)とが異なり，裁判時法における刑が犯罪時法における刑よりも軽いばあいには，裁判時法の遡及がみとめられるので，形式的には「刑法の効力不遡及の原則」に反することになる。しかし，これは，行為者を有利に取り扱うものであるから，実質的には，刑法の効力不遡及の原則の趣旨をさらに押し進めているのである。すなわち，罪刑法定主義は，もともと行為者にとって有利になるようにみとめられるものであるから，行為者に有利な取扱いは，罪刑法定主義の趣旨に適合するのである。したがって，6条は罪刑法定主義に違反する規定ではない。

6条における「犯罪後」とは，犯罪行為，すなわち，実行行為がおこなわれた後を意味する。結果犯のばあいも，結果の発生時ではなく，実行行為の時が標準とされるのである。「法律」とは，刑法に限らず，広く特別刑罰法規を含み，狭義の法律のほか，政令その他の命令をも包含する(最判昭24・9・1裁判集刑13号355頁)。犯罪時法と裁判時法との間に「中間時法」が介在し，その中間時法に規定されている刑の方が軽いばあいには，その中間時法が適用される。

6条における「刑の変更」の意義について，判例は，「主刑」の変更を意味し，付加刑である没収の変更を含まないと解している。たしかに，条文の文言どおりに厳密に解すると，「刑」は主刑を意味するとすることにも相当の理由がある。しかし，通説は，付加刑が科せられることも被告人に不利益であることには変わりがないから，付加刑だけが変更されたばあいも，「刑の変更」にあたると解している。つまり，通説は，「刑の変更」を「刑に関する変更」と解しているわけである。これは，行為者にとって有利な拡張解釈であ

る。「刑の執行猶予の要件」の変更については，最高裁判所の判例は，特定の犯罪を処罰する刑の種類または量を変更するものではないから，刑の変更にはあたらないと解している（最〔大〕判昭23・11・10刑集2巻12号1660ノ1頁）。これに対して通説は，これも実質的な処罰のうえで重大な意味をもつので，刑の変更に含まれると解している。

(iii) 限時法

刑法の時間的適用範囲に関連して，「限時法」が問題となる。限時法とは，有効期間を限って制定された法律をいう。有効期間を経過したときは，その限時法は，当然に効力を失い，「犯罪後の法令により刑法が廃止されたとき」にあたることとなる結果，その後は，有効期間中の違反行為に対しては「免訴の判決」が言い渡されることになる（刑訴337条2号）。そうすると，このような法律においては，もし有効期間中の行為を有効期間経過後には処罰できないとしたばあい，有効期間の終了時に近づくに従って，有効期間中であっても守られなくなり，事実上，その実効性がなくなるという事態が生ずる。そこで，限時法のばあい，制定時にその法律が廃止された後にも，有効期間中の違反行為を引き続き処罰できる旨の規定をおくことが多い。これを「追及効」という。

明文で追及効が規定されているばあいには，限時法は，有効期間中の違反行為に対して，それが廃止された後にも適用できることは当然である。しかし，限時法について追及効をみとめる旨の明文の規定が存在しないばあいには，有効期間経過後においては，その法律は適用できないと解すべきである。追及効を規定することは容易であるにもかかわらず，それを規定しなかったという立法上の不備を行為者の負担にするのは妥当でないからにほかならない。これに対して，追求効の明文規定がなくても処罰できると解する説も主張されている。しかし，このような解釈は，罪刑法定主義の見地からは許されるべきでない。

2 刑法の適用範囲（刑法の効力）　41

(2)　場所的適用範囲（土地に関する効力）

(i)　意義と立法主義

　刑法の場所的適用範囲とは，刑法がいかなる場所で犯された犯罪に対して適用されるか，という問題を意味する。これは，「地域的適用範囲」とか「土地に関する効力」ともいわれる。この問題を解決する理論は，国際刑法と称されてきたが，これは，国内法上の問題であって国際法上の問題ではない。国際法としての刑法は，「刑事国際法」または「世界刑法」などと称される。

　刑法の場所的適用範囲に関する立法の態度，すなわち立法主義には，①属地主義，②属人主義，③保護主義，④世界主義の4つがある。

　「属地主義」とは，自国の領域内で犯された犯罪に対しては，犯人の国籍のいかんを問わず，自国の刑罰法規を適用する立法主義をいう。「属人主義」とは，自国の国民によって犯された犯罪については，その犯罪地のいかんを問わず，自国の刑法を適用する立法主義をいう。「保護主義」とは，犯人の国籍および犯罪地のいかんを問わず，自国または自国民の利益を保護するのに必要なかぎりにおいて，自国の刑法を適用する立法主義をいう。「世界主義」とは，犯罪地および犯人の国籍のいかんを問わず，世界各国に共通する一定の法益を侵害する犯罪に対して，各国がそれぞれ自国の刑法を適用する立法主義をいう。各国に共通の法益を侵害する罪としては，海賊，空賊，人身売買，通貨の偽造，麻薬の売買などが挙げられている。

(ii)　わが国の刑法の基本的立場

　上記のように4つの立法主義があるが，わが国の刑法がどの立場をとっているのか，についてみることにしよう。わが国の刑法は，属地主義を原則として，属人主義と保護主義とを補充的に併用している。すなわち，刑法1条1項は，「この法律は，日本国内において罪を犯したすべての者に適用する」と規定して，犯人の国籍のいかんを問わず，日本国内において罪を犯した者に適用することによって，属地主義の立場に立つことを明らかにしている。

　そして，同条2項は，「日本国外にある日本船舶又は日本航空機内において罪を犯した者についても，前項と同様とする」と規定している。このように，

42 第3章 刑法の機能と適用範囲

日本国外にある日本船舶または日本航空機内において罪を犯した者にも，日本の刑法が適用される立場は，「旗国主義」と称される。「日本国内」とは，日本国の領域内を意味するが，領土内はもとより，領海内および領空内も含まれる。「日本船舶」・「日本航空機」とは，日本の国籍を有する船舶・航空機をいう。

　犯罪地が日本国内であるといえるためには，犯罪構成事実の一部分が日本国内にあれば足りる。このように解する見解を混合説・遍在説という。この見地からは，実行行為が国内でおこなわれた以上，構成要件的結果が国外で発生したばあいや行為の目的が外国で遂行されるべきばあいも，わが国の刑法が適用されることになる。

　ところで，3条は，日本国外で，一定の犯罪を犯した日本国民に対してわが国の刑法が適用される旨を規定している。これは，3条に列挙されている罪については，属人主義をとることを明らかにするものである。

(iii) 属人主義と保護主義の補充的併用

　2条は，日本国外において，内乱罪など一定の犯罪を犯したすべての者に，わが国の刑法が適用される旨を規定している。これは，保護主義をとるものであり，日本国の重要な国家的法益および社会的法益を保護しようとする規定にほかならない。

　また，4条は，日本国外において，看守者等逃走幇助罪，虚偽公文書作成罪，公務員職権濫用罪，収賄罪などの犯罪を犯した日本国の「公務員」に適用される旨を規定している。日本国の公務員は日本国民であることが多いので，その限度においては属人主義をとっている。しかし，日本国民でない者が公務員となることもあり得るから，その意味においては，日本国の公務を保護しようとする保護主義をとっていることになる。したがって，4条は属人主義と保護主義の2つの主義をとるものであるといえる。

　刑法は，世界主義をとっていない。2条は，犯人の国籍のいかんにかかわらず，日本国外における一定の犯罪について刑法の適用をみとめているので，事実上，世界主義と類似するが，しかしそれは，あくまでも国内的観点

2　刑法の適用範囲（刑法の効力）　　43

からの規定なのである。

(iv)　国民以外の者の国外犯

　最近では国際交流が非常に隆盛となり，日本国民が外国に出かける機会が増加している。それに伴って，日本国民が，外国において日本国民以外の者による犯罪に捲き込まれて被害者となるケースも増えてきている。

　従来，日本国民が外国において被害者となったばあいには，当該外国の刑法の適用をうけ，その国の捜査機関が捜査をおこない，その国の裁判所が裁判をおこなうものとされてきた。立法主義として属地主義がほとんどの国で採用されているので，このような扱いがなされてきたわけである。

　このような状況においては，日本国としては，わが国の刑法が適用されない以上，当該外国の捜査機関に捜査をしてもらうように依頼せざるを得なかったのである。しかし，日本国民の被害が増加しているにもかかわらず，このような消極的な対応では「自国民保護の理念」は実現されないことになる。そこで，平成15年〔2003年〕（法律122号）の刑法の一部改正によって，3条の2の規定が新設された。

　3条の2は，「この法律は，日本国外において日本国民に対して次に掲げる罪を犯した日本国民以外の者に適用する」と規定し，対象犯罪として殺人罪，傷害致死罪，傷害罪，強盗罪などが列挙されている。これは，国民以外の者の国外犯に関する規定であり，この規定が設けられたので，日本国民が外国において国民以外の者によって本条に規定されている重大犯罪の被害者となったばあいには，日本の刑法が適用されることとなったのである。本条により日本の刑法が適用されるので，わが国の捜査当局も，当然，捜査権限を有することとなり，それに基づいて当該外国に対して法的に捜査共助や身柄の引渡しなどを要請することが可能となった。このようにして，わが国の自国民保護の趣旨がより徹底したものとなったのである。

(v)　刑法の場所的適用範囲と裁判権

　刑法の適用範囲の問題に関連して「裁判権」が問題となる。刑法の場所的

44 第3章 刑法の機能と適用範囲

適用範囲と裁判権とは，もともと異なるものである。すなわち，刑法の場所的適用範囲が「刑法」の場所的「効力」を意味するのに対して，裁判権とは，一定の行為者に対して「司法機関が裁判をおこなう権限」を意味するのである。裁判権は，原則として，1国の統治権の及ぶ領域内にかぎってみとめられる。したがって，刑法の場所的適用範囲が国外犯をも含むばあいに，国外にいる犯罪者に対して自国の裁判権を行使し得るためには，その所在国から犯罪人の引渡しをうける必要がある。これは，「国際司法共助」といわれ，この点に関する立法として，「逃亡犯罪人引渡法」がある。

なお，犯罪人の引渡しに関しては，各国間の条約によって，双方の国で共通して犯罪とされているもののうちで，特定の犯罪について，相互的に義務づけられており，これを「相互主義」という。しかも，自国民や政治犯人その他特種の犯罪人は引渡さないとする「自国民不引渡しの原則」や「政治犯人不引渡しの原則」をみとめる例が多くなっている。

⑹　外国判決の効力

刑罰法規の場所的適用範囲に関して，それぞれの国が立法主義を独自に採用しているので，同一の犯罪行為が2国以上の刑法の適用をうける事態が生ずる。そのため，ある犯罪行為に対して，すでになされた「外国の裁判の効力」をわが国でどのように扱うべきか，が問題となる。この点について，5条本文は，原則として，外国裁判の効力をみとめず，「外国において確定裁判を受けた者であっても，同一の行為について更に処罰することを妨げない」旨を規定している。

このばあいには，同じ犯罪行為に関して，すでに外国の裁判所による裁判がなされているのに，さらにその行為についてわが国の裁判所による裁判をおこなうことになる。そうすると，これは，憲法39条が規定している「一事不再理の原則」に違反するかの観を呈する。一事不再理の原則とは，同じ行為について重ねて裁判をうけることはないとする法原則をいう。しかし，5条の規定は一事不再理の原則に違反するものではない。なぜならば，一事不再理の原則は，「同一の裁判権」の範囲内における問題であり，5条のばあい

には外国の裁判権とわが国の裁判権という「異なる裁判権」にまたがり，次元が異なるからである。しかし，5条ただし書きは，外国における裁判の執行については，「犯人が既に外国において言い渡された刑の全部又は一部の執行を受けたときは，刑の執行を減軽し，又は免除する」と規定して，外国判決の執行を必ず考慮することにしている。その限度で，外国の裁判権を尊重するとともに，行為者の利益を図っていることになる。

⑶　人的適用範囲（人に関する効力）

　刑法の人的適用範囲とは，刑法がいかなる人に対して適用されるか，という問題を意味し，「刑法の人に関する効力」ともいわれる。

　従来，国内法上および国際法上，人的に刑法の適用が排除されるばあいがあるとされたので，これは，刑法の適用をうけない者の範囲の問題とされてきたのである。

　刑法の適用をうけない者として，国内法上は，天皇陛下，摂政，衆・参両議院の議員，国務大臣などが挙げられる。そして国際法上は，外国の元首，その家族，および日本国民でないその従者，信任された外国の外交官，使節，それらの家族，および日本国民でない従者，承認を得てわが国内に入ってきた外国の軍隊などが挙げられる。

　しかし，今日では，刑法の適用を人的に制限すべき理由はないと解する立場が有力である。この立場によると，国内法上，刑法の適用をうけないとされてきた者については，「人的処罰阻却事由」が存在するか，「訴追条件」が欠けるにとどまるのであって，けっして刑法の適用が否定されるわけではないとされるのである。これらの者についてもわが国の刑法が適用されることに注意する必要がある。つまり，一定のばあいには，「犯罪」としては成立するが刑罰を科さないとする処罰阻却事由が存在するのである。また，一定のばあいには，犯罪が成立し処罰も可能であるが，訴追条件が具備しないかぎり，刑事訴追をみとめないとされるのである。このばあいには，一定の身分を失ったときには訴追することが可能となり，わが国の刑法で処罰されることになる。

46　第3章　刑法の機能と適用範囲

　たとえば，皇室典範21条は，「摂政は，その在任中，追訴されない」と定めている。これは，あくまでも「訴追」の問題であって，「刑法の適用」の問題ではない。摂政は，刑法の適用をうけるので，退任後は訴追の障害がないため，訴追されることがあり得ることになる。また，憲法51条は，衆・参議院の議員は，「議院で行つた演説，討論又は表決について，院外で責任を問はれない」旨を規定しているが，これは，その範囲内で人的処罰阻却事由とされるにとどまる。したがって，議院内での行為も，暴行，傷害などに及ぶばあいは，処罰を免れないのである。

　このように解すると，従来，刑法の適用をうけないとされてきた者との間に共犯が成立することになる。なぜならば，刑法の適用をうける以上，犯罪行為をおこなって正犯者となり得るので，その正犯者との関係で共犯の成立も可能となるからである。これらの者の行為に対する正当防衛もみとめられることになる。なぜならば，これらの者の行為も，刑法が適用される結果，「違法行為」となり得るので，正当防衛における「急迫不正の侵害」となってそれに対する正当防衛がみとめられるからにほかならない。

　同様に，国際法的見地から，外国の元首，外交官，使節などの一定の者に対して処罰をしないことも，じつは，その在任中，国際礼譲として，訴追条件が除かれるにとどまるにすぎないと解されることになる。したがって，外国の外交官，およびその従者は，その地位にある間は訴追をうけないが，身分を喪失した後には，その犯罪が公訴時効にかからないかぎり，訴追できるのである。

第4章　犯罪論の体系

1　犯罪論とは何か

(1)　意　義

「犯罪論」とは，犯罪の成立および態様に関する一般理論をいう。「犯罪論体系」とは，犯罪が成立するための要素を一定の原理に基づいて組織化した知識の統一的な全体をいう。犯罪の成立要件の要素とその相互関係の理解をめぐって，見解が分かれている。とくに「体系」論の観点から，理論上の対立が生ずるのである。およそ体系といえるためには，知識が一定の原理によって組織されていることとその統一体が知識の各分野をおおう包括的なものであることを必要とする。つまり，①統一性と②包括性が体系の特徴をなすのである。

(2)　統一性の原理

(i)　理論的意義

犯罪は，刑法上，種々の要素が1つに統合されたものという意味で，「統一的事象」として把握される。通説・判例は，その統一的事象である犯罪を，構成要件該当性，違法性，有責性（責任）という3つの要素に分けて，行為者の行為が構成要件該当性，違法性，責任の3つの属性を具備したときに犯罪が成立し，しかも，その要素の順序で犯罪の一般的成立要件を検討すべきであると解している。したがって，犯罪は，構成要件該当性・違法性・責任という理論的枠組みによって体系化されることとなる。

48　第4章　犯罪論の体系

(ii)　実践的意義

　犯罪の一般的成立要件をこのような方法で検討することは，体系的・分析的思考であるが，しかし，それは，犯罪という「統一的事象」を分析し体系化することによって「一定の目的」に役立つから，実践的意義を有するのである。ここにいう「目的」とは，単なる犯罪防圧の方策という意味での「刑事政策的な目的」ではなくて，「人権保障機能」と「法益保護機能」に適合する刑法の適用という「目的」であると解すべきであり，その意味において，犯罪論の体系は「目的論的体系」である。

　このように，犯罪論体系は，一定の目的に奉仕するための「目的論的体系」であるから，刑法学は，刑法の目的・機能を基準として，その実現にとって矛盾のないように知識を統一し，組織化することになる。したがって，犯罪論体系は，第1に，「犯罪」と「そうでないもの」とを明確に「限界づける」のに適したものである必要があり，第2に，犯罪を「適切に認定する」ための統一的原理を提供し，刑事司法に感情論や恣意性が入り込まないようにする必要がある。

(3)　包括性の原理

　およそ体系といえるためには，その「対象領域のすべて」を包含していなければならない。すなわち，あらゆる対象について，「統一的原理」に基づいて矛盾なく説明することが可能でなければならないのである。これが理論の有する「包括性」にほかならない。理論体系を構築するためには，「学問的方法論」に基づく必要がある。理論体系は，学問的に承認されてはじめて意味があるから，「学問的方法論」を基礎とする必要があることは，当然である。ある原理がある特定の問題については妥当するが，他の問題については妥当しないのに，妥当しない領域を排除したうえで，一貫した体系を作ろうとするのは，体系構築の本筋をはずれている。なぜならば，それは，包括性を放棄しながら，その存在を装うことになるからである。ところが，包括性の要請を完全にみたそうとすると，今度は，論理的明快さが損なわれることが多くなる。

この点に関して，法現象の「実体」を包括的に把握することが肝要であり，論理的明快さにのみ拘泥すべきではないと解する。すなわち，まず包括的に「実体」をつかんだうえで，「論理的叙述」の精緻さを洗練していくようにすべきであると考えているのである。そのようにすることによって，バランスのとれた体系が次第に樹立されていくことになる。その意味において，体系の構成は，成長し続け，つねに発展する「生成的」なものなのである。

② 犯罪論の概要

(1) 学説の分類

犯罪論の体系をどのように構成するか，をめぐって，様々な学説が主張されてきている。それは，どのような要素を「犯罪の構成要素」と解し，どのような「順序」でそれを「認定」すべきか，ということに関する見解の対立である。諸学説を分類したうえで，その特徴を検討することにする。

(i) 二元説

二元説は，犯罪を2つの要素に分ける見解である。その中に，まず犯罪を客観的要素と主観的要素に区分する説がある。ビルクマイヤー（1847-1920）は，犯罪の「客観的構成要件」と「主観的構成要件」とに分け，ヘルムート・マイヤー（1895-1980）は，「客観的不法」と「主観的帰責可能性」とに区別し，それぞれ犯罪論を二元的に構成した。これらは，過去の学説であるから，現在では無視してもかまわないが，しかし，現在でも，なお形を変えて主張されているので，これをみておく必要があるのである。たとえば，ヨーロッパの社会主義諸国の刑法学においても，犯罪の構成要素について，「犯罪の客体」および「犯罪構成要素の客観的側面」と「犯罪の主体」および「犯罪の主観的側面」に分けたり，中華人民共和国の刑法学においても「犯罪客体」・「犯罪客観方面」と「犯罪主体」・「犯罪主観方面」に分けたりする二元的構成がなされている。また，英米刑法においては，伝統的に犯罪概念は，外見的な作為または不作為を意味する「アクトゥス」（actus）と責任を意味する「メ

50　第4章　犯罪論の体系

ンス・レア」（mens rea）との2つの要素から構成されている。

　次に，犯罪を「行為」と「行為者」に区分する説がある。カントーロヴィッツ（1877-1940）やラートブルッフ（1873-1949）らの見解が，これに属する。すなわち，カントーロヴィッツは，可罰的行為を客観的な「行為面」と主観的な「行為者面」とに分け，行為面については，「行為」，「構成要件該当性」および「違法性阻却事由の欠如」を，行為者面については，「行為者」，「責任」および「一身的処罰阻却事由の欠如」をそれぞれ帰属させた。ラートブルッフは，目的論的な犯罪論の体系としての観点から，「犯罪」と「犯罪人」とを分け，前者に「構成要件該当性」および「違法性」を，後者に「帰責可能性」および「帰責能力」をそれぞれ帰属させたのであった。

(ii)　三元説

　三元説は，犯罪を3つの要素に分ける見解である。その中で，「構成要件該当性」，「違法性」および「責任」の3個の要素をその順序で考察すべきとする説が有力に主張されている。犯罪の要素を，構成要件該当性，違法性および責任に分け，しかもその順序で考察する立場は，M・E・マイヤー（1875-1923）によって主張され，その後のドイツおよびわが国の学説に決定的な影響を与えた体系である。この立場は，現在，ドイツおよびわが国において，通説となっている。

　次に，「行為」，「不法」および「責任」の3個の要素をその順序で考察すべきとする説がある。犯罪の要素として行為，不法および責任を挙げ，その順序で考察する説は，メッガー（1884-1962）によって創唱され，E・シュミット（1891-1977）らによって支持された。わが国において，この説を支持する論者もいる。この説の特徴は，「行為」に犯罪の成立上，独立の地位を与えている点および構成要件該当性と違法性とを「不法」という観念に包括させている点にある。

(iii)　四元説

　四元説のうちの1つは，「行為」，「構成要件該当性」，「違法性」および「責

任」の4つの要素をその順序で考察すべきとする説である。これは，行為に独立の体系的地位を与え，行為，構成要件該当性，違法性，責任の四元説をとる見解であり，わが国においても主張されている。

この説によると，刑法学では，刑罰を科するに値する行為としての「犯罪の構造」が問題になるのであり，刑法学の立場から「犯罪の構造」を把握しようとするときも，隣接諸科学の研究方法や研究成果に注目し，それから学ばなければならないとされる。しかし，そのような諸科学の1つの方法や結論から，ただちに刑法学の対象とする「犯罪の構造」が生まれるのではないとされるのである。近代刑法学の立場からみた「犯罪の構造」は，近代国家がその国家刑罰権の根拠と限界から「刑罰を科するに値する行為」として取り上げることができる「犯罪」の構造であるとされる。そして，この見地からは，犯罪の構造の第1の要素は，「行為」なのであり，思想や人格それ自体は処罰の対象とはならず，「行為」となって外界に現れた時に，はじめて処罰の対象となる。犯罪論体系は，そのことをまず最初に確認・明示することによって，近代刑法における「行為主義」の基本原則と刑法の「人権保障機能」に適合するとされるのである。そして，行為・構成要件該当性・違法性・責任という基本的枠組みによる犯罪論体系は，行為が一定の法的行為類型という枠にあてはまり，その行為が生活利益を侵害・危険化し，かつ，意思活動としてなされるという犯罪の構造を，的確に把握しつつ，刑法の人権保障機能と法益保護機能に適合できるとされるわけである。

次に，「行為」，「違法性」，「責任」および「構成要件」の4要素に区別する説もある。「犯罪の標識」を，「行為としての犯罪」，「違法行為としての犯罪」，「有責行為としての犯罪」および「可罰的不法としての犯罪」に分けるリスト（1851-1919）の立場や，「行為」，「行為の違法性」，「行為の有責性」および「犯罪類型とその刑法上の意味」に分けたベーリング（1866-1932）の立場などがこれに属する。この説の特徴は，構成要件に独立の地位を与え，最後にこれを検討する点にあるといえる。

さらに，犯罪を「行為」，「構成要件ないし侵害性」，「違法性」および「責任」の4要素に区別する説もある。犯罪を「作為または不作為による侵害」，

52 第4章 犯罪論の体系

「惹起的挙動としての侵害」,「違法な挙動としての侵害」および「有責な挙動としての侵害」の4つの要素に分けるコーラー (1849-1919) の立場や,「行為としての犯罪」,「侵害行為としての犯罪」,「違法行為としての犯罪」および「有責行為としての犯罪」の4つに分ける牧野英一博士の立場や,「行為」,「構成要件」,「違法」,「責任」に分ける瀧川幸辰博士の立場などがこれに属する。

(2) 諸説の検討

(i) 批判的検討の視点

犯罪論の体系に関しては,すでにみてきたように,学説は多岐に分かれている。犯罪論の構成の意義と目的に適合するものとして,本書は,通説の立場を支持する。そこで,諸説の批判的検討をとおして,通説の正当性を明らかにすることにしよう。

(ii) 二元説批判

二元説は次の点において妥当でないと解する。すなわち,犯罪の構成要素を「客観的なもの」と「主観的なもの」とに分けることは,平面的に犯罪要素を区分するにとどまり,犯罪の「実体」を的確に把握しているとはいえない。たとえば,「主観的違法要素」のように,主観的要素であるが,客観的な違法性の要素と同様に「違法性判断の対象」とされるものがあるし,逆に「客観的責任要素」のように,客観的要素ではあっても,他の主観的要素と同じく「行為者に対する責任非難」に決定的な影響を及ぼすものも存在する。したがって,二元説は,客観的要素と主観的要素とのそれぞれに内在する異なった面を無視しているといえる。

(iii) 三元説・四元説批判

三元説および四元説は,犯罪の構成要素の性質の相違に応じてそれぞれを区別し,重層的または並列的に考慮している点において,二元説の欠点を克服している。しかし,問題は,「いかなる要素」を,「いかなる順序」で検討

するのか，ということである。たしかに，犯罪そのものの「発展的経過」に即してそれを認識する体系を構築することも，刑事裁判における犯罪事実の「認定の過程」に即してそれを認識する体系を構築することも，論理的には可能である。犯罪の「発展過程」を重視する体系においては，犯罪の主観面から出発し，次第に客観面に及ぶべきことになる。しかし，刑を科するための前提として犯罪概念を把握することを目的とする見地からは，犯罪の「認定過程」を重視する体系が優れている。

　各種の犯罪要素を検討するにあたっては，「思考経済」上も「判断の経済」上も，最初に，抽象的・一般的な犯罪要素から始め，次に，具体的・特殊的な犯罪要素の検討に至るのが妥当である。また，「定型的・形式的な判断」によって認識できる要素は，「非定型的・実質的な判断」に先立って問題とされるべきである。この観点からは，非定型的・実質的判断である違法性の判断や責任の判断と比べて，定型的・形式的判断の性格をもつ構成要件該当性の判断を最終の段階でおこなおうとする四元説は妥当でない。

　通説が他の学説と決定的に異なる点は，「行為を犯罪の独立の構成要素とし，しかも最初にその有無を検討すべきこと」（「裸の行為論」）をみとめないところにある。たしかに，行為は，犯罪概念の中核的要素であるから，犯罪の成立要件として考慮するに値するとはいえないわけではない。しかし，罪刑法定主義を根本とする刑法のもとでは，犯罪は，まず，刑罰法規が定める構成要件に該当するものでなければならないから，犯罪の構成要素としても，単なる行為それ自体ではなくて，「構成要件に該当する行為」こそが問題とされるべきである。犯罪論の基礎において考慮されるべき「行為」は，あくまでも刑法的判断の対象にすぎないのであって，犯罪の成否に関する刑法的判断の規準となり得るものではない。したがって，行為を独立の成立要件と解する立場は，この点において妥当でないのである。しかし，行為論そのものは，重要な意義を有するので，この点については，後で構成要件の要素の問題として改めて検討することにする。

　さらに，構成要件該当性を「不法」に包含させる学説は，構成要件該当性を独立の犯罪要素としてみとめない点において，「構成要件該当性の判断」と

54　第4章　犯罪論の体系

「違法性の判断」の「質的差異」を無視するとともに，構成要件と責任との関係をも切断するものであって妥当でない。

(iv)　通説の正当性

　上述のように，通説の体系は理論的観点から正当化することが可能である。さらに，これが「実定法」との関連においても正当化できるのか，について検討する必要がある。たしかに，「構成要件」という言葉は，理論上の用語であり，刑法典の中では用いられていない。しかし，その概念を一定の「法的行為類型」と考える思考方法は，現行刑法典と無縁のものではないのである。なぜならば，たとえば，犯罪学的にみた窃盗の類型には，万引き，すり，忍び込み窃盗，置き引きなどさまざまの類型があるが，刑法典は，それらの犯罪学的類型を，235条において「他人の財物を窃取した」者という1つの「法的行為類型」にまとめて規定していると解されるからにほかならない。

　さらに，「違法性」と「責任」という言葉も，刑法典は，犯罪の一般的成立要件として条文の中で使用していない。しかし，犯罪の成立または不成立に関する規定の「配列順序」をみると，犯罪論において「違法性」と関連する問題を35条から37条までに規定している。これは，正当行為，正当防衛，緊急避難に関する条文である。それに引き続いて，従来，「責任」と関連するものとして扱われてきた問題を38条から41条までに規定している。これは，故意，過失，錯誤，責任能力に関する条文である。このような規定の配列順序は，刑法典が，「違法性」にあたるものと「責任」にあたるものとの区別を前提とし，しかも違法性を責任に先行して問題とすることを意味しているのである。このように，刑法典は，「構成要件該当性」・「違法性」・「責任」の言葉を条文において用いているわけではないが，内容的にはこれをみとめているのである。したがって，通説の犯罪論体系は，刑法典の構造から遊離したものではなく，その構造に対応できる体系なのである。

(3)　通説・判例による犯罪の定義

　通説および判例がとっている犯罪論体系に基いて，刑法上の犯罪を定義す

ると，次のようになる。すなわち，「刑法上の犯罪は，構成要件に該当する違法かつ有責的な行為である」ということになるのである。いいかえると，犯罪が成立するためには，行為が構成要件に該当し，違法かつ有責的なものでなければならないわけである。構成要件該当性，違法性および責任（有責性）が犯罪の成立要件となるが，それぞれについてみておくことにしよう。

(i) 構成要件該当性

第1に，犯罪は，刑法の各本条その他刑罰法規に規定されているそれぞれの構成要件に該当する行為でなければならない。「行為が構成要件に該当するという性質」が構成要件該当性なのである。罪刑法定主義を根本とする刑法のもとでは，犯罪は，たんに反社会的な侵害行為であるだけでなくて，成文の刑罰法規が規定する構成要件に該当するものであることを必要とするわけである。

(ii) 違法性

第2に，犯罪は，違法性を有する行為でなければならない。違法性とは，「構成要件に該当する行為が，全法秩序の見地からみて許されないという性質」を意味する。構成要件は，本来，反社会的な違法行為を類型化・定型化して規定したものであるから，構成要件に該当する行為は，通常，違法であるということになる。しかし，これは，あくまでも「原則として」違法であるということを意味するにとどまり，「例外的に」適法となるばあいも存在するのである。たとえば，正当防衛によって人を殺したばあいは，その行為は，殺人罪の構成要件には該当するが，正当防衛として違法性が阻却されるので，実質的に違法でない。したがって，構成要件該当性のほかに，その行為が違法であることも犯罪の成立要件とされなければならないことになる。

(iii) 責 任

第3に，犯罪は，構成要件に該当する違法な行為をおこなったことについて，行為者に責任が存在しなければならない。つまり，その違法行為につい

56　第4章　犯罪論の体系

て有責的であることを必要とするのである。責任（有責性）とは，「違法行為
を決意するにあたって，行為者に『非難可能性』が存在する」ことを意味す
る。たとえば，責任能力，違法性の認識ないしその可能性や期待可能性を欠
く行為に対しては，その行為に関して行為者に「責任非難」を加えることが
できないので，責任が否定されて犯罪とはならないのである。したがって，
責任も，犯罪の成立要件となるわけである。

　このようにして，刑法学における犯罪は，「構成要件に該当する違法かつ有
責的な行為である」と定義できる。行為者のおこなった行為が，これらの要
件をみたすばあいに，犯罪は成立し，これに対して国家の「刑罰権」が発生
する。

　しかし，犯罪が成立しても，刑罰権の発生を他の一定の条件にかからせる
ばあいがあり，このような条件を「客観的処罰条件」という。また，刑罰権
の発生を妨げる一定の事由がみとめられるばあいがあり，このような事由を
「処罰阻却事由」という。これには，「客観的処罰条件」と「人的処罰阻却事
由」がある。たとえば，事前収賄罪において公務員となったこと（197条2項），
詐欺破産犯罪において破産手続開始決定が確定したこと（破産265条）などが，
「客観的処罰条件」の例である。たとえば，親族間における窃盗を規定した親
族相盗例（244条），親族間の盗品等に関する行為に関する特例（257条）や親
族のための犯人蔵匿罪および証拠隠滅罪に関する特例（105条）などが，「人的
処罰阻却事由」の例である。

(4)　犯罪論と刑法理論

(i)　刑法学派の争い

　刑法理論は，犯罪とは何か，刑罰とは何か，なぜ処罰するのか，などに関
して哲学的に考察する理論を意味する。刑法理論は，従来，主として「刑罰」
の本質・目的をめぐる論争の形をとって展開されてきた。しかし，この論争
は，究極的には，「犯罪」の捉え方・刑法の本質にかかわる問題といえるの
で，「刑法学派の争い」として説明される。「刑法学派の争い」というばあい，
それは，19世紀から20世紀にかけて，ヨーロッパとくにドイツを中心とし

て展開された「古典学派」，すなわち「旧派」と「近代学派」，すなわち「新派」との論争を意味する。

(ii) 古典学派

古典学派の刑法理論は，啓蒙思想の一環であり，中世の非合理主義を否定し，人間の理性を基礎とする合理主義の立場から出発したものである。

古典学派に属するイタリアのベッカリーアは，当時の専制支配下の無秩序な刑事裁判と残虐な刑罰制度に反対して『犯罪と刑罰』を出版し，「犯罪と刑罰の法定」，「罪刑の均衡」，「刑罰」に関して一般予防と特別予防を目的とする「相対主義」を主張した。

ドイツにおいて哲学者のカント (1724-1804) は，「理性的存在者」としての人間を基礎にして，犯罪は社会契約に基づく国家の法に対する違反であり，刑罰が犯人に科せられることは「正義」の当然の要請であるとし，刑罰はただ罪を犯したからという理由だけで科せられなければならないとする「絶対主義」を主張した。そして，刑罰の根拠は「応報」にあり，刑罰の絶対的性質は「同害報復」(タリオ) の法に求められるべきであるとして「応報主義」を強調した。

カントの啓蒙的刑法思想を継承しつつ刑法理論を完成させたのは，刑法学者のフォイエルバッハである。フォイエルバッハは，カントの影響をうけて，法と道徳とを峻別し，犯罪は法の違反・権利の侵害であるとする「客観主義」と「心理的強制説」の観点から，一般予防主義・相対主義を主張したのである。哲学者のヘーゲル (1770-1831) は，カントの後をうけてドイツ観念論哲学をその絶頂にまで高めたが，独自の「弁証法」に基づいて犯罪と刑罰に関する理論を展開し，犯罪は客観的法の「否定」であり，刑罰は法の否定である犯罪をさらに「否定」することによって法を「回復」・「止揚」するものであるとした。「止揚」というのは，ヘーゲル哲学に特有の「アウフヘーベン」(Aufheben) というドイツ語の翻訳語で「総合する」ことを意味する。ヘーゲルは，刑罰を，理性者として尊敬されるために科せられるものであるとして捉え，単なる同害報復ではなくて「侵害の価値に応じた相等性」をもつべき

であるとする「絶対主義」・「応報刑論」を強調した。ヘーゲルは，絶対主義的応報観念を基本とする点でカントと共通の基盤に立つが，「同害報復」を否定し，「等価的応報」を主張した点およびカントにおいて峻別された法と道徳をふたたび総合した点で著しく異なっている。

　刑法学者のビンディング（1841-1920）は，カント，ヘーゲルの形而上学的傾向から離れて，実定法学としての刑法学を目指し，「刑罰法規」とそれから導かれる「規範」とを峻別する「規範論」を提唱して，その見地から，犯罪は「規範に対する反抗」，つまり「規範違反」であり，このような「規範違反」があったばあいに「刑罰法規」によって刑罰権が発生するとした。そして，刑罰は，規範の否定である犯罪をさらに否定することによって「法の権威」を維持するものであるので，刑罰権の内容は，犯罪の重さと等しいものである必要があり，犯罪によって法秩序のうける損害が大きければ，それだけ犯人の刑罰による苦痛も大きくなければならないとして「法律的応報主義」・「客観主義」を主張したのであった。

　同じく古典学派に属する論者であっても，それぞれの主張には相違があることに注意しなければならない。たとえば，刑罰に関して，ベッカリーアやフォイエルバッハが「相対主義」を主張したのに対して，カントやヘーゲルは絶対主義を基礎とする「応報刑論」を主張し，「法と道徳の関係」について，フォイエルバッハがカントと同様，両者を峻別したのに対して，ヘーゲルはこれに反対した。「同害報復」か「等価的報復」かという点でも，カントとヘーゲルの主張は異なる。しかし，「抽象的人間像」から出発し，快・不快の計算能力や自由意思はすべての人間がもっていることを前提にして，「行為者」を捨象して「行為」を重視し，犯罪と刑罰の均衡を求める「客観主義」を基礎としている点に，共通の思想的基盤が見出されるのである。そして，基本的に，罪刑法定主義の観点から，法の下における平等を重視し，犯罪における各種の概念・定義を明らかにするとともに，刑法学に統一的な体系を与え，「近代刑法学の理論的枠組」を作り上げた点に，古典学派の大きな功績がある。

(iii) 近代学派

19世紀後半に資本主義が高度化し，産業革命が普及するのに伴って，経済的・社会的混乱が生じ，常習犯・少年犯罪が激増した。このような犯罪現象に対して，古典学派の理論は，有効に対処できなかったため，破綻を生じ，新しい理論の構築が求められた。そのような要請に応じて台頭したのが，近代学派，つまりイタリア学派・社会学派にほかならない。

イタリアにおいてロンブローゾ (1836-1909) は，実証的方法によって犯罪人を人類学的に研究して，著書『犯罪人』を出版して，一定の精神的・身体的特徴により生活環境と無関係に犯人となるべく運命づけられている「生来的犯罪者」が存在し，これは社会的に隔離・排除されなければならないと主張した。フェリー (1856-1929) は，ロンブローゾの立場を継承しつつ，犯罪は人類学的・物理的・社会的な3つの原因から発生するものであって，「自由意思」は幻想にすぎないので，自由意思を前提とする「道義的責任論」を否定して「社会的責任論」を主張した。

ドイツにおいては，リストがイタリア学派によって展開された実証主義の立場と共同戦線を張って，「目的刑論」を提唱し，刑罰の目的は法益の保護と社会の防衛にあるとして，反社会性の強弱によって犯人を分類し，それに応じて，威嚇・改善・排害など，刑罰の個別化を図ることを主張した。また彼は，法律的問題と刑事政策的問題とを総合した「全刑法学」の樹立を提唱し，さらに，国際的な規模で刑法改正運動を展開するとともに，国際刑法学会 (国際刑事学協会) の設立に貢献した。リストによって理論的に確立された近代学派の刑法理論は，その後，「犯罪徴表説」・「教育刑論」として新たに発展したのである。

(iv) 両学派の争い

古典学派と近代学派の基本的思考は厳しく対立するものであったため，両派間の争いは顕在化し，ビルクマイヤーとリストとの論争において，その頂点に達したといえる。

古典学派は，啓蒙主義的合理主義思想の見地から「自由意思」の存在を前

提として「非決定論」をとり，犯人の自由な意思決定に基づいて実際におこなわれた「行為」に現実的意義をみとめて，この客観的行為を処罰の対象とする「現実主義」，「行為主義」および「客観主義」を提唱し，行為者の主観である犯罪「意思」を「道義的」責任の基礎づけの問題として扱う「意思責任論」・「道義的責任論」を主張した。そして刑罰に関して，刑罰は行為に均衡する応報として犯人に科せられる害悪とする「応報刑論」をとり，一般人を威嚇し犯罪を予防する「一般予防主義」を強調したのである。行為と均衡のとれない「不定期刑」を否定し，違法行為に関する責任に基づく「回顧的な刑罰」と犯人の危険性を前提とする「展望的な保安処分」とは本質を異にすると解する「二元主義」をとった。

　これに対して，近代学派は，実証科学的見地から「自由意思」の存在を否定して「決定論」をとり，処罰の対象は，素質と環境によって宿命的に決定されている行為ではなくて，「行為者の社会的危険性ないし反社会性」であり，それは行為に徴表されるものであるとする「行為者主義」・「主観主義」および「徴表主義」を提唱した。そして，行為者はその反社会的「性格」を基礎として「社会的責任」を負うものとする「性格責任論」・「社会的責任論」をとり，刑罰は行為者の反社会性ないし危険性を矯正・改善して再社会化するための教育を目的とするものであるとして「目的刑論」・「教育刑論」を強調した。刑罰は，当の行為者を改善することによって犯罪を予防し，社会を防衛するものであって，一般の威嚇を目的とするものではないとされる。これは，「特別予防主義」である。行為者の改善に役立つものとして不定期刑をみとめ，行為者に対する改善の手段として，刑罰も保安処分も本質は同じであると解する「一元主義」を主張したのである。

⒱　学派の争いの止揚

　古典学派および近代学派の理論には，それぞれ一長一短があり，両派の激しい対立は，それぞれの理論的代表者であったビルクマイヤーとリストが相次いで没するとともに終息するに至った。そして，現在では両学派の対立は解消されている。

わが国においては，明治時代の中期以降，ヨーロッパとくにドイツの刑法学の影響のもとに，古典学派および近代学派の刑法理論が移入され，大正期から昭和初期にかけて，両学派間で激しい論争が展開された。しかし，第2次大戦後は，両学派の対立を総合しようとする傾向が強くなった。たとえば，古典学派の団藤重光博士は，客観主義を基調にしつつ主体的な行為者についての「人格責任論」を展開して，近代学派の性格責任論との統合を図られ，また，古典学派の佐伯千仞博士は，責任主義を前提とし，特別予防論によりつつ，主観主義を人権保障のために客観主義的に制限することによって，両学派の統一を目指された。近代学派の木村亀二博士は，目的的行為論や構成要件理論を積極的に採用して客観主義との総合を目指されたのである。その結果，現在では，学説の多くは，古典学派の立場を基本的に受け入れたうえで，近代学派の主張をも取り入れているのである。

⒱　現代の刑法理論

　古典学派と近代学派の立場は総合され，犯罪論においては，古典学派が前提とした「抽象的人間像」や近代学派が前提とした「犯罪へと宿命づけられた人間像」から，「具体的な存在としての人間像」へと移行し，「素質と環境に支配されつつも，なお主体的にこれに働きかけ，これを一定の方向に統御できる人間像」が提示されるに至っている。現実の犯罪は，「相対的な自由意思」をもつ「具体的人間」によってなされるものであり，そのような人間があえて犯罪行為に出たことに対する非難として「責任」が行為者に対して加えられるのである。たしかに，犯罪行為には現実的意味がみとめられるが，しかし，外部的行為だけを評価する古典学派の見地からではなく，人間の行為を主観＝客観の全体構造をもつものと解する現代的観点から把握されるべきものと解されるに至っている。

第5章　構成要件該当性

1 構成要件の理論

　犯罪の第1の成立要素としての構成要件該当性の中身について，構成要件論から説明することにする。「構成要件該当性」とは，「ある実体的な事実が構成要件に当てはまる」という性質をいう。その前提として，構成要件とは何か，が問題になる。構成要件に関する理論を「構成要件論」という。

(1)　構成要件論の沿革

　近代の構成要件論の歴史は，ドイツ刑法学者のベーリングの著書『犯罪の理論』から始まる。ベーリングは，構成要件を「犯罪類型の輪郭」として特徴づけ，記述的・客観的要素から成ると解した。その後，M. E. マイヤーは，構成要件該当性の観念をみとめ，「規範的構成要件要素」の存在を肯定した。そして，構成要件該当性は違法性の「認識根拠」であると説明して，新たな展開をもたらしたのである。さらに，メッガーは，「主観的構成要件要素」の存在を肯定し，構成要件該当性は違法性の「存在根拠」として特徴づけ，「新構成要件論」を提唱した。このようなドイツにおける構成要件論の発展は，わが国の刑法理論に重大な影響を及ぼしている。

(2)　現在の構成要件論の輪郭

　現在の構成要件論のアウトラインをみることにしよう。

　まず，構成要件は，抽象的，観念的な概念であって，具体的な事実そのものではない。たとえば，構成要件として199条に規定されているのは，「人を殺す」という抽象的で観念的なものであり，現実にAがBを殺したばあいに

は，Ａの行為は殺人罪の構成要件にあてはまり，その事実を「構成要件該当事実」という。

構成要件を個別化された犯罪類型として把握するかぎり，「規範的構成要件要素」および「主観的構成要件要素」の存在が是認されることになり，記述的，客観的構成要件のみをみとめるベーリンク流の考えは，今日では，一般に否定されている。

構成要件と違法性および責任との関係について，通説は，構成要件を「違法類型」と解している。しかし，構成要件を「違法・有責類型」であると解する説も主張されている。違法類型説によると，構成要件該当性は，違法性の「認識根拠」と解される。構成要件に該当する行為は，原則として違法であるが，例外的に正当化事由（違法性阻却事由）が存在するばあいには，違法性が阻却されることになる。

(3) 構成要件の種類

(i) 完結した構成要件と補充を必要とする構成要件

構成要件の種類として，まず規範的構成要件要素との関連で，「完結した構成要件」と「補充を必要とする構成要件」がある。「完結した構成要件」（閉じられた構成要件）とは，その構成要件の内容が法文によって明確に規定されているものをいう。これに対して，「補充を必要とする構成要件」（開かれた構成要件）とは，内容が表現し尽くされていないので裁判官による補充を必要とするものをいう。たとえば，過失犯における「注意義務」，不真正不作為犯における「作為義務」などの内容は，構成要件要素としては詳細に規定されていないので，補充が必要なのである。

(ii) 犯罪類型の種類

行為は，客観面と主観面から成り立つが，客観面の問題の関連では，犯罪要件がいくつかに区別され，まず「単純行為犯」と「結果犯」がある。結果犯とは，結果発生が構成要件要素として必要とされる犯罪類型であり，典型例として，殺人罪が挙げられる。殺人行為によって結果が発生するというこ

とは，その間に因果関係があることを意味する。結果の発生を必要とする犯罪類型が結果犯である。これに対して，結果は必要でなく，行為がおこなわれればよいとされる犯罪類型を単純行為犯または挙動犯という。たとえば，偽証罪のばあい，虚偽の陳述をすればそれだけで犯罪として成立する。

　構成要件的結果の発生と法益侵害の結果との関係による犯罪類型の区別として，「即成犯」，「継続犯」および「状態犯」がある。即成犯は，一定の法益侵害またはその危険が発生することによって，犯罪がただちに完成し同時に終了するものをいう。たとえば，殺人罪のばあい，人を殺せばそれでただちに殺人罪が完成して，終了することになる。これに対して継続犯は，その行為においてある程度時間の継続性が要求される犯罪類型をいう。その典型例は，監禁罪である。特定の場所にある人を拘束したばあいに，カギを掛けて一定の時間拘束したときに初めて，監禁罪としての既遂になる。解放されない間，監禁行為はずっと続いているわけで，既遂にはなっているが，監禁罪としてはなお行為が続いていることになる。状態犯とは，一定の法益侵害の発生によって犯罪は終了し，その後，法益が侵害されている違法状態はなお存在していても，それは犯罪事実，つまり構成要件事実としては規定されていないばあいをいう。たとえば，窃盗罪のばあい，他人の財物を窃取したことによって，財産権が侵害されているという違法状態はずっと続いているが，それ自体は盗んだことによって構成要件的評価がなされているのである。

② 犯罪の主体

(1) 自然人

　意思能力を有する自然人は，原則としてすべて犯罪の主体となり得る。例外的に構成要件的な特徴として限定されるばあいがある。その例が身分犯であり，その身分があることによって初めて犯罪行為がなされる犯罪類型を「真正身分犯」という。これに対して，身分がなくても犯罪行為をおこなうことができるが，身分があることによって刑が重くなったり軽くなったりするばあいを「不真正身分犯」という。これについては刑法の 65 条に「身分犯の

共犯」の規定があり，詳細は共犯論において説明する。

⑵　法　人

　法人の犯罪能力については，考え方が分かれている。英米法系の法体系の下では，原則として法人の犯罪能力をみとめる。これに対して，大陸法系の法体系では，原則として法人については犯罪能力をみとめない。わが国も大陸法系に属する関係で，従来，判例・通説は，法人の犯罪能力否定説の考え方をとってきている。そこで，法人の犯罪能力否定説を検討することにしよう。

　法人の犯罪能力否定説の第1の論拠として，法人には「意思」と「肉体」がないから，刑法上の行為能力はないとする。たしかに，法人は観念的な存在であるが，しかし，法人も，「意思決定機関」を通して意思形成をすることができ，その決定された意思を「執行機関」を構成する自然人が現実にそれをおこなうことができるのである。

　第2の論拠として，法人に対しては「倫理的責任」を課することができないことが挙げられる。刑法上，問題にするのは，あくまでも「法的責任」であり，法人に対しても，法的な観点から責任非難を課することは可能であり，またやらなければいけない。

　否定説の第3の論拠として，現行の「刑罰体系」の中核をなしている自由刑・生命刑が法人に適用されないのは，犯人に犯罪能力がないことを前提としていることが挙げられている。たしかに，刑罰体系として，自由刑，生命刑がわが国の刑罰の中心部分を成していることは明らかである。しかし，法人に科すべき刑罰がないから，犯罪行為能力がないという論法は，逆転している。まず犯罪能力を前提にして，これにどういう刑罰を科すべきか，を議論するのが本筋である。「法律要件」として犯罪の成立を考え，それに対する「法的効果」として刑罰を議論すべきなのである。

　否定説の第4の論拠として，機関たる自然人のほかに法人を罰する「両罰規定」は憲法39条の「二重処罰禁止の原則」に違反するとされる。両罰規定においては，法人それ自体の行為が処罰されるとともに，自然人それ自体の

行為が処罰されるのであり，それぞれ別個に独立して処罰されるのであるから，二重に処罰されたことにはならない。

このように，従来の否定説の論拠は，必ずしも十分な妥当性を有するものではないことになる。現実に犯罪行為がおこなわれ，それについて処罰も可能であることを踏まえるならば，原則として法人の犯罪能力を肯定して，それに適切な刑罰を科すべきである。

次に，両罰規定についてみることにしよう。「両罰規定」の規定の仕方はだいたい決まっており，「法人の代表者又は法人若しくは人の代理人，使用人その他の従業者が，その法人又は人の業務に関して第○条の違反行為をしたときは，その行為者を罰するほか，その法人又は人に対して当該各条の罰金刑を科する」となっている。法人の犯罪能力否定説をとれば，法人を罰することは1つの擬制であり，自然人の責任が法人の責任に転嫁され，または自然人の代理として責任を問うことになる。責任の擬制は，責任主義の見地から否定される。自然人に責任があるのは当然であり，法人の責任も法人自身の自己責任である。法人の自己責任は，自然人を選任・監督するにあたって，適切な人を選ばなかったこと，または十分に監督しなかったことを内容とする過失である。

法人の自己責任について，それを純粋の過失犯として捉えるかどうか，が問題になる。判例は過失推定説をとっている。刑事裁判においては，挙証責任は原則として検察官が負う。したがって，法人の刑事責任として監督責任があるばあい，純粋の過失犯だとすれば，選任・監督の責任の存在について検察官が挙証責任を負うことになる。過失推定説によれば，検察官が負っている挙証責任が被告人に転嫁されることになる。したがって，被告人側である法人が自分に過失がないことを立証しないかぎり，過失があるものとして扱われることになる。

「無罪の推定」を前提にして原則的どおりに考えるならば，純粋の過失犯として構成する必要がある。

68　第5章　構成要件該当性

③ 行為論

(1)　序

　ここで問題にする行為論は,「構成要件的行為」とは何か,という議論である。行為論の内容について,自然主義的行為論としての身体的動作説および有意行為論,それから,目的的行為論,社会的行為論,人格的行為論がある。

(2)　身体的動作説

　この説は,行為を,純粋に生物物理学的な観点からの身体の動作だけに限定する捉え方である。しかし,人間の行為を純粋に生物物理学的なものとして捉えるのは,不自然であり,きわめて不十分である。現在,身体的動作説はあまり支持をうけておらず,多くの支持を得ているのは有意行為論である。

(3)　有意行為論

　この説は,行為を意思活動の表れとして捉える見解である。有意行為論の特徴は,行為は「有体性」と「有意性」の2つの要素から成り立つと主張するところにある。有体性は身体的な動作を意味し,有意性は,意思活動を意味し,自分の意のままになるという観点から「恣意性」ともいわれる。要するに,身体的な活動を伴っているという意味で有体性がみとめられ,意思的な活動をおこなっているという意味で有意性がみとめられるわけである。

　この説は,意思の存在だけは構成要件の段階で問題にし,意思の内容は責任論で問題にすることによって,「意思の存在」と「内容」を分離するところに特徴がある。意思が原因となって,結果として身体的な動作がおこなわれ,さらにその行為が原因となって構成要件的な結果を引き起こしたものとして把握するのは,まさに「因果の流れ」として行為を把握することになる。このような因果的な捉え方はおかしいという疑問を提起したのが目的的行為論である。その意味において,この説は,因果的行為論と称される。

⑷　目的的行為論

　この説は，行為の目的性こそが行為の本質的な要素を成すと主張する。行為は，目的的な活動として意味があり，目的性が行為の本質的な要素であるという捉え方である。たとえば，AがBを殺すというケースを考えてみたばあい，相手を殺すという殺人行為の目的性があり，その目的を実現するために因果関係を支配・統制することによって，その目的を実現していくとされる。Aが，Bを殺すという目的を実現するために，因果関係を支配し，因果関係を支配するための手段を選ぶわけである。このような観点からは，有意行為論が意思の「存在」と「内容」を分離するのはおかしいことになる。内容のない「何らかの意思」は存在せず，現実に存在するのは「具体的な内容」をもった意思である。意思の存在と内容を分けないで，その目的性を中心に構成要件の段階で行為を考えるべきだというのである。

　たしかに，目的的行為論は，故意の作為犯については妥当するが，しかし，「過失犯」と「不作為犯」については妥当しないという致命的な欠陥がある。目的的行為論は，少数説にとどまっている。目的的行為論の過失行為の行為性の論証，不作為の行為性の論証には欠陥があるとして，次に主張されるのが社会的行為論である。

⑸　社会的行為論

　この説は，人間の有意的な行為のなかの「社会的な意味」を有するものを，行為の本質的な要素として捉える考え方である。目的的行為論の欠陥を克服した点では社会的行為論は，一定の成果を上げたが，逆に「社会的意味」が不明確であるという欠陥がある。何をもって社会的意味があると捉えるか，という点が，行為論としてみたばあいに不明瞭・不明確であり，妥当ではないと批判されている。そこで，行為を社会的な側面ではなくて，行為者の人格の側面から捉える人格的行為論が主張されている。

⑹　人格的行為説

　この説は，人格形成責任を前提にして，行為を人格の主体的現実化として

70　第5章　構成要件該当性

捉える。この説は，構成要件的行為を判定する段階で人格を前提にせざるを
得ない点で問題があり，さらに主体的な現実化といえるための規準が不明確
であると批判されている。

(7)　構成要件的有意行為論

　上記のような学説の発展を踏まえたうえで，本書は，「構成要件的有意行為
論」を提唱するものである。

　行為論を構成要件段階で考えるべきであり，有意行為論の観点から捉える
のが妥当であると解する。従来の有意行為論は，意思の存在と内容とを分離
し，「意思の存在」を判断するにあたっては，「何らかの意思」が存在すれば
足り，「意思の内容」は責任論で議論すべきであるとしたが，内容についても
構成要件段階で議論をすべきである。構成要件段階で有意行為として議論
し，その内容も構成要件的故意，構成要件的過失として構成要件の段階で区
別することが可能になるのである。

4　因果関係

(1)　因果関係論の意義

　次に，客観的な構成要件要素として「因果関係」が問題となる。われわれ
の生活場面で，因果の連鎖が無限につながっており，そのつながりのなかで
刑法において問題にするのは，行為からその結果が発生したといえるかどう
か，という点である。刑法上の因果関係をどのように確定するのか，という
議論を「因果関係論」という。因果関係論は，客観的な帰責の理論である。
すなわち，その行為が，その結果に対して行為者の「しわざ」として行為者
に帰属させられることを「帰責」という観点から議論するのである。

　帰責は，結局は，行為者に対する主観的帰責としての「責任」の問題であ
るから，因果関係論を独立して問題にすべきではないとする「因果関係不要
論」・「因果関係否定説」が，かつて主張されたことがある。しかし，客観的
帰責と主観的帰責は，厳密に区別されなければならない。「行為者の行為後の

結果発生はその行為者のせいである」というかたちで，客観的に行為者の行為にそれが結び付けられ得るかどうか，を議論するのが客観的帰責としての因果関係である。客観的帰責としての因果関係を刑法上，どのようにみとめるのか，が因果関係論にほかならない。

(2) 学 説

因果関係論の学説として，条件説，原因説および相当因果関係説がある。

(i) 条件説

条件説とは，条件関係，すなわち，「その行為がなかったならば，その結果も発生しなかったであろう」という関係があれば，刑法上の因果関係があるとする見解である。その行為がなかったならばその結果は発生しなかったであろうと考えられるばあいに，行為と結果との間に「条件関係がある」と表現する。条件説は，条件関係があれば，刑法上の因果関係があると考える立場である。当該行為がなかったならば当該結果は発生しなかったであろうという捉え方を「条件公式」または「条件定式」という。ラテン語では「conditio sine qua non」と表現されるので，一般的には「条件公式」または「conditio 公式」といわれる。

自然科学的な因果関係の判断方式をそのまま刑法上もみとめるのが条件説であり，ドイツの判例・通説である。わが国では判例が原則的に条件説の立場をとっている。

条件説をとったばあいに，不当な範囲で因果の系列が広がっていくのを限定するために，因果関係の中断論が主張された。たとえば，AがBを殴ってけがをさせたので，Bは，傷の手当てをうけるために病院に行く途中でCの車にはねられて死亡した。このばあいに条件説をとれば，Aの行為とBの死亡との間に条件関係がみとめられて傷害致死罪が成立し，重い罪責を負わざるを得ないことになる。死亡の点まで罪責を問われるのは不当であるとの批判に応えるために，第3者の行為が加わったり自然現象が加わったりしたばあいには，因果関係が中断されて条件関係がなくなるとして「中断論」が主

張されたのである。

　中断論をとれば，たしかに因果関係は限定されるが，しかし，中断論はとり得ない。なぜならば，因果関係は存在するかしないかであって，途中まで存在していた因果関係がある時点から急になくなってしまうようなものではないからである。因果関係中断論は否定されるべきであるから，条件説はとり得ない。

(ii)　原因説

　条件説をとると，因果関係をみとめられる範囲が非常に広くなる。そこで，限定する必要があるとして，条件の中から一定の原因を選ぶ原因説が主張された。ところが，原因を選ぶ基準が非常に難しくなる。いろいろな基準を挙げるが，決定的な基準を提示できないので，原因説の支持者はあまりいない。

(iii)　相当因果関係説

　条件説や原因説の欠陥を克服して，因果関係の範囲を合理的に限定しようとして主張されたのが，相当因果関係説（相当説）である。

　相当因果関係説とは，行為と結果との間の条件関係の存在を前提としたうえで，その行為からその結果が発生することが，経験上，一般的（相当）であれば，刑法上の因果関係が存在すると解する見解をいう。したがって，相当因果関係説は，条件関係をさらに限定するので，条件説よりも因果関係の範囲を狭めるものであるといえる。

　相当因果関係説は，条件説によって因果関係があるとされたものの中から行為に帰属させ得る結果を選び出す原理であるから，「客観的帰責」の理論である。また，相当因果関係説における相当性とは，行為が結果をひきおこす「一般的可能性」があること，いいかえると，「定型的な」原因・結果の関係がみとめられることを意味するから，相当因果関係説は構成要件的な因果関係を決定するのに適した理論である。

　相当因果関係説は，まず第1の前提として，条件関係があることを要求する。条件関係の存在を前提として条件関係がみとめられたばあいに，さらに

相当性があるかどうか，を議論し，相当性があれば因果関係上の因果関係があるとされる。

⑶ 択一的競合

相当因果関係説をとるにせよ，条件説をとるにせよ，「条件関係」の確定が両説の共通の問題として提起される。条件関係は容易にみとめられるが，問題が出てくるばあいがある。これが「択一的競合」である。

択一的競合とは，複数の行為がそれぞれ1つだけでも独立して同じ結果を発生させることができたであろうばあいをいう。たとえば，殺意をもってAが致死量の毒をXに盛り，同様にBも致死量の毒をXに盛ったばあい，つまり，それぞれ単独でも殺し得る行為が重なってなされたばあい，が択一的競合の典型例である。このばあいに条件公式をあてはめると，結論がおかしくなる。Aの行為がなくても，Bの致死量の毒でXは死亡するので，Aの行為がなかったならばXの死亡はなかったとはいえず，Aの行為とXの死亡との間には条件関係がないことになるのである。Bの行為とXの死亡との関係についても同じことが生ずる。

上記の結論は，われわれの常識的な判断と矛盾する。われわれの平均的な感覚からすると，致死量の半分の毒を盛ったばあいに条件関係があるのであれば，その2倍の毒を盛ったものについては，なおさら条件関係があると考えるのが普通である。より軽いものについて罪責の前提がみとめられるのであれば，それよりもっと重い行為をおこなったばあいには，その結果についてより強く罪責をみとめる前提条件が肯定されるはずだというのが，われわれの健全な常識である。ところが，択一的競合のばあいは結論が逆になり，軽いことをやったほうが条件関係をみとめられ，重いことをやったほうは条件関係を否定されるという非常識な結論になってしまうのである。

そこで，通説は，条件関係の定式に修正をほどこして条件関係をみとめる。すなわち，AおよびBの行為が「全体として」なかったならば，Xは死亡しなかったであろうという形で条件関係をみとめるのである。択一的競合のばあいには例外的に，Aの行為とBの行為とが「全体としてなかったならば，

74 第5章 構成要件該当性

結果は発生しなかったであろう」という形で修正を施すわけである。

(4) 相当性の判断

条件関係が確定したあと，次に問題になるのは，相当性をどのように判断するか，である。因果関係の判断の基礎の問題として判断基底をどう捉えるか，について学説は，主観説，客観説，折衷説の3つに分かれている。折衷説が通説であり，本書はこれを支持する。

「判断基底」は，「判断の基礎となるべき事実」を意味する。なぜこれが問題になるか，というと，相当性の有無を判断するばあいに，どの範囲の事実を前提にして判断するか，によって結論に差が生ずるからである。

判断基底に関して，学説は，主観説，客観説および折衷説に分かれている。主観説とは，行為当時，行為者が認識した事情および行為者が認識し得た事情を基礎とする見解をいう。客観説とは，裁判官の立場から，行為当時に客観的に存在していた一切の事情のほか，行為後に生じた事実で客観的に予見可能である事実を基礎とする見解をいう。折衷説とは，行為時に一般人が認識し得た事実および行為者がとくに認識していた事実を基礎にして相当性を判断すべきであるとする見解をいう。

ここで，具体例に即して考えることにしよう。これに関する典型例として血友病のケースがある。それは，AがBを殴打してBに軽傷を負わせたところ，Bは血友病を患っていたために出血が止まらなくなって死亡したばあいである。AがBを殴って，それによってBがけがをした限度でいえば，傷害罪になる。ところが，そのけがが原因となってBが死亡したとなると，傷害致死罪になって刑が非常に重くなる。Aが殴ったことによってBが死亡しており，条件関係は明らかにある。相当性があるかどうか，がここでの問題である。Bが血友病患者であるという事実を判断基底に組み入れるかどうかが，重要な問題になる。血友病のばあい，少しでもけがをすると出血が止まらなくなり，出血多量で死亡するからである。判断基底に組み入れることは，Bが血友病患者であった事実を基礎に相当性を判断することを意味する。Bが血友病患者であることを前提にすると，Aが殴ってBに軽いけがを負わせ

たばあいには，出血多量で死亡することは一般的に起こるから，相当性があることになる。

折衷説をとれば，行為者が知らなかったばあいには，一般人が知り得たかどうか，を問題にする。専門的な医学知識を持ち合わせていない一般人には，外見上，Bが血友病患者であることは分かるわけがないので，「Bが血友病患者である事実」を判断基底に取り入れることができないという結論になる。客観的事実としてはBは血友病を患っているが，それを判断基底に組み入れないことは，Bは血友病を患っていないという前提で議論することを意味する。そうすると，血友病を患っていない通常の健常者を段って，軽いけがを負わせたばあい，人を段って軽いけがを負わせただけで出血多量で死亡するというケースはほとんどないから，相当性はないことになる。

「相当性の程度」については，一般的に「そういう事態が生じることはまれではない」ことと解されているが，しかし，「蓋然性」を要求すべきであると解する。なぜならば，判断の基礎には広く事情を組み入れてもよいが，具体的な相当性判断にあたっては，蓋然性を要求することによってその因果関係の範囲を限定していく必要があるからである。

(5) 客観的帰属の理論（客観的帰属論）

(i) 意 義

客観的帰属の理論（客観的帰属論）は，因果関係の問題と客観的帰属の問題とを区別し，因果関係論として条件説をとったうえで，客観的帰属の理論により帰責範囲の限定をおこなおうとする見解である。この見解によれば，まず，結果との間に条件関係のある行為が法的に許されない危険を生み出し（危険の創出），次いで，その危険が構成要件に該当する結果を実現したばあいに（危険の実現），結果の客観的帰属がみとめられる。

(ii) 相当因果関係説との関係

相当因果関係説の代わりに客観的帰属の理論によって「客観的帰責」の範囲を画する必要はないと解される。すなわち，相当因果関係説における「相

76　第 5 章　構成要件該当性

当性」は，発生した結果を当該行為に客観的に帰属させることが妥当かどう
か（客観的帰責），の判断の問題であり，客観的帰属論における「危険の創出」
および「危険の実現」は，それぞれ相当因果関係論における「行為の相当性」
および「因果経過の相当性」にほぼ対応する概念とみることができるのであ
る（最近の判例は，「危険とその現実化」という観点から因果関係を判断するようになって
いると一般に解されている。これを明示したものとして，長野地松本支判平 14・4・10 刑
集 57 巻 7 号 973 頁（最決平 15・7・16 刑集 57 巻 7 号 950 頁〔高速道路侵入事件〕におけ
る第 1 審判決）参照）。したがって，客観的帰属論は，「相当性」判断の明確化の
ために，一般的・抽象的な相当因果関係の判断枠組みに個別具体的な判断基
準を提供する点において，相当因果関係説にとっても有用である。相当因果
関係説が予見可能性・相当性という評価的側面を有しつつも，なお「事実
的・存在論的性格」を維持しているのに対し，客観的帰属論は，行為規範に
違反して許されない危険が創出されたかどうか，を問題とし，また，危険の
実現判断において規範の保護目的をも考慮するなど，「規範的・価値論的色
彩の濃い理論」である点において妥当でないと解される。

5　構成要件的故意

⑴　意　義

　主観的な構成要件要素としての構成要件的故意を説明することにしよう。
　民法 709 条は，「故意」という言葉を法律用語として使用しているが，刑法
にはそのような規定はない。刑法では，38 条にいう「罪を犯す意思」が故意
である。38 条 1 項は，罪を犯す意思，つまり故意のない行為は罰しない旨を
規定している。これは，犯罪は原則として故意犯であることを意味する。た
だし，例外として法律に特別の規定があれば罰することができるわけで，過
失犯がその例になる。38 条は，故意・過失についての一般的な規定である
が，故意の内容については触れていない。故意とは何か，それは犯罪論体系
上どこに属するのか，という議論は理論に任されているのである。
　構成要件的故意は，犯罪事実の表象・認容を内容とする。表象は「認識」

を意味し，認容は発生したことを「承認する」こと，または「受け入れる」ことを意味する。すなわち，構成要件的故意には認識的要素と意思的要素とがあり，意思的要素は最小限認容で足りるのである。犯罪事実の表象・認容は，その行為が許されているかどうかという規範的なものと関係はなく，犯罪の事実にかかわるので，「事実的故意」と称される。

(2) 故意の犯罪論体系上の位置づけ

事実的故意を犯罪論体系のどこに位置づけるかについて，古い構成要件理論を前提にして，構成要件は客観的な記述的要素，違法性は客観的な規範的要素，主観的なものは責任要素として位置づけるとする考え方があることは，前に述べた。この考え方によれば，故意は主観的なものだから責任要素として位置づけられることになる。ところが，この考え方では，不都合が生ずるので，主張されたのが「構成要件的故意」という概念である。故意・過失や各犯罪類型を責任段階でしか区別できないのは不当なので，犯罪行為の類別機能が作用する段階，つまり構成要件段階で故意をみとめるのが，「事実的故意」としての「構成要件故意」である。この部分は構成要件要素であるが，それ以外に責任要素としての故意（責任故意）があるとされる。

違法・有責類型説の観点から，有責性の要素が類型化されているので，故意が類型化されて構成要件に取り入れられているとしたうえで，これを構成要件的故意として構成要件に位置づけることができる。違法類型説の観点からは，主観的な違法要素としての意味を有し得る故意・過失は，違法行為の内容をなしているので，それを類型化・定型化したものが構成要件であるから，故意は構成要件要素ということになる。

(3) 故意の対象

故意の要件として，認識の対象が問題になる。客観的構成要件要素が故意の認識対象となり，その内容としては，記述的要素として，行為の主体，行為の客体，行為それ自体，行為の状況，結果，行為と結果の因果関係などがその主なものである（故意の成否については，最決平 2・2・9 判時 1341 号 157 頁，判

タ722号234頁参照）。規範的な要素について問題になるのが，「意味の認識」である。それは，裁判官の立場からではなくて，その人が属している社会の一般人の見地から，いわゆる「素人仲間における並行的評価」を意味する。つまり，専門家としての認識ではなく，いわば素人的認識で足りるのである。

認識が必要かどうか，について最近争われているものとして，「因果関係」がある。通説は，因果関係の認識を故意の要素として要求している。

⑷　故意の種類

⒤　種　類

故意は，確定的故意と不確定的故意とに分かれる。確定的故意は，確実にその結果を発生させるという意味で内容が確定している。これに対して不確定的故意には，確定していない部分があり，どの部分が確定していないのか，をめぐって概括的故意，択一的故意，未必的故意（未必の故意）の3つの種類がある。

ⅱ　概括的故意

これは，行為客体が一定の範囲では決まっているが，そのうちの誰かがまだ特定されていないばあいである。たとえば，ある部屋のなかの何人かを殺す目的で爆弾を仕掛けたばあい，被害者はそのなかの者であることは特定しているが，そのうちの誰であるかが特定していないばあいである。

ⅲ　択一的故意

これは，AかBかを殺すという点では確定しているが，2人のうちのどちらを殺すかがまだ特定していないばあいである。

ⅳ　未必的故意

これは，結果の発生が不確実であるばあいである。認容説は，結果が仮に発生したとしてもその発生を引き受けるかどうか，それを自分が引き起こしたものとしてみとめるかどうか，を基準にして未必的故意を決定する立場で

ある。認容説が通説である。

認識説（表象説）も主張されている。認識説は，可能性説と蓋然性説に分かれる。可能性の認識があればそれでよいとする可能性説をとると，認識ある過失との区別がうまくいかないので，蓋然性説のほうが有力である。この説によると，結果がかなり高い確度で生じるという認識があれば未必の故意であり，単なる可能性にとどまるばあいは認識ある過失になる。

認容説のほかに動機説と実現意思説も主張されている。通説である認容説は，結果が発生してもやむを得ないというかたちで消極的にみとめるばあいに故意の存在を肯定し，結果発生についての認識はあるが，認容がないばあいは認識ある過失とする。動機説は，自分が認識した事実が反対動機の形成可能性に動機づけとなったかどうか，つまり，事実を認識して，そういう行為に出ないように動機形成をすることができたかどうか，という観点から故意の有無を判断する立場である。実現意思説は，構成要件的結果発生を計算に入れて真剣にそれを考えたばあいに未必の故意をみとめ，たんに結果が発生しないことを「信頼した」にとどまるばあいには，認識ある過失をみとめる見解である。

このように学説は分かれているが，実現意思説が妥当であると解する。実現意思説は認容説の延長線上にあるので，基本的には認容説は妥当であると解される。認容説の問題は，情緒的な要素が混入してこざるを得ない点にある。動機説は，なぜならば，反対動機の形成可能性を，構成要件的故意の次元で議論する点にすでに問題がある。反対動機の形成可能性は責任論の問題であり，ここで議論をすべき問題ではないからである。

判例は，文言上は表象説をとっているようにみえるが，実質的には認容説の立場に立っている。

⑸ 錯誤による故意阻却

行為者が認識した事実と食い違うばあいには，構成要件的事実の錯誤が存在する。そのばあいに，行為者が全然それに思い至らなかった事実については，故意がないという扱いをする。実際上，結果が事実として発生したとし

80 　第 5 章　構成要件該当性

ても，その点について故意をみとめないという事態を，刑法上，「故意が阻却
される」と表現する（錯誤の事案における符合の限界については，最決昭 61・6・9 刑
集 40 巻 4 号 269 頁参照）。

6　構成要件的過失

⑴　新旧過失犯論争

　過失犯をめぐって，伝統的過失犯論（旧過失犯論）に対して新過失犯論が主
張され，「新旧過失犯論争」が展開中である。本書は新過失犯論の陣営に属す
るものである。ベーリング流の構成要件論をとると，客観的なものは構成要
件と違法性の問題，主観的なものは責任の問題として区別された。責任の要
素として故意と過失が位置づけられて来たのである。過失犯は責任の問題で
はなく，過失犯における違法性をもっと明確に考える必要があるとされて，
新過失犯論が登場するに至った。

⑵　新過失犯論

　新過失犯論は，過失犯の違法性に重大な意義をみとめ，過失の重点を予見
義務ではなくて結果回避義務に置く捉え方である。

　社会生活においては，結果発生を予見すべきだったにもかかわらず予見し
なかった点ではなくて，結果発生を回避すべきであったにもかかわらず，そ
れを回避しなかった点に，社会生活上必要な注意義務の違反がみとめられ
る。いいかえると，「社会生活上必要な基準的行為」をしなかった点にこそ，
過失の違法性の中核がある。たとえば，ガソリンスタンドで働くばあいには，
火気厳禁で，火災が生じないようにする，火事が広まらないようにするとい
う一般的な「基準的な行為」がみとめられる。引火するようなものは取り扱
わないという「基準的な行動」が要求されているのに，それをしないで軽率
にもたばこを吸って火を起こし，それが引火して火災を生じさせたばあい，
引火させることはしないようにすべきであるという状況があるにもかかわら
ず，それをおこなった点が，違法性を基礎づけることになる。

基準行為から逸脱する行動が，客観的な注意義務に違反する行為であり，これが構成要件に類型化されて，構成要件的過失と成るのである。結果回避をするにあたっても，結果発生についてある程度予見がないと，どういう結果回避措置をとるべきかが分からないから，結果回避義務の論理的前提として予見可能性は必要である。それは，本質的な要素ではなくて，結果回避義務を基礎づける前提として要求される。

新過失犯論の多数説は，予見可能性の問題として具体的な予見可能性を要求している。これに対して，具体的な予見可能性は要らず，危惧感あるいは漠然とした不安感があればよいとする危惧感説がある。危惧感説は少数説であり，妥当でない。なぜならば，そこまで広げてしまうのは問題があるという点で賛成しかねるのであり，具体的予見可能性でとどめるべきであるからである。

基準行為からの逸脱という新過失犯論の立場をとると，過失がすべて不作為になってしまうという批判がある。たしかに，基準行為をしなかった点は不作為であるが，基準的な行為をしないで軽率に結果を発生させる行為をした部分は作為であり，この点を強調すれば，作為犯として構成できるのである。これは観点の相違にすぎない。

(3) 信頼の原則

信頼の原則とは，行為者がある行為をおこなうにあたって，被害者または第3者が適切に行動することを信頼するのが相当であるばあいには，たとえその被害者または第3者の不適切な行動によって結果が発生したとしても，それに対しては責任を負わないとする原則をいう。信頼の原則は，最高裁の判例によって，交通事故についてかなり広範囲にみとめられている（最判昭41・12・20刑集20巻10号1212頁，最決昭42・10・13刑集21巻8号1097頁参照）。たとえば，運転者同士の間では，相手方が適法な適切な運転行為をすることを前提に通常の形態の運転をしていれば，相手方が違法な不適切な行動に出て生じさせた結果については過失責任を負わない。つまり，相手が適切な行動に出ることを信頼しており，その信頼を守るべきだという観点から，信頼の

82　第5章　構成要件該当性

原則が確立されたわけである。信頼の原則は，医療事故についても，問題になる。とくにチーム医療のばあいに，チームを形成している相手方が適切な行動に出ることを前提にその分担された行動をおこなっていれば，不適切な行動があって結果が生じたとしても，それを信頼した者については過失責任を問わないことになっている。

　信頼の原則が犯罪の体系上，いかなる意味を有するのかについて，予見可能性の問題と解する見解もあるが，注意義務を軽減する法理であると解すべきである。

⑷　業務上過失と刑の加重

　業務上の過失は，通常の過失に比べて重く処罰されている。刑を重くすることの根拠，理由づけが問題になる。

　この点について，法律説と政策説とがある。政策説は，政策的に刑を重くすることによって業務者に注意を喚起するという考え方である。そういう面もあるが，ここで重要なのは，法律上の成立要件の何に影響を及ぼすのかである。

　業務上過失においては，業務者は注意能力が高いからとか，責任が重くなるからとか，違法性の程度が高いからとか，種々の理由づけがなされている。業務上過失致死傷罪は，通常の過失に比べて業務者においてはより高度の注意義務が課せられているから，高度の注意義務を十分に尽くさなかった分だけ刑が重くなると解するのが妥当である。

７　不作為犯論

⑴　意　義

　不作為犯には真正不作為犯と不真正不作為犯がある。真正不作為犯とは，不作為それ自体が構成要件的行為として規定されているばあいをいう。不真正不作為犯とは，不作為によって作為犯規定に違反するばあいをいう。真正不作為犯の典型例は，不退去罪である。これは，要求をうけてその場所から

「退去しない」という不作為が，構成要件的行為として規定されている。

不真正不作為犯の典型例として，母親Aが殺意をもって自分の乳児Bに授乳をせずに死亡させた事例が挙げられる。199条が予定している殺人行為は，通常，作為であるが，このばあい，「授乳をしない」という不作為を通して199条の結果を実現しているので，不真正不作為による作為犯として特徴づけられる。199条の規範の内容は「人を殺すな」という禁止規範であり，Aは，「授乳せよ」という命令規範に違反することを通して，199条の禁止規範違反を実現しているのである。間接的に命令規範違反を通して，結果として作為犯を犯して最終的に禁止規範に違反しているのであるから，Aを殺人罪の不真正不作為として処罰することは，けっして罪刑法定主義に違反することにはならないのである。

(2) 作為との同価値性

199条が予定しているのは，作為犯としての殺人罪である。これは，禁止規範が原則形態で，例外的に命令規範に違反する禁止規範を含むことになるから，制限的に解したほうがよいと解される。その観点から作為との同価値性が要求される。「同価値性」は，「等値性」「同値性」「同一性」ともいわれるが，要するに，「作為と同じような評価がなされる不作為」という意味であり，価値的にみて作為と同じと評価されることを「同価値」性と称するのである。同価値性を構成要件要素として位置づければ，罪刑法定主義違反の問題は価値論的にも克服できることになる。

(3) 作為義務の位置づけ

作為義務を犯罪の体系上，どこに位置づけるか，が問題となる。かつての通説は，これを違法性の要素と捉えた。違法な作為義務違反があって初めて不真正不作為犯が成立するから，作為義務を違法性の要素と解したわけである。しかし，この考え方をとると，すべての不作為が全部構成要件に該当して，違法性の次元で違法な行為をした主体を決定していくことになり，構成要件該当性が有する違法推定機能は働かないことになる。そこで，保障人説

は，保障人的地位にある者の不作為だけが構成要件に該当すると主張するに至ったのである。この説によれば，「保障人的地位にある者」は，「作為義務を負っている者」になり，作為義務を負っている者の不作為だけが構成要件に該当することになる。作為義務によって主体が限定されることによって，不真正不作為においても構成要件該当性の違法推定機能がみとめられるので，現在では保障人説が通説となっている。

保障人的地位にある者の不作為だけが構成要件に該当するという考えは，「構成要件該当は類型的，定型的な判断である」という性質に反する。なぜならば，作為義務は個別・具体的で実質的な問題であるからである。この難点を克服するものとして区別説が主張されるに至った。区別説は，保障人的地位と作為義務を区別して，保障人的地位を構成要件要素とし，作為義務を違法性の要素であるとする。すなわち，保障人的地位は，類型的，定型的な判断ができる要素という性格づけがなされる。たとえば，親子関係，夫婦関係，一定の保障関係がある者というように類型的に把握することができる。不作為が作為義務に違反しているかどうかは，違法性の次元で個別的・実質的に判断される。

(4) 作為義務の発生根拠

何に基づいて作為義務は生じるのか，が問題となる。通説は，「形式的三分説」であり，①法令，②契約・事務管理，③条理に基いて生ずると解している。

たとえば，法令に基づくばあい，前述の授乳をしなかった母親 A の例においては，民法 820 条の母親の監護義務に基づいて刑法上の作為義務が生ずるのである。199 条の保護法益である他人の生命の侵害を生じないように守ることが，作為義務として要求されることになる。そうすると，母親 A は，820 条に基づいて子供 B の生命を損なわないようにする措置を取る作為をおこなわなければならないという作為義務が生ずる。

次に，契約あるいは事務管理に基づくばあいがある。たとえば，ベビーシッター契約を締結した以上，保護の対象となる子供が勝手に道路に出て車

にはねられる可能性を認識していながら，その子供が道路に出て行くのをそのまま放置したばあいには，生命を守らなければならない立場にありながらそれを放置して結果を生じさせたという事態がみとめられるから，作為義務違反になる。事務管理についても同様の作為義務がみとめられる。

　条理に基づくばあいとして，先行行為がその例として挙げられる。たとえば，建物の管理人が，カギを締める際に，部屋の中に人がいることを確認せずに誤って施錠して他人を監禁してしまったばあい，そのあとでそのことを知ったのに解放しないときには，過失の先行行為に基いて作為義務が発生する。

第6章 違法性

1 違法性の基本概念

(1) 主観的違法性説と客観的違法性説

(i) 両説の内容

法の性質を「命令規範」と解するか，それとも「評価規範」と解するか，によって，主観的違法性説と客観的違法性説との対立が生ずる。主観的違法性説とは，法を命令規範と解し，その名宛人は命令を理解できる責任能力者に限られるので，違法性は責任能力者の行為についてのみ問題になるとする見解をいう。このように主観的違法性説は，違法性と責任を同一の次元で把握するので，違法性と責任の融合をもたらし，「責任なき不法」(違法であるが責任はないという事態)の観念を否定することになる。法規範を命令と把握する主観的違法性説は，ほとんど支持者を失っており，学説上，もはや克服されたといってよい。

これに対して客観的違法性説とは，法を「客観的な評価規範」と解し，違法性をこの客観的な評価規範としての法に違反することと解する見解をいう。したがって，この説によれば，行為が違法であるためには，客観的にみて法に違反していれば足り，行為者が責任能力を有していることは必要とされない。したがって，責任無能力者の行為は違法であり得ることになり，「責任なき不法」の観念が肯定される。

(ii) 客観的違法性説の正当性

刑法規範の性格は，次のように解すべきである。刑法規範は，第1次的に「評価規範」である。刑法は，まず，ある行為が刑法の見地から価値適合的で

あるかどうか，を評価し，価値適合的でない行為を違法行為と決定する。そして刑法は，第2次的に「意思決定規範」であり，命令機能（意思決定機能）を有する。違法性は評価規範に違反することを意味し，責任は意思決定規範に違反することを意味すると把握する客観的違法性説が，通説である。なお，刑法の評価規範の側面だけを強調して，違法性の判断の「対象」は客観的なものに限られるべきであるという意味における新たな客観的違法性説が主張されている。

⑵　人的不法論と物的不法論

⒤　意　義

　行為無価値論と結果無価値論の対立の中核は，人的要素である行為者の「主観」を違法性の本質の把握にあたってどれだけ重視するか，にあるので，違法性の存否を考察するばあいに行為者の意思を重視する立場を「人的不法論」，これを排除して人的でない「物的」な法益侵害ないしその危険のみを考慮に入れる立場を「物的不法論」と称するのが妥当であると解する。そこで，結果無価値論を物的不法論とし，人的不法論のうち，行為無価値のみを不法の構成要素と解する立場を一元的人的不法論，結果無価値をも不法の構成要素と解する立場を二元的人的不法論と称する。

　従来，法益侵害ないしその危険（結果無価値）が，違法行為としての不法の構成要素であると解することについては，法益侵害説の見地においては当然であった。ところが，それだけでは不十分であるとして，人的不法論が主張されるに至ったのである。法的に承認された価値としての「法益」の侵害は，法秩序にとってきわめて重大な脅威であるから，法秩序はそれを禁圧するのである。すなわち，法益を侵害するという結果が重大であるからこそ，その結果をもたらそうとする「行為」それ自体が，禁止の対象とされるのである。現実に法益が侵害されたばあい，もはやそれを回復することは不可能ないし困難である。たとえば，生命などは絶対に回復できない。そこで，法益侵害を事前に防止するために，法秩序は一定の行為を禁止ないし命令するのである。

(ii) 不法と「主観」との関係

　結果無価値は不法の構成要素であり，不法はそれに尽きると解する立場が物的不法論である。しかし，次の理由から，不法の内容を確定するにあたって，行為者の主観面をまったく度外視すべきではないと解する。すなわち，人間の行為としての不法（違法行為）は，その行為者の主観を考慮に入れてはじめて，人間の行為としての「意味」をもち得るのである。法秩序は，人間の物理的・外形的な身体的動静それ自体に関心をもっているわけではない。その外形的な身体的動静は，行為者の主観に担われているからこそ，法益侵害に対する「関係」が明らかにされ得るのである。いいかえると，行為者の主観は，それ自体として法的意味を有するのではなくて，あくまでも法益侵害との関係において法的意味を取得するに至ることになる。

　行為者の主観は，結果無価値に影響を及ぼし得る。たとえば，故意・過失は，法益侵害としての結果発生の「確実度」に重要な差をもたらすのである。また，行為態様も，法的評価にあたって重要な役割を果たしている。したがって，違法性の本質論として，二元的人的不法論が，もっとも実体に即している。

(3)　人的不法論・物的不法論と刑法の倫理化との関係

　従来，「人的不法論→刑法の倫理化，物的不法論→刑法の没倫理化」という図式が当然視されてきたが，最近では，その図式を否定する立場が通説となっている。これまで，人的不法論は，「社会倫理秩序違反」を問題にすることによって法と倫理の混同をもたらすと批判されてきた。しかし，人的不法論をとったとしても，上記の必然性は否定され得る。すなわち，①刑法の任務は，国家生活上重要とされる「価値」（法益）を保全することにあり，その「価値」は社会倫理的なものに限られない。②したがって，不法の中核は，「価値」秩序の破壊ないし侵害であって「社会倫理秩序」違反ではない。③目的的行為論によらなくても，故意・過失を一般的主観的違法要素と解し人的不法論をとることができる。このように解すると，人的不法論をとりつつも，不法を「社会倫理秩序違反」の問題として把握すべきではないのである。こ

90   第6章   違法性

の立場が妥当である。

(4) 違法性における事後判断と事前判断

　違法性の存否は，従来，客観的事後的観点から判断されるべきであると解されてきた。このように，裁判時に明らかになった客観的事実を前提にして違法性の有無を決めることを「違法性の事後判断」という。行為時に存在した客観的事実を裁判時における客観的判断によって認定するばあいも，事後判断にほかならない。なぜならば，判断の事前性・事後性というのは，行為時における一般人を基準にするのか，それとも裁判時における裁判官の判断を基準にするのか，についての争いであるからである。これに対して，「違法性の事前判断」とは，行為時において一般人を基準にして違法性の有無を認定することをいう。行為者の主観を重視する人的不法論の見地においては，「行為」をおこなう者（行為者）の主観は，まさしく「行為」時におけるそれであるから，主観が違法性の存否に影響を及ぼすと解する以上，行為時を基準にして違法性判断をなすべきであるとされることになる。

　二元的人的不法論の見地から事前判断説を妥当と解するが，それは次のように基礎づけられる。すなわち，刑法規範は，第1次的には「行為」規範として作用する。したがって，違法性判断にあたって，一般人を対象とする「行為」規範という性格が重要な意味を有するので，行為時における行為者の「主観」を重視すべきである。ここにおいて，「一般人」の見地を考慮するのであって，純粋に行為者だけの「主観」を問題にしているのではない。事前判断説をとると，違法性が主観化すると批判されるが，それは，上述の点を看過しているために生ずる誤解に基づく不当な批判である。

(5) 可罰的違法性の理論

　違法性は，行為が全体としての法秩序に対して違反するという性質を意味し，法秩序全体の見地から統一的に理解される必要がある。しかし，違法性には，いろいろな種別があり，また軽重の段階に差が存在する。刑法において，構成要件に該当する行為が違法であるというばあいの違法性は，具体的

に処罰に値する違法性を意味し，全体としての法秩序の見地から違法性がみとめられたものの中から，さらに量的に一定の程度以上の重さを有し，かつ，質的に刑法上の制裁としての刑罰を科するに適したものだけが取り上げられる。この意味における刑法上の違法性を「可罰的違法性」という。たとえば，大審院の1厘（いちりん）事件判決は，価格約1厘にすぎない葉たばこ1枚を納入しなかったたばこ専売法違反につき，こうした零細な反法行為は罪を構成しないとしたが（大判明43・10・11刑録16輯1620頁），これは，行為の違法性がきわめて軽微で可罰的違法性を有しないとして犯罪の成立を否定したものである。民法その他の分野で違法とされる行為でも，刑法において違法（可罰的）とされないばあいもある。ここにおいて，違法性の相対性がみとめられることになる。このような可罰的違法性を欠くときに犯罪の成立を否定する考え方を「可罰的違法性の理論」という。これは，実質的違法性論を基礎とし，違法性が質と量とをもっていることを前提とするものである。

(6) 主観的違法要素

　主観的違法要素とは，違法性の有無または程度に影響を及ぼす内心的要素をいう。これは，客観的な法益侵害またはその危険をたんに主観的に反映するという性質を超えて，違法性の存否・程度に関わりをもつので，内心的「超過的」要素ともいわれる。そのうち構成要件に取り込まれたものは，主観的構成要件要素と称される。

　通説・判例は，例外的・制限的に主観的違法要素の「存在」をみとめる。これが「特殊的主観的違法要素」である。個々的にどの犯罪類型についてこれを肯定するのか，という「範囲」の問題をめぐって見解が分かれる。

(i) 行為の「属性」の問題としての主観的違法要素

　物的不法論を支える規範論は，法の機能を「評価」と「命令」とに分け，前者は違法性の問題，後者は責任の問題であるとする。しかし，このような規範論から，評価の「対象」の客観性が論理必然的に導き出されることには，疑問がある。なぜならば，この規範論は，違法と責任の分離を基礎づけ，行

92　第6章　違法性

為者の責任能力の問題を違法論から排除したにとどまり，それ以上の主観的要素については何ら関係を有しないからである。むしろ規範の「名宛人」を「一般人」と解することによって人的不法論とも結びつき得る。「対象」の客観性は，客観面から主観面へと進む分析順序が刑法の「適正な適用」のための「犯罪認定論」として優れているとする「政策的理由」に求められるべきである。

　しかし，主観的違法要素の問題は，はたして刑法の適用・犯罪の認定の問題なのだろうか。あくまでも，違法性に影響を及ぼす要素の「属性」が確定されて後に，「適用」の問題として，その要素の「認定方法」が検討されるべきである。両者は次元（オーダー）を異にしている。行為の属性の問題が行為の実体・本質に関連するのに対して，認定方法の問題は「思考経済」に関わるのである。たしかに，斉一的に認定できるものを先行させ，認定困難なものを後回しにすることによって認定を迅速化し，無用な手続きから関係者を解放することの意義は大きい。しかし，同一物を違法性または責任の何れの次元で認定するか，によって，質的な差異は生じない。

(ii)　特殊的主観的違法要素

　メッガーが主観的違法要素論を集大成し，かれの所説は現在でもわが国およびドイツにおいて受け入れられている。

(a)　目的犯における目的

　目的犯とは，目的を構成要件要素とする犯罪類型をいう。たとえば，通貨偽造罪のばあい，客観的にはまったく同じ偽造行為であっても，「教材として使用する目的」でなされたときには適法であるが，「行使の目的」でなされたときには違法となる。したがって，行使の目的は，違法性の有無を決定づけることとなり，主観的違法要素である。つまり，偽造行為じたいによって危険性は生ずるが，目的があるときにはじめて法益侵害の危険がきわめて高くなるので，処罰に値するだけの違法性が生ずるのである。

(b)　傾向犯

　傾向犯とは，行為が行為者の主観的傾向の表出として発現する犯罪類型を

いう。不同意わいせつ罪（176条）などがその例とされる。外見上はまったく同じ行為であっても、「医療目的」でなされたときはわいせつと性はないが、「性欲を満足させる目的」でなされたときはわいせつ性を有すると一般に解されている。しかし、不同意わいせつ罪は傾向犯ではないと解すべきである。なぜならば、本罪における保護法益は「被害者の羞恥心」と解するのが妥当であるからである。復讐のため女性を全裸にして写真を撮る行為は、性欲を満足させるためになされたものではないから強制（現「不同意」）わいせつ罪を構成しないとした判例がある（最判昭45・1・29刑集24巻1号1頁）。客観的にみて被害者の性的羞恥心を害している以上、不同意わいせつ罪は成立すると解すべきである（最〔大〕判平29・11・29刑集71巻9号467頁は、「刑法176条にいうわいせつな行為に当たるか否かの判断を行うためには、行為そのものが持つ性的性質の有無及び程度を十分に踏まえた上で、事案によっては、当該行為が行われた際の具体的状況等の諸般の事情をも総合考慮し、社会通念に照らし、その行為に性的な意味があるといえるか否かや、その性的な意味合いの強さを個別事案に応じた具体的事実関係に基づいて判断せざるを得ないことになる。したがって、そのような個別具体的な事情の一つとして、行為者の目的等の主観的事情を判断要素として考慮すべき場合があり得ることは否定し難い。しかし、そのような場合があるとしても、故意以外の行為者の性的意図を一律に強制わいせつ罪の成立要件とすることは相当でなく、昭和45年判例の解釈は変更されるべきである」とした（なお、ここにいう「刑法176条」は、「平成29年法律第72号による改正前の刑法176条」を指す。さらに、強制わいせつ罪（旧176条。平成29年法律72号）および準強制わいせつ罪（旧178条1項。平成16年法律156号）は、不同意わいせつ罪（現176条。令和5年法律66号）に改正されている）。

(c) 表現犯

表現犯とは、行為が行為者の心理的過程または心理的状態の表出として発現する犯罪類型をいう。その典型例として偽証罪（169条）が挙げられる。主観説をとると、偽証罪は、宣誓した証人が本人の記憶に反することを陳述することによって成立するのであるから、主観的な心理状態によって違法性の有無が左右されることになる。

94　第6章　違法性

(d)　不法領得の意思

　特殊的主観的違法要素としての不法領得の意思は，その存否が領得罪の成否を決定づけるとされる。

(e)　未遂犯における故意

　主観的違法要素の理論は，未遂犯における故意を主観的違法要素であると解している。既遂犯のばあい，故意は責任要素であって主観的違法要素ではないとされる。結果の発生だけで違法性が基礎づけられるから，ということを理由とする。しかし，故意の内容に違いがないにもかかわらず，結果発生の有無によって取扱いを異にするのはいかにも奇妙である。未遂について妥当することは既遂についても妥当しなければならない。したがって，故意は，既遂犯においても主観的違法要素なのであり，一般的主観的違法要素としての地位を獲得し，さらに構成要件要素とされるのである。

　過失についても上と同じことがあてはまる。故意・過失が主観的構成要件要素であることを基礎づけたのは，目的的行為論の功績であるが，しかし，目的的行為論によらなくても故意の「違法性加重機能・不法類型個別化機能」は根拠づけられ得る。この2つの機能により，故意は，主観的構成要件要素としての性質を有するに至ることになる。

② 正当化事由（違法性阻却事由）の意義

(1)　意　義

　正当化事由（違法性阻却事由）とは，構成要件に該当する行為の違法性を排除し行為を正当化する根拠となる事由をいう。違法でない行為は適法であり，正当であるから，違法性阻却事由よりも「正当化事由」という用語の方が多く用いられるようになっている。構成要件は，「定型的な違法性」を有する行為の類型であるから，構成要件該当性は，行為の具体的・実質的違法性を確定するものではない。この構成要件該当性による「違法性の推定」をやぶる例外的事由が，「違法性阻却」事由・正当化事由にほかならない。構成要件に該当する行為は，違法性を有すると推定されるので，違法性については，

消極的に，違法性阻却事由の存否を検討すれば足りることになる。

　構成要件該当性に「違法性推定機能」をみとめ，正当化事由・違法性阻却事由に推定をやぶる機能をみとめる通説の立場は，「原則型―例外型」という処理方式をとるものである。この見地においては，構成要件は違法性を推定し得る「原則型」として把握され，この推定が事後に例外的に排除されることはあっても，推定機能自体に例外を設けることは妥当でないことになる。

　ところで，「例外型」としての違法性阻却事由も「類型化」された形であらわれるのであって，実質的違法性の判断がストレートに表面に立ちあらわれるのではない。すなわち，犯罪は，構成要件に該当するだけでなく，積極的に違法な行為であることが論証されなければならないが，それは，構成要件によって推定された違法性を排除する違法性阻却事由の分析をとおして，それが存在しないことによってはじめて確定されるという形で処理されるのである。構成要件も違法性阻却事由も，違法性を積極的または消極的に徴表する類型としてのみ意義があり，したがって，違法性の実質とその把握の仕方が，それらの立法と解釈を支えこれを方向づける作用を果たすことになる。

⑵　正当化事由の統一的原理

⑴　意　義

　正当化事由のすべてに共通する統一的原理があるか否か，について，学説が分かれている。統一的原理の存在を主張する学説として，従来，「目的説」と「優越的利益説」とが対置され，最近では「社会的相当性説」も有力に主張されている。

⑾　目的説

　目的説は，実質的違法性の概念を国家的に承認された共同生活の目的に反することであるとする思想を前提として，行為が国家的に規律された共同生活の目的達成のために適当な手段であることが正当化・違法性阻却の一般的原理であるとする。

96 第 6 章 違法性

(iii) 優越的利益説

優越的利益説は，違法性の実質を法益の侵害と解し，価値の異なる法益が相対立するばあいには，価値の大きい利益のために価値の小さい利益を犠牲にすることが正当化・違法性阻却の一般的原理であるとするものである。

(iv) 社会的相当性説

社会的相当性説は，法益侵害が社会生活のなかで歴史的に成立した社会倫理秩序の枠内にあることが正当化・違法性阻却の原理であるとする。これは，違法性の実質を社会倫理規範に違反する法益侵害行為とする立場であり，法益侵害行為が社会的相当性を有するかぎり違法性を阻却すべきであると解するものである。なお，「社会的相当性」とは，行為が社会倫理秩序の枠内にあるという性質をいい，具体的には，結果の法益侵害性を含めて当該行為が個々の生活領域において日常性または通常性を有しているため，健全な社会通念によって許容されるという性質をいうとされる。

(v) 本書の立場

3説の対立は見かけほど厳しいものではないことが分かる。どの側面にウェイトをおいて説明するかの相違にすぎない。優越的利益説を基本にして目的説の見地を加味するのがもっとも妥当であると解する。

(3) 違法性阻却事由の種類

(i) 超法規的違法性阻却事由

違法性阻却事由には，刑法典の規定する違法性阻却事由と超法規的違法性阻却事由とがある（通説）。これに対して，刑法35条は緊急行為を除くあらゆる正当行為に関する規定と解すべきであるから，いわゆる超法規的違法性阻却事由も35条に含まれると解する見解もある。

超法規的違法性阻却事由とは，構成要件に該当し，かつ，刑法の明文上規定されている違法性阻却事由のいずれにもあてはまらない行為であっても，なお法秩序に内在する違法性の理念に基づいてその違法性を否定する事由を

いう。このように，明文の規定によってみとめられた違法性阻却事由のほか
に，さらに法規に形式的な根拠をもたない違法性阻却事由を肯定すべきこと
をみとめる立場が，超法規的違法性阻却事由の理論である。最高裁判所の判
例は，超法規的違法性阻却事由をみとめていない。

(ii) 刑法典上の違法性阻却事由

　刑法典上の違法性阻却事由の種類としては，正当行為（35条）と緊急行為
（36条・37条）があり，前者は法令行為，業務行為および一般的正当行為（被
害者の同意など）に分けることができ，後者は，正当防衛，緊急避難に分ける
ことができる。なお，自救行為と義務の衝突は，緊急行為の一種であるが，
その正当化を基礎づけるのは35条であると解すべきである。

(a) 緊急行為と正当行為

　「緊急行為」としての正当防衛および緊急避難については，36条および37
条において要件が明示されているため，その成立範囲は，実際上，かなり明
瞭に限定されていることになる。ところが，一般的違法性阻却事由としての
正当業務行為（35条）については，限定的要件は何ら規定されていない。こ
れは，漠然とした包括的な一般条項としての性格を有しているので，具体的
に何をこれに組み入れるべきかは，解釈にゆだねられる。そこで，正当業務
行為を「正当行為」に関する一般条項と解し，超法規的違法性阻却事由の形
式上の法規的根拠をこれに求める見解も有力である。しかし，超法規的違法
性阻却事由の実質的根拠および要件は，あくまでも「超法規的」に確定され
ざるを得ないのである。このように超法規的に違法性阻却をみとめる点につ
いては，犯罪の成否をあいまいにするとして罪刑法定主義の観点から批判が
生ずる余地があるかの観を呈する。しかし，行為者にとって不利益になるこ
とを排除する点に罪刑法定主義の眼目が存するのであるから，多少あいまい
な要因があるにしても，処罰の可能性を縮小する超法規的違法性阻却事由を
肯定するのは，行為者にとって有利であるので，罪刑法定主義の趣旨に適合
こそすれ，けっしてそれに違反しないのである。

98　第6章　違法性

(b)　35条の趣旨

　35条の正当業務行為が違法性阻却事由として規定された理由は，次の点にある。すなわち，正当業務行為の違法性が阻却されるのは，それが「業務」としてなされるからではなくて，その行為が「正当」なものであるからにほかならない，とされる。そうすると，35条後段は，実質的にみて違法でない行為は処罰しない旨を定めたものであり，違法性阻却の一般原則を宣明するものである。したがって，この条項は，実質的な観点から行為の違法性が阻却されるばあいについて，形式的に法規上の根拠を与える機能をもっていることになる。しかし，このように実質的に違法性が阻却されるべきばあいには，つねに35条後段が法規上の根拠として援用されるのであれば，とりたてて「超法規的」違法性阻却事由という観念をみとめるまでもないであろう。いいかえると，この立場においては，「正当行為」の概念に実質的な違法性のない行為をすべて取り込むことによって問題の解決が図られているのであり，その点に批判が向けられるのである。

(iii)　一般的正当行為

(a)　被害者の承諾

　法益の主体が法益侵害を承諾したばあい，いいかえると，被害者の承諾があるばあい，そもそも法益の侵害それ自体が存在するといえるのかどうか，が問題となる。なぜならば，刑法は自損行為（自傷行為）を処罰の対象としていないので，被害者の承諾に基づいてなされる行為は，自損行為と同等に評価されるべきではないか，という疑問が生ずるからである。

(b)　被害者の承諾の種類

　通説は，被害者の承諾をその法的効果の相違を基準にして次のように分類している。すなわち，①刑法上，まったく意味をもち得ないもの。つまり，被害者の承諾があっても，刑法上，何らの効果も生じないばあいである。たとえば，客体が13未満であるばあいまたは客体が13歳以上16歳未満で主体が5歳以上年長のばあいの不同意わいせつ罪（176条3項），客体が13未満であるばあいまたは客体が13歳以上16歳未満で主体が5歳以上年長のばあい

の不同意性交等罪（177条3項）などのように，構成要件上，被害者の承諾の有無を問わないことが明らかにされている犯罪類型がこれに属する。この類型においては，被害者の承諾は，いわば一律に「無効」になるとされているわけである。②被害者の承諾が刑の減軽事由となり派生的構成要件を生じさせるもの。たとえば，承諾殺人罪（202条），同意堕胎罪（213条・214条）などがこれに属する。この類型においては，被害者の承諾は構成要件要素ということになる。③被害者の承諾の不存在が構成要件要素とされているもの。たとえば，住居侵入罪（130条），秘密漏洩罪（134条），不同意性交等罪（177条1項），窃盗罪（235条）などがこれに属する。たとえば，住居侵入罪のばあい，居住者（被害者）の承諾を得ないでその住居に立ち入る行為が「侵入」行為であるから，被害者の承諾があるときには，「侵入」行為が存在しないこととなり，住居侵入罪の構成要件該当性が否定されるわけである。④被害者の承諾が正当化事由（違法性阻却事由）とされるもの。個人的法益に対する罪のばあい，上の①〜③を除いて，被害者の承諾は原則として違法性阻却事由となる。

(c) 傷害罪における被害者の承諾の犯罪論体系上の位置づけ

通説は，傷害罪（204条）のばあい，被害者の承諾に基づく行為は，傷害罪の構成要件に該当するが，原則として違法性が阻却されるとする。例外的に違法性が阻却されないばあいが生ずるが，この点は被害者の承諾の正当化根拠に関わるので，後で検討することにして，ここでは違法性阻却の点にのみ焦点を合わせて検討することにする。

上記の通説に対して，傷害罪における被害者の承諾はすべて構成要件該当性を阻却するという見解も，主張されている。

わが国およびドイツの通説は，被害者の承諾の違法性阻却の根拠を「法的保護の放棄」に求める。優越的利益説と目的説とは総合され得るとする見地から，正当化の根拠を考えるべきであると解する。すなわち，目的説は必ずしも優越的利益説に対立するものではないことに注意すべきである。いわゆる「目的」が，刑法の目的，すなわち，「法益保護」であるとすれば，目的説は優越的利益説を説明し直したことになる。法益侵害という観念は，結果無価値と行為無価値の総合であるから，目的説は，「行為」の面からその「有価

値性」を説明し，優越的利益説は，「行為」を含めた全体の「有価値性」，すなわち「優越利益」を説明することになる。

上記の観点から，傷害罪における被害者の承諾による正当化を考えると，次のようになる。身体も，その担い手である個人の法益であることは明らかであるが，自由・財産と同様にまったく自由に処分し得るものであると解するのは妥当でない。身体の重要部分は，「処分意思そのもの」を生みだす前提として，「意思」を越える価値であり，至上の価値である「人間の尊厳」そのものと解するべきである。したがって，身体に関する承諾は，具体的な事情に応じて，身体の処分に関する自由な意思決定と身体を譲り渡すことによって得られる利益との比較衡量をとおして，その当否が決せられることになる。

(d) 被害者の承諾の要件とその検討

被害者の承諾による行為の違法性が阻却されるための要件として次のことが挙げられる。

①承諾の内容は，被害者みずから処分し得る個人的法益に関することを要する。したがって，純然たる国家的法益や社会的法益についての承諾は無意味であり，被害者の個人的法益が主であっても，同時に国家的法益や社会的法益をも含む犯罪については，承諾は違法性を阻却しない。

②承諾は有効なものでなければならず，承諾能力を有する者の真意による承諾であることを要する。したがって，幼児や高度の精神病者のした承諾や，強制による承諾，たわむれにした承諾などは，承諾の外形はあるが，無効である。

ところで，通説は，被害者の錯誤によって得られた承諾も，有効な承諾ではないと解している。しかし，このような錯誤は，動機の錯誤にすぎないから，重要な意味をみとめるべきではなく，承諾は有効と解するのが妥当である。

③承諾の方式に関して，被害者の内心に存在するだけで足りるとする意思方向説と，外部的に表明されることを要するとする意思表明説とが対立しているが，通説は，意思表明説である。通説の立場が妥当である。

④承諾は，行為の時に存在していなければならない。事後的に与えられた

承諾は無意味である。

　⑤承諾による行為は，被害者の承諾があることを認識しておこなわれる必要があるとする（通説）。したがって，通説の見地においては，この認識は，主観的正当化要素とされる。

　⑥通説は，承諾にもとづいてなされる行為は，その「方法および程度」において，国家・社会的倫理規範に照らして是認されるものでなければならないとする。

⑷　正当防衛

（i）　要件としての「急迫性」

　正当防衛の要件としての自己または他人の権利に対する「急迫不正の侵害」の存在は，正当防衛行為をなし得る客観的な状況（正当防衛状況）を意味する。判例・通説は，これを「直接さし迫った」という意味に解している。急迫の侵害は，侵害が開始されて終了するまでの間だけではなく，侵害の危険がさし迫っているばあいも含まれる。すなわち，判例は，「『急迫』とは，法益の侵害が間近に押し迫つたことすなわち法益侵害の危険が緊迫したことを意味するのであつて，被害の現在性を意味するものではない」と明言しているのである（最判昭24・8・18刑集3巻9号1465頁）。

　昭和52年最高裁決定は，「単に予期された侵害を避けえなかつたというにとどまらず，その機会を利用し積極的に相手に対して加害行為をする意思で侵害に臨んだときは，もはや侵害の急迫性の要件を充たさない」と判示し（最決昭52・7・21刑集31巻4号747頁），積極的加害意思があるばあいには急迫性が欠けるとした。なお，最決平29・4・26（刑集71巻4号275頁）は，「刑法36条は，急迫不正の侵害という緊急状況の下で公的機関による法的保護を求めることが期待できないときに，侵害を排除するための私人による対抗行為を例外的に許容したものである」とし，侵害の急迫性の存否を判断するための考慮事項に言及し，昭和52年決定を参照しつつ，「刑法36条の趣旨に照らし許容されるものとはいえない場合には，侵害の急迫性の要件を充たさない」とする。

102　第6章　違法性

　積極的加害意思に関する判例の立場の評価をめぐって，学説は，これを支持する説とこれに反対する説とに分かれている。急迫性の判断を客観的・事後的になすべきであるとする見地（物的不法論）からは，積極的加害「意思」に基づいて客観的な先制攻撃ないし挑発行為をおこなったばあいには，それによって急迫性がなくなることはあり得るが，積極的加害意思それ自体のような主観的・心理的要素を正当防衛の成否の判断（違法性判断），しかもその成否の出発点である客観的要件としての急迫性の判断にとりこむことは妥当ではないと主張されている。

　たしかに，急迫性の要件は，正当防衛の客観的要件であるが，「客観的」要件であるということ自体ではなくて，その内容が重視されなければならない。つまり，問題は，どういう意味で客観的なのか，ということなのである。この観点から侵害の「急迫性」の内容をみると，それは「法益侵害の危険性」，つまり，現実に法益侵害の蓋然性ないし可能性が存在することを意味するのである。そうすると，法益侵害の可能性は，たんに侵害行為者の側の客観的事情だけではなく，被侵害者の対応関係によっても重大な影響をうけるのである。

(ii)　防衛意思

　正当防衛は，急迫不正の侵害から自己または他人の権利を「防衛するため」になされた行為を正当化するものであるが（36条），ここにいう「防衛するため」とは，客観的にみて防衛の効果をもつものであれば足りるのか（防衛意思不要説），それとも主観的に「防衛の意思」をもっておこなったことが必要であるのか（防衛意思必要説），について見解の対立がある。

(a)　防衛意思の要否

　この点について，判例・通説は，防衛意思を必要とする防衛意思必要説の立場に立っている。

(b)　防衛意思の内容

　防衛意思の内容は，大別すれば，防衛の意図・動機であるという理解と防衛の認識（急迫不正の侵害の事実〔正当防衛状況〕があることの認識）であるという

理解とがあり得るとされる。防衛意思必要説において，通説は，その意思の内容を「急迫不正の侵害に対応する意思」と解している。これは，防衛意思の内容を防衛の意図・動機とは理解しておらず，むしろ，防衛の認識に近いものと理解しているとされ，この説の論拠は，侵害に対して憤激または興奮のあまり反射的に反撃を加えたようなばあいを，防衛意思がないとして正当防衛から除外すべきでないことに求められている。

　次に，実定法の条文解釈という観点から検討することにしよう。防衛意思必要説は，「防衛するため」という条文の文言を根拠とする。すなわち，36条にいう「防衛するため」に「やむを得ずにした行為」は，正当防衛の意思に基づいてなされた行為と解すべきであるとされる。その理由は，「ため」というのは，元来，利益・理由を意味し副詞的に用いられるばあいには，行為の「目的」を表わす語であるからであるという点に求められる。日常言語の用語例に従うかぎり，このように解するのが素直な解釈であるといえる。しかし，判例・通説が暗黙裏に前提としているのは，そのような単なる語用論に基づく理解ばかりではない。すなわち，36条の「防衛するため」という文言を副詞句として理解するのは，実は正当防衛を人的不法論の見地から，「事前判断」をおこなうべきであると考えているからである。

(c) 偶然防衛の取扱い

　急迫不正の侵害が現実に存在するにもかかわらず，これを知らずに侵害行為に出て，結果的に正当防衛と同じ事態を生じさせた者について正当防衛を肯定すべきかどうか，が偶然防衛の取扱いの問題である。

　防衛意思不要説が偶然防衛を正当防衛そのものと解するのに対して，防衛意思必要説はこれを正当防衛とみとめない。本書も，必要説の見地から，偶然防衛は正当防衛にあたらず，通常の犯行と同質であると解している。すなわち，偶然防衛において，行為者は，侵害意思（故意）に基づいて法益侵害をおこなっているのであり，事後的・客観的にみて正当防衛の客観的要件を具備していたとしても，その行為を法益保全行為として評価することはできない。それは，法秩序の見地からは通常の違法行為とまったく同じなのである。したがって，偶然防衛は正当防衛ではない。

104　第6章　違法性

　さらに，正当防衛の客観的側面においても，防衛意思をもたない者の法益侵害行為は，単なる違法行為にすぎないのであるから，偶然防衛においては，「不正対正」の関係はみとめられず，まさしく「不正対不正」の関係が存在するにすぎないことになる。

　偶然防衛の法的効果に関して，防衛意思必要説においては，既遂犯の成立をみとめるのが多数説であり，本書もこれを支持している。少数説は，事後的・客観的にみたばあい，偶然防衛行為は結果無価値を欠く行為であるから未遂犯が成立するにとどまると主張している。さらに，偶然防衛のばあいには，行為自体の違法性はあるが，結果の違法性は欠けるので当該犯罪の未遂規定を準用すべきであるとする説も主張されている。しかし，これらは，結果の「不発生」こそが未遂犯の本質であることを看過するものであって，妥当でない。

　防衛意思不要説においては，物的不法論（客観的違法論）を徹底させて，危険性を事後的に客観的事情を基礎に判断する客観的危険説の見地から「違法な結果」が発生する客観的危険は存在しないので，偶然防衛は不可罰であると解する立場が多数説である。ところが，防衛意思不要説の中にも，状況によっては未遂犯の成立をみとめ得るとする立場もある。

⑩　「不正性」と対物防衛

　対物防衛とは，人間が飼育・管理している動物その他の物による侵害に対する反撃をいう。このばあい，物による侵害も「不正」の侵害にあたるとすれば，これに対する反撃を正当防衛と解することができるが，しかし，物による侵害は不正の侵害とはいえず「危難」にすぎないとすれば，これに対する反撃は緊急避難となるにすぎないことになる。そのいずれが妥当であろうか。これが対物防衛の肯否の問題の要点である。

　対物防衛の肯否をめぐって，従来，見解の対立が厳しかった。通説は，「違法状態」という観念をみとめず，正当防衛の成立要件の1つである「不正の侵害」を「違法な侵害行為」と理解するので，対物防衛の存在を否定する。通常，「違法」性は「人間」の行為に対してなされる判断であるから，違法な

侵害は「人間」の侵害行為に限定されると解する通説の理解の方が，素直な解釈といえる。

　対物防衛において，動物からの侵害の危険にさらされている者は，何ら不正の行為をおこなっておらず，法秩序の見地から保護されるべき地位にある者であり，その意味において「正」である。その「正」が侵害されるのを法秩序が是認するのは，法秩序にとって自己矛盾である。人の違法行為に対しては正当防衛をみとめながら，動物の侵害に対しては正当防衛をみとめないとするのは，実質的にみると，やはりバランスを失し不当である。次に，緊急権としての正当防衛権は，市民たる個人の利益が，法を保全する任務を有する国家の機関の救助を待ついとまのない「緊急」状態において，市民がみずから利益の保全をはかることを正当化するものである。緊急状態においては，とっさに利益保全のための行為，すなわち防衛行為をおこなわなければ，その目的を達成できないのであるから，動物による侵害が人間の精神活動に由来するものであるか否か，を吟味すべきことを行為者に要求するのは，過度の負担を課することになる。その状態においては，動物による侵害それ自体を排除することをみとめるのでなければ，緊急権としての実効性は失われてしまうのである。

　自然権としての正当防衛権および緊急権としての正当防衛権の観点からも，動物からの侵害を排除する行為は，正当防衛にあたることになる。

(5)　緊急避難の法的性格

　緊急避難の法定性格をめぐって，違法性阻却一元説，責任阻却一元説および二分説（二元説）が主張されている。このように学説が分岐するのは，危難転嫁行為（緊急避難行為）の違法性阻却を「優越的利益の原理」によって合理的に説明できるか否か，について，見解が分かれているからである。

(i)　違法性阻却事由説

　通説は，「違法性」が阻却されると解している。この説は，正当化原理としての「優越的利益の原則」を根拠にして一元的に違法性の阻却をみとめる。

106　第6章　違法性

すなわち，大なる利益を保全するために小なる利益を犠牲にすることは，法秩序の保全にとって必要であり，緊急避難のばあい，補充性と均衡性を条件にして，優越的利益を保護・保全する避難行為を適法と解するのである。しかし，対立する法益が「同等」であるばあいには，「優越的」利益が存在しないので，優越的利益の原則は妥当しないのではないか，という疑問が生ずる。優越的利益の保全を任務とする法秩序は，相拮抗する同等の法益のいずれを優先させるべきか，という点について，この説は，避難行為を適法化することによって，難を免れた利益の方を保護することになる。このような結論に到達するのは，一方において優越的利益の保護を任務とする法秩序は，同等法益の相剋のばあいにどちらかを優先することはできず，他方において「放任行為」という概念を否定し，法が「禁止していない」行為や法が「許容する」行為をもすべて適法と解するからである。さらに通説は，37条が「他人のための緊急避難」をみとめていることも根拠としている。この説の特徴は，避難行為を一律に「完全に」適法化する点に存する。

　法益が同価値であるばあいには，可罰的違法性が阻却されるとする説も主張されている。

(ii)　責任阻却事由説

　この説は，緊急避難行為は，あくまでも違法であり，期待不可能性を理由に責任が阻却されるとする。自己の法益を救うために他人の法益を犠牲にする行為は権利侵害として違法であるとする点に，この説の特徴がある。

(iii)　二分説（二元説）

　二分説（二元説）は，緊急避難を二元的に理解し，違法性阻却事由になるばあいと責任阻却事由になるばあいとをみとめる。そのいずれを原則とするか，について見解が次のように分かれる。

(a)　違法性阻却を原則とする二分説

　この説は，違法性阻却事由・責任阻却事由にいずれを振り分けるかをめぐって，さらに2説に分かれる。第①説は，大なる法益を保護するために小

なる法益を犠牲にするばあいを違法性阻却事由と解し，法益が同価値のばあい，および，法益の大小の比較が困難であるばあいには責任阻却事由となると解する。第②説は，生命対生命，または，身体対身体という関係において一方を救うためになされた緊急避難のばあいだけは責任阻却事由であり，その他のばあいは違法性阻却事由であると解する。

(b)　責任阻却を原則とする二分説

この説は，緊急避難行為は原則として違法であるが，一定のばあいには例外的に違法性が阻却されると解する説である。

(iv)　**違法性阻却事由説の正当性**

優越的利益説をとるかぎり，法益が同等であるばあいの違法性阻却の根拠を合理的に説明できないと批判されている。しかし，この点について，優越的利益説の見地からも違法性阻却を何ら矛盾なく論拠づけることができると解する。価値が同等のばあい，法秩序としてはいずれにも与し得ない結果，緊急避難行為を違法とはなし得ないので，その反射的効果として違法性が阻却されることになる。このようにして，緊急避難の本質を優越的利益説の見地から一元的に違法性阻却事由と解することができるのである。

(6)　正当化事情の錯誤

(i)　**意　義**

正当化事情の錯誤とは，違法性阻却事由の事実的前提に関する錯誤である。これは，違法性阻却事由における「事実」に関する錯誤であるが，しかし，その事実が「違法性」に関わる点で「構成要件的事実の錯誤」と異なる。この相違を重視すべきか否か，をめぐって見解が対立している。構成要件的事実の錯誤との類推を押し進めることによって故意阻却を肯定する試みがなされてきた。これが「事実の錯誤説」であり，通説の立場である。これに対して，事実的故意としての構成要件的故意を厳密に把握すると，上記のような処理には無理が生ずるので，故意阻却を否定することによって，これを事実の錯誤の範疇から取りはずす見解が主張されている。これが「違法性の錯

誤説」にほかならない。

このように，従来，正当化事情の錯誤は，故意を阻却する「事実の錯誤」なのか，それとも「違法性の錯誤（法律の錯誤）」なのか，という形で争われてきた。事実の錯誤説は，正当化事由の「事実」的前提に関する錯誤を，「事実」という共通性を基礎にして法理的に「事実の錯誤」を類推して故意阻却をみとめるわけである。違法性の錯誤説は，正当化事由の「事実」的前提の錯誤が原因となって行為の「違法性」に錯誤が生じたものであると解し，故意阻却を否定する。このように，故意阻却をみとめるべきか否か，という観点が，従来の考察の基軸であったことは明白である。しかし，このように２つの錯誤に分類しきれないとの自覚のもとに主張されているのが，「独自の錯誤説」である。

事実の錯誤説，違法性の錯誤説および独自の錯誤説は，いずれも構成要件論および責任論のいずれかの次元で処理しようとするものである。しかし，正当化事由に関わりをもつ正当化事情の錯誤においては，違法性阻却の可能性があるとする考え方も主張されている。この問題は，誤想防衛に関して議論される。

(ii) 誤想防衛の取扱い

誤想防衛の意義・範囲については，今なお見解は一致していない。しかし，急迫不正の侵害がないのにあると誤認したばあいが誤想防衛に含まれる点については，異論がない。すなわち，侵害の急迫性・侵害の不正性の誤認が典型的な誤想防衛であるとされ，その法的な取扱いに関する議論として誤想防衛論が展開されてきたのである。正当防衛の成立要件の他の要素に関する錯誤と区別するために，従来，これを「違法性阻却事由の事実的前提に関する錯誤」と称してきたのであり，最近では，これを「正当化事情の錯誤」と称する立場が一般化しつつある。

誤想防衛を事実の錯誤であると解する見解の出発点は，正当化事情の錯誤において故意犯の成立をみとめてはならないとする共通感覚にあると解される。すなわち，正当化事情の錯誤に陥っている者は，「事実」の認識の面にお

いて欠けているところがあるので，過失犯としての罪責を負うのはともかくとして，けっして故意犯の罪責を追及されるはずはないと考えられているのである。

(a)　消極的構成要件要素の理論

この説は，事実的前提の錯誤を構成要件的錯誤であると解して，ストレートに故意の阻却をみとめる。しかし，このように解するためには，構成要件は，違法性を積極的に基礎づける事由のほかに違法性を消極的に基礎づける事由，つまり違法性を阻却する事由（消極的構成要件）をも包含するものとして把握されることになる。この説の特長は，端的に故意阻却を肯定できる点にあるが，しかし，本来，「非類型的な」正当化事情を「定型的な」構成要件要素に組み入れるのは理論的に妥当でない。

(b)　事実の錯誤説

この説は，正当化事情の錯誤を「事実の錯誤」と解して故意の阻却をみとめる。すなわち，この説は，事実の錯誤と法律の錯誤とに分けたうえで，正当化事情の錯誤を純然たる事実の錯誤として扱う点に，特徴がある。しかし，構成要件該当性の段階で存在するとされた構成要件的故意が，事実的前提の錯誤によって「事後的に」否定されたのち，あらためて過失犯の成否を問題にするのは，構成要件的故意をみとめるかぎり，妥当でない。なぜならば，このように，いったん「構成要件」的故意をみとめておきながら，誤想防衛によってそれを否定してさらに「構成要件」該当性に立ち返って構成要件的過失を問題にするという「ブーメラン現象」をみとめるのは，構成要件の類別機能を否定することになるからである。

(c)　独自の錯誤説

この説は，正当化事情の錯誤のばあい，構成要件的故意を阻却する構成要件的錯誤（事実の錯誤）は存在しないが，構造上，これと類似しているので，事実の錯誤の法理を類推適用して「責任要素としての故意」の阻却をみとめるべきであるとする。つまり，事実的前提の錯誤を，構成要件的錯誤でも違法性の錯誤でもない独自の錯誤であるとして捉えながら，構造上の類似性を基礎にして責任要素としての故意の阻却を肯定する点に，この説の特徴があ

110　第6章　違法性

る。この説が構成要件的故意の存在を肯定しているのは正当であるが，しか
し，責任要素としての故意が阻却されたあと，あらためて過失犯の成立を考
慮するのは妥当でない。

(d)　厳格責任説

　この説は，正当化事情の錯誤をつねに違法性の錯誤（法律の錯誤）と解し，
その錯誤が避けられ得なかったばあいには，違法性の認識の可能性がないの
で「責任」が阻却され，避け得たばあいには故意犯の成立を肯定する。厳格
責任説は，正当化事情の錯誤において行為者が「規範の問題」に直面してい
る事態を正当に把握しているといえる。しかし，人的不法論をとるかぎり，
違法性の次元においても，なお検討すべき問題があるにもかかわらず，厳格
責任説がこれをまったく無視している点に，疑問がある。

(e)　法的効果制限説

　この説は，正当化事情の錯誤は，本来，違法性の錯誤であるが，その錯誤
に過失があるばあいには故意犯としての効果は否定され，過失犯として処罰
されるべきであるとする。現在，ドイツにおいて通説的地位を占めている。
法的効果制限説は，政策的考慮が先行し過ぎており，理論的でない。そこで，
人的不法論の見地からは，正当化事情の錯誤のばあい，故意不法の阻却をみ
とめるべきであると解される。人的不法論の見地から，これを違法性の次元
で扱って，故意不法の阻却をみとめる立場が出てきた。これもさらに2つに
分かれる。

(f)　事実の錯誤を基本とする説（藤木説）

　この説は，正当化事情の錯誤は，事実の錯誤であるが，行為者の故意不法
を阻却し，錯誤に陥るにつき過失があれば過失犯が成立するとする。すなわ
ち，平均的な思慮分別をそなえた一般市民を標準にして，正当化事情の錯誤
が避けられ得なかったばあいには，正当防衛と同様に扱われるべきであると
される。

(g)　違法性の錯誤を基本とする立場（二元的厳格責任説）

　この説によれば，正当化事情の錯誤は，正当化事由の客観的要件の存否に
関わるもので，「事前判断」の見地から，その錯誤が一般人にとって回避不可

能であるばあいには，行為の「違法性阻却」をみとめ，回避可能であるばあいには，違法性の認識を失わせる違法性の錯誤（法律の錯誤）として扱われるべきであるとされる。この説は，厳格責任説をとったうえで，正当化事情，つまり違法性阻却事由の客観的要件の存在について「事前判断」（行為時を基準とする判断）を要求することによって，一般人の見地から正当化事情の錯誤が避けられ得なかったばあいには，その正当化事由により違法阻却をみとめ，避け得たばあいには，厳格責任説と同様に故意犯の成立を肯定する。

　これまでみてきた諸説のうち，二元的厳格責任説が妥当であると解する。すなわち，正当化事情の錯誤を事実の錯誤として扱うべきでないという点において，「違法性の錯誤説」としての厳格責任説と理解を同じくする。しかし，違法阻却の可能性をみとめる点で，厳格責任説とは異なるのである。

第7章 有責性（責任）

1 責任論における基本観念

(1) 責任の意義

　犯罪が成立するためには，構成要件該当性，違法性のほかに，行為者に責任（有責性）が存在することが必要である。責任とは，行為者が違法行為をおこなったことについて，その行為者を非難できること，つまり「非難可能性」をいう。

　「責任」（有責性）が，犯罪の成立要件とされる理由は，次の点にある。すなわち，法益の侵害・危険を発生させたばあい，人びとは加害者にただちに刑罰を科すべきであると考えがちであるので，刑罰の適用を妥当な範囲内のものにするためには，「責任」の要件によって，犯罪が成立するかどうか，を最終的に検討し，「責任」がないときには犯罪の成立を否定して刑罰を科さないことにする必要があるからである。したがって，「責任」の判断は，法政策的には，犯罪の法的効果としての「刑罰」を構成要件に該当する違法な行為をした者に科すのは妥当か，という判断と結びついている。このような考え方の基礎にあるのが，「責任主義」の原則にほかならない。

　刑法の基本原則である「責任主義」の概念は，非常に多義的である。犯罪論の領域では，従来，故意または過失のない行為は，犯罪として処罰してはならないという原則を意味すると解されている。そして，「非難可能性がない行為は犯罪として処罰してはならない」とする原則は，広義の「責任主義」と称される。

　刑罰論の領域では，「刑罰は行為責任を『前提条件』とし，また，行為責任を『限界』としてその限度を超えてはならない」とする原則を意味する。こ

114 第7章 有責性（責任）

れは，刑罰限定的・消極的行為責任主義を意味し，「消極的責任主義」と称される。これに対して，道義的「責任」を刑罰の「正当化根拠」とし，「責任あれば刑罰あり」という意味をもつ刑罰根拠的・積極的責任行為主義は，「積極的責任主義」とよばれる。

(2) 責任の判断

　責任判断は，構成要件に該当する違法な行為について，その行為者を刑法的に非難し得るという行為者人格に向けられた無価値判断である。責任判断の基準となる規範は，意思決定規範である。意思決定規範は，一般人ではなくて，具体的行為者に向けられている。

　責任の判断は，その事実が判断の基準に照らして反価値的とされるべきかどうか，という「価値判断」である。それは，「責任の存否」の判断と「責任の軽重」の判断を包含する。刑法は，責任に程度があることを明文でみとめている。たとえば，過剰防衛・過剰避難に対する刑の任意的減免（36条2項・37条1項ただし書き），違法性の錯誤における刑の任意的減軽（38条3項ただし書き），限定責任能力者に対する刑の必要的減軽（39条2項。なお，41条）などがこれにあたる。明文の規定がなくても，動機・目的の強弱，期待可能性の程度などが，責任の程度を判断するうえで考慮されるべきである。そして，責任の程度は，刑の量定に影響を及ぼす。

　責任は，究極において行為者の「具体的な」意思決定に対する無価値判断であるから，責任判断は，違法性の判断と同様に，性質上，具体的・非類型的で実質的である。

(3) 自由意思と責任

(i) 自由意思と学派の争い

　自由意思の問題は，従来，刑法における「学派の争い」と関係があると解されてきた。すなわち，古典学派（旧派）の「道義的責任論」と近代学派（新派）の「社会的責任論」との対立の理論的出発点には，自由意思をめぐる考えに基本的な違いがあったとされるのである。

道義的責任論によれば，責任は，道義的な行為を選択することができたのに，「自由意思」に基づいて，反道義的な行為を選択してその行為に出たことについて，行為者を道義的に非難できることであるとし，刑罰の本質は，そのような道義的責任のある行為に対する「応報」であるとされる。つまり，「道義的責任論」は，非決定論（自由意思肯定論）を理論的出発点とする立場であると解されているのである。

　これに対して，「社会的責任論」（性格責任論）は，「自由意思」を実証的に証明できない形而上学的幻想にすぎないとして否定し，意思や行為は行為者の素質と環境によって必然的に決定されているとする決定論（自由意思否定論）から出発し，素質と環境によって必然的に決定された「反社会的性格」（社会的危険性）をもつ者に対して，社会を防衛するため一定の措置（処分）を必要とし（社会防衛論），その措置をうけるべき地位が「社会的責任」であるとした。そして，刑事制裁（措置〔処分〕）は，社会防衛のための手段であり，その目的は，行為者の「反社会的性格」の改善（改善可能なばあい），または無期限の拘禁（改善不可能なばあい）によって達成されるとした。社会的「責任」は，他の意思決定の可能性と結びつく「他の行為の可能性」を前提とする「非難」の要素は含まれておらず，刑罰に関する原理的帰結は「処分」（保安処分）の一元論であったのである。

　自由意思論をめぐる現在の問題状況は，次のとおりである。すなわち，非決定論と決定論とがかなり接近し，非決定論は，絶対的な自由意思を主張しないいわゆる「相対的非決定論」に変わり，決定論は，宿命論的な「かたい決定論」ではなく，いわゆる「やわらかな決定論」に変わっている。

(ii)　自由意思と規範的責任論

　現在の規範的責任論は，責任とは「法的非難可能性」であると解し，その非難は，行為の付随事情を考慮した具体的状況において行為者が実際におこなった違法行為とは別の意思決定による適法行為をおこなうことができたことを前提にしている。つまり，「他行為可能性」を基礎にしているのである。このように他行為可能性は，素質・環境によって制約されつつも，なお主体

的に決定できる「自由意思」の存在を基礎にしているのであり，その意味において「相対的非決定論」をとっているのである。逆にいえば，現在の非決定論は，素質・環境による因果法則的影響をまったくうけない無原因の絶対的な自由意思の存在を否定していることになる。

責任とは，経験的・規範的な要素を有するものであり，その前提となる自由意思も2つの要素をもつべきである。まず，非難可能性が規範的要素をなす。非難可能性を内容とする責任の前提として，相対的な意思自由論をみとめるばあい，問題は，それをどのように根拠づけるか，である。決定論が，ある意味で科学主義的な概念を用いて説明してきたこととの関係上，これに対抗するために非決定論は，どうしても形而上学的にならざるを得なかったのである。しかし，それを科学的観点から論証するのは無理であると解される。なぜならば，自由意思は，積極的にその存在を立証できないものであるからである。しかし，程度の問題として国民意識の中でどの程度「実証的」にそれがみとめられているか，ということであれば，「一般人の確信」を援用できると解される。すなわち，刑法規範の「名宛人」である一般人が「自由の意識」を有しているかぎり，その限度でそれを「自由意思」の「経験的基礎」として把握することは可能である。その「自由の意識」は，必ずしも厳密な自然科学的方法で知覚できる経験的実在ではないが，なお「経験的」なものといえる。「自由の意識」がそのように不確定的なものであるにも拘わらず，なぜあえてそれを持ち出すのか，というと，非難可能性の観念が「他行為可能性」を前提としないとみとめられないからである。「一般人の確信に基づいている」こと自体が，重要な意味を有し，それを基礎にして「制度」としての刑罰を考える必要がある。

問題は，なぜ「一般人の確信」が得られているのか，という点にある。責任の前提について共通の認識があれば，それを基礎にして非難が可能であり，したがって，「そのような行為をおこなってはいけない」という形で，規範意識が高まることになる。そこにおいて一般的な説得力をもつのは，「相対的な自由意思」であって，われわれは，常識的にそれを承認しているのである。それは，単なる形而上学的な意味の問題ではなくて，国民一般がもって

いる非難の意識，つまり非難を基礎づけるものとして，「相対的な自由意思」を当然の前提としているという意味で，「経験的な」実在に関する問題である。責任非難の前提として相対的自由意思をみとめないかぎり，国民の規範意識は実質的には説明できないと解される。

このように，責任の基礎は，「相対的意思自由論」に求められるべきであるから，「因果的決定論」の見地から，あらゆる行為を素質と環境の必然的所産として把握するのは妥当でない。責任の観念は，「自由の意識」を前提とする非難または非難可能性をその内容とするものと解すべきなのである。

(4) 責任阻却事由

(i) 意 義

責任阻却事由とは，責任を消極的に基礎づける事由，すなわち，責任の成立を妨げる事由をいう。責任阻却の原理は，人格的能力を欠くために責任を阻却するばあい（責任無能力），次に，責任能力があっても行為の違法性を認識することができないために責任を阻却するばあい（違法性の認識ないしその可能性の不存在），さらに，責任能力および違法性の認識の可能性があっても，適法行為の期待可能性がないために責任を阻却するばあいがある（期待可能性の不存在）。このように，非難可能性を失なわせる責任阻却事由には，責任無能力，違法性の認識の可能性の不存在，期待可能性の不存在の３種類があることになる。

(ii) 可罰的責任の理論

さらに，可罰的責任の理論の観点から，実質的な責任阻却がみとめられるべきであると解される。可罰的責任の理論とは，非難可能性が存在しても，行為者に対する非難がとくに刑罰という強力な手段を必要とするほどに強く，しかも，その刑罰をうけるに適する性質を有する責任（可罰的責任）が存在しないことを根拠にして犯罪の成立を否定する理論をいう。責任には程度ないし軽重があるから，いかなる程度の責任につき可罰的なものとするか，という実質的考慮は，明文の規定がなくても必要となる。すなわち，責任の

118 第7章 有責性（責任）

判断においては，非難可能性の存否から責任の有無を判断し，次に，当該の責任が法益保護ないし社会秩序の維持にとって刑法上放置し得ない程度の責任を有するものかどうか，を基準にして可罰的責任を判断すべきである。可罰的責任は，このように刑法上放置し得ないものかどうか，という実質的考慮を含むものであるから，裁判時に明らかになった全資料を基礎に事後的に判断すべきである。

可罰的責任は，違法性論における可罰的違法性に相応するものと解することができる。しかし，可罰的責任は，現実の行為者に対する「科刑」の相当性を問題にするので，行為時の状況だけでなく，裁判時の状況も重要な意味を有するから，その判断にあたって事後判断が必要となる点で異なる。

(5) 道義的責任論，社会的責任論と法的責任論

(i) 法的責任論の妥当性

責任の基礎は「相対的意思自由論」に求めるべきであり，因果的決定論の見地からあらゆる行為を素質と環境の必然的所産として把握し，行為者に社会的危険性がみとめられるかぎり責任を肯定すべきであるとする社会的責任論は，妥当でない。責任の観念は，自由の意識を前提とする非難または非難可能性をその内容とするものなのである。道義的責任論には，責任判断の主体としての国家が，「道義実現の主体」であって，個人に対して「道義的優越性」をもち，究極においては，最高の道義態，ないし社会倫理の創造者・実現者であることを前提にせざるを得ない点に，重大な疑問がある。

法的責任と道義的責任・倫理的責任は区別されなければならない。法秩序によって是認された価値の秩序を破壊する違法行為を理由にして，行為者に対して法的責任としての責任非難が加えられる。したがって，「法的責任論」が妥当である。法的責任論は，人的不法論の見地からも主張され得る。

(ii) 法的責任の基礎

刑法上の責任は，法的責任であって「良心に対する責任としての道徳的責任」ではない。そして刑事責任は，構成要件に該当する違法な行為をおこなっ

たことを理由として行為者に対して加えられる「社会的な非難」であり，その根拠は，刑法規範が一定の行為を禁止・命令することにより，行為者に対して規範に適合する意思決定をすべき義務を課し，その義務に違反して適法な行為を決意しないで違法な行為の決意をしたことに求められている。すなわち，責任は，「決意が法秩序の要請に反する」という意味における反価値性・反価値判断を意味する。違法性が「意思の実現としての行為が法秩序に反する」という意味における反価値性・反価値判断であるのに対して，責任は，「実現意思の形成に至る動機決定」についての評価なのである。責任判断において行為者の意思形成のプロセスが判断の対象に取り込まれるので，「違法性」の認識が「法的」責任論の問題として重大な意義を有することになる。

　「違法性の現実的認識」があるばあいには，通常，適法行為を決意すること（反対動機の形成）が容易にできる。それにもかかわらず違法行為を決意したときには，その決意についての責任非難が法秩序の見地から行為者に対して加えられることになる。このばあいは，違法性の現実的認識がなく認識の可能性があるにすぎないばあいよりも重い責任非難が加えられる。なぜならば，このばあいには，反対動機の形成がより容易であるにもかかわらず，あえて違法行為を決意しているからである。違法性を認識しているにもかかわらずあえて違法行為に出るばあいには，責任の実質をなす「法敵対性」ないし「法敵視性」が強度であるから，それだけ重い責任非難が課せられるのである。

　故意犯と過失犯とを比較したばあい，故意犯の方が「法敵対性の程度」が強いので，より重い責任非難が加えられることになる。すなわち，過失犯のばあいには，構成要件的結果を実現する意思が存在しないから，「違法性の現実的認識」は存在し得ない。したがって，その限度で，定型的に故意犯より責任非難の程度は軽くならなければならない。また，実現意思がないので，違法性の認識の可能性も相対的に低いわけであるから，やはり責任非難の程度は軽くなる。しかし，「違法性の認識の可能性」は，あくまでも具体的に判断されるべきであり，過失犯のばあいが強度であるという事態もまったくないわけではないので，そのばあいには法定刑の枠内でそれぞれに見合った刑

120　第7章　有責性（責任）

量を定めればよいことになる。

⑹　行為責任論，性格責任論，性格論的責任論および人格責任論

(i)　意　義

　行為責任論とは，「個々の犯罪行為」に向けられた行為者の「意思」に責任非難の根拠を求める見解をいい，個別行為責任論，意思責任論とも称される。性格責任論とは，行為者の危険な性格に，社会からの防衛処分を課せられる根拠を求める見解をいい，社会的責任論から導かれる。性格論的責任論とは，個別行為責任を基礎としつつ，行為が行為者の性格と環境によって決定されることを理由に，個々の犯罪行為と性格とが相当な関係にあることに責任の根拠を求める見解をいう。人格責任論とは，犯罪行為を行為者の人格の主体的な現実化として捉え，基本的に道義的責任論を基礎にしつつ，行為に現れた人格の主体性に責任の根拠を求める見解をいう。これは，第1次的に行為そのものに着眼し，ついで，その背後にある潜在的な人格体系を切りはなして行為だけを論ずることはできず，しかも，その人格も素質・環境の制約をうけながら「主体的に形成」されてきたものであるから，行為責任の背後に，さらに人格形成の責任がみとめられなくてはならないとするものである。そして，行為責任と人格形成責任とは，前者が第1次的，後者が第2次的に考慮されるものとして，一応概念的には区別されるが，両者は合一されて考えられるべきであり，この合一的に解釈された「行為責任」と「人格形成責任」とを全体として「人格責任」と称するのである。

(ii)　行為責任論の妥当性

　責任の基礎は，前述のように，「相対的意思自由論」を前提にして，犯罪行為をみずからの自由な意思に基づいておこなった点に求められるから，行為責任論が妥当である。ほかの責任論には，次のような疑問がある。まず，性格論的責任論は，犯罪は性格と環境によって決定されるという決定論的立場を基礎とし，個々の犯罪の原因が性格にあるとみとめられるとき責任があると解するが，この考え方は，性格責任論と同様に社会的責任論を前提とせざ

るを得ない点で不当である。そして，人格責任論は，道義的責任論の立場から行為の背後にある人格に非難の契機を見出し，「人格形成の過程」にまでさかのぼって，有責的に形成された人格とそうでないものを区別しようとする。しかし，両者を区別することは困難であるばかりか，行為の基礎となった潜在的人格にまで立ち入って法的評価を加えるのは，個人生活への不当な介入である。個別行為責任論または意思責任論の見地においては，個々の行為ないし意思は，具体的な行為者の人格または性格によって相対的に決定されているのであるから，人格または性格は，行為当時の意思の自由ないし主体性を判断するための要素として責任論上の意義を有すると解すべきである。

⑺ 心理的責任論と規範的責任論

⑴ 意 義

責任の内容としての「要素の性質」の捉え方をめぐって，心理的責任論と規範的責任論とが対立している。心理的責任論とは，責任を行為に対する行為者の心理的関係に求め，その心理的関係を行為ないし結果についての認識（故意）とその認識の可能性（過失）とに分け，故意および過失を「責任形式」と解する見解をいう。この立場によれば，責任は故意・過失という心理的事実の類概念にほかならず，故意または過失があれば責任があり，これがなければ責任がないとされることになる。心理的事実からただちに非難可能性という価値判断としての責任を説明できないので，心理的責任論は妥当でないとされる。

心理的責任論を克服するものとして主張されたのが，規範的責任論である。規範的責任論とは，故意と過失とを統一する「規範的要素」として，行為者における適法行為の「期待可能性」の存在を要求し，責任能力および故意・過失が存在しても，期待可能性がなければ責任がないとする見解をいう。

⑵ 規範的責任論の妥当性

行為責任の実質を的確に把握するものとして規範的責任論が基本的に妥当であると解する。ただし，期待不可能性が責任を「消極的に」基礎づけるも

のと解すべきである。この点についての詳細は，後で説明することにする。

　規範的責任論の見地から個別行為責任論を強調するのは，「犯罪予防」と調和しないと批判される。しかし，もともと国家刑罰権による犯罪予防の必要性は，それがまさしく国家権力により犯罪予防目的を追求するものであるだけに，権力作用の特性として，つねに過度にわたる危険をもっているので，行為責任は，「刑罰の前提」であり，「刑罰の限界」であることによって，過度に犯罪予防目的を追求することに対して限界を設定するものとして必要なのである。

　このように解することは，「行為責任」と「犯罪予防」とは無関係であるということを意味しない。法益侵害行為（違法行為）が「意思活動」としてなされたばあいに，意思活動の範囲内においてのみ，その法益侵害行為とそれから生ずる結果を行為者に主観的に帰責させることができ，また，刑罰を科すことができるのであり，この意思活動という，犯罪構造の要素を把握しようとするのが，法的非難可能性としての「行為責任」（意思責任）の概念なのである。そして，行為責任を前提としない行動や行為責任の限度を超える行動を，犯罪とし，これに刑罰を科しても，それは行為者の意思活動の範囲を超える部分を犯罪とし刑罰を科すことになるので，その刑罰は，行為者本人と社会一般人に対する「犯罪予防」の「継続的な効果」をもち得ないとされる。というのは，行為者の意思活動の範囲内の行為について責任を問われ刑罰を科されたときに，初めて行為者本人の「規範意識」にはたらきかけて将来ふたたび犯罪行為をしないように意思活動をコントロールすることができ，また，社会一般人に対しても，そのような犯罪行為（意思活動）に出ないように，その「規範意識」に影響を与えることができるからである。そうすると，刑罰の特別予防効果と一般予防効果は，行為者本人と社会一般人に対する威嚇によってではなく，その「規範意識」にはたらきかけることによってこそ，継続的な効果をもち得ることになる。行為責任という前提条件と限界設定を逸脱した刑罰は，行為者本人と社会一般人の恐怖心などによって一時的な効果をもち得るかもしれないが，その「規範意識」を確認・強化することによる継続的な効果をもち得ないとされる。このようにして，行為責任と刑罰の

予防目的との関連が基礎づけられる。

② 責任能力

(1) 責任能力の内容

(i) 責任能力の意義

　責任能力とは，有責的に行為する能力，つまり責任の前提となる人格的能力をいう。行為の違法性を弁識し，それに従って自己の行為を制御する能力がその内容をなす。このような能力を有する者に対してのみ，法は，適法行為を期待でき，責任非難を加えることができるのである。責任能力は，有責に行為する能力を意味するので，刑法上の行為をなし得る「行為能力」，犯罪の主体となり得る「犯罪能力」，刑の執行をうけ得る「受刑能力」（刑訴479条・刑訴480条），訴訟行為を有効になし得る「訴訟能力」（刑訴314条）から区別される。

　ところで，従来，責任能力（帰責能力）の意義をめぐって，古典学派と近代学派の間で基本的な対立があった。すなわち，古典学派は，責任能力を，行為者に対して道義的非難を課するための前提としての「自由な意思決定」能力，「犯罪能力」として把握した。これに対して，近代学派は，刑罰によって社会防衛の目的を達するのに適する能力，すなわち「刑罰能力」（受刑能力）ないし「刑罰適応能力」として把握したのである。しかし，前者は，行為者における完全な自由意思の存在を当然の前提とする点で不正確であり，また，責任能力は単なる犯罪能力ではない。後者は，責任非難の観点を看過しており，また，もっぱら処罰の面から責任能力を論じようとしている点で現行刑法の立場と相容れない。したがって，責任能力は，「有責に行為する能力」，すなわち，行為者に責任非難をみとめるための基礎として，行為者が刑法の規範を理解し，それに適合した行為をおこない得る能力であると解するのが妥当である。

124 第7章 有責性（責任）

(ii) 責任無能力者および限定責任能力者の意義

(a) 刑法の規定

刑法は，責任能力の内容を積極的に示さず，それが欠けるばあい（責任無能力）とそれが低減するばあい（限定責任能力）とを個別的に規定している（39条・41条）。責任無能力は責任阻却事由であり，限定責任能力は責任減軽事由である。刑法は，責任能力に関して，①心神喪失者，②心神耗弱者および③刑事未成年者を規定している。

(b) 立法主義

責任無能力・限定責任能力の概念を定めるについて，3種の立法主義がある。すなわち，行為者の精神の障害を基礎とする生物学的方法，行為者が行為の時に自由な意思決定をすることができなかったことを根拠とする心理学的方法，生物学的方法と心理学的方法を併用する混合的方法（または生物学的・心理学的方法）が，そうである。

わが刑法における心神喪失・心神耗弱は，精神医学的観念ではなく，法律上の観念でこれらを定義している法律上の明文規定がないので，その内容は解釈にゆだねられている。責任能力は，「生物学的な基礎」に基づくものでなければならないが，刑事「責任」の理念の観点からは，同時に具体的にその行為の意味を理解して，それに応じた行動をとり得るかどうか，という「心理学的な基礎」も無視できないから，「混合的方法」が妥当である。わが刑法は，混合的方法をとっていると解されている。

(iii) 心神喪失者・心神耗弱者

(a) 心神喪失者

心神喪失者とは，精神の障害により，行為の是非を弁別する能力またはその弁別に従って行動する能力のない者をいい，心神耗弱者とは，その能力が著しく低い者をいう（大判昭6・12・3刑集10巻682頁）。「精神の障害」が生物学的要素にあたり，「行為の是非を弁別する能力」および「その弁別に従って行動する能力」が心理学的要素にあたる。前者を「是非弁別能力」といい，後者を「行動（制御）能力」という。是非弁別能力は，「知的」要素であり，行

動（制御）能力は「情意的」要素であって，心理学的観点からは，その両面について吟味が必要となる。

心神喪失および心神耗弱は，まず，行為者の精神状態の異常性という生物学的基礎を有しなければならない。それは，「継続的な精神の病変」，すなわち，狭義の精神病，精神病質などに起因するばあいはもとより，「一時的な精神状態の異常」，たとえば，酩酊，催眠状態などに基づくばあいを含む。また，同時に，心理学的基礎として，刑法の前提とする規範を理解し，それを遵守できる精神能力が欠けていたか，不十分であったことが必要である。したがって，行為の意味を弁別する能力をまったく有しない者は，心神喪失者である。また，行為の是非を弁別することはできても，その弁別に従って自己の行動をまったく制御できない者も，心神喪失者である。これに対して，これらの能力が著しく低い者は，心神耗弱者である。

(b) 性 質

心神喪失・心神耗弱の概念は，精神医学上の概念ではなく「法律上の概念」であるから，精神障害の有無・程度，弁別能力の有無・程度は，最終的には裁判所が判断すべき事項である。裁判所は，生物学的要素を確定したうえで，精神の障害が行為の弁別能力・行動制御能力にいかに影響を及ぼしたか，という記述的な事実を基礎とし，責任の理念に立脚して，当該行為者が刑法上の非難に適する人格的能力を有するか否か，の見地から，規範的・法律的に認定すべきである（最決昭 59・7・3 刑集 38 巻 8 号 2783 頁，最判平 20・4・25 刑集 62 巻 5 号 1559 頁参照）。

このような法律判断の前提として，行為者の精神状態を認識するために，しばしば，精神医学，心理学などの専門的知識が必要とされるのであり，そこに，刑事訴訟法上，鑑定の制度が設けられている理由の 1 つがあるとされている（刑訴 165 条以下・刑訴 223 条以下参照）。

(c) 法的効果

心神喪失者の行為は，刑法上，犯罪を構成せず，心神耗弱者の行為は，その刑が減軽される。したがって，被告人が心神喪失であるときは無罪の言渡しがなされ，これが確定すると，検察官は，「精神保健及び精神障害者福祉に

関する法律」24条に基づきその旨を都道府県知事に通報しなければならない。不起訴処分のばあいも、同様である。この通報をうけた知事は、精神保健指定医の診断をうけさせたうえ、その者が「精神障害者であり、かつ、医療及び保護のために入院させなければその精神障害のために自身を傷つけ又は他人に害を及ぼすおそれがあると認めたときは」指定病院に入院させることができる（精神保健福祉29条1項）。これを措置入院という。

「心神喪失等の状態で重大な他害行為を行った者の医療及び観察等に関する法律」（平成15年法律110号）が成立した後は、行為者が、心神喪失または心神耗弱の状態で、重大な他害行為をおこない、不起訴等または無罪等の判断が下されたばあい、検察官の申立てがあると、裁判官と精神保健審判員の合議体が審判する。その結果、医療観察法の入院による医療の決定が下されたばあい、厚生労働大臣が指定した医療機関（指定入院医療機関）における手厚い治療が開始され、入院期間中から、法務省所管の保護観察所に配置されている社会復帰調整官により、退院後の生活環境の調整が実施される。また、医療観察法の通院による医療の決定が下されたばあいおよび退院を許可されたばあいは、保護観察所の社会復帰調整官が中心となって作成する処遇実施計画に基づいて、行為者は、原則として3年間、地域において、厚生労働大臣が指定した医療機関（指定通院医療機関）による医療をうける。

(iv)　刑事未成年

14歳に満たない者は、責任無能力者である（41条）。刑法は、一律に14歳未満をもって責任能力を有しないものと規定している。14歳を刑事責任年齢という。是非弁別能力および弁別に従った行動制御能力は、必ずしも14歳に至らない年齢でも具備されることが少なくないから、この規定は、精神的に発育の途上にある幼少年が可塑性に富んでいることを考慮して、早い時期にこれらの者に刑を科することを抑制しようとする趣旨で設けられたものと解されている。

青少年犯罪者に対しては、心身の状態が未成熟であることを考慮してその改善更生のために、成人のばあいとは異なった特別の処遇を施しているの

が，世界的傾向である。わが国の少年法も，特別の手続きをみとめている。

(2) 責任能力の位置づけ

　責任能力の位置づけに関して，責任要素説と責任前提説（通説）とが対立している。責任要素説は，犯罪論体系上の責任能力を，故意・過失，違法性の認識の可能性，期待可能性とならぶ個々の行為についての責任要素であると解する。これに対して，責任前提説は，責任能力を，個々の行為についての能力ではなく，その前提となる「一般的な人格的能力」であると解する。責任要素説は，個別行為責任論の見地からは責任能力も当の犯罪行為について問題とすべきであり，また，同じ行為者につきある種の犯罪については責任無能力者となり，他の犯罪については責任能力者となるばあいがあることなどを根拠とする。

　この点については，次のように解すべきである。すなわち，責任要素説のいうように，責任能力は個々の犯罪についての責任要素であるとすると，責任能力も究極において期待可能性の問題に帰着し，これを独自の責任の要件とする意義が失なわれてしまうこと，人格は「統一的な」ものであるから，単一の行為者のある行為については責任能力をみとめ他の行為については責任能力をみとめないということは許されるべきでないこと，刑法典も，たとえば，刑事未成年者については個々の行為責任の有無・程度の判断に立ち入るまでもなく責任を否定しており（41条），このことは責任能力が他の責任要件から独立した要件，すなわち責任の「前提要件」であることを示すものであることなどの理由から，責任前提説が妥当である。したがって，ある種の犯罪についてのみ責任能力をみとめる「一部責任能力」または「部分的責任能力」の観念は，否定されるべきことになる。

　責任能力は責任の前提であるから，責任能力を欠くばあいには，違法性の認識の可能性，期待可能性の判断に入るまでもなく，責任がただちに阻却される。

128 第7章 有責性（責任）

(3) 責任能力の存在時期

　責任能力の存在時期，すなわち，「責任能力は行為のいかなる段階に存在しなければならないのか」について，学説は，実行行為の時に責任能力が存在することを要するとする実行行為時説と実行行為の原因となる行為の段階において責任能力が存在すれば足りるとする原因行為時説とに分かれている。責任能力を責任の前提と解しても，それは個々の行為についての責任の前提となるものであるから，責任能力は原則として実行行為の時に存在していることを要する。しかし，実行行為の時に責任能力が存在しないばあいであっても，その実行行為と相当な関係にある先行行為，すなわち原因行為の時における意思に基づいて実行行為がおこなわれているときは，その実行行為は，「自由な意思決定」に基づいておこなわれたものとして非難されるべきであるから，責任能力は，必ずしも実行行為の時に存在することを必要とせず，実行行為と相当な関係にある原因行為の時に存在すれば足りると解すべきである。責任能力の存在時期は，「原因において自由な行為」についてとくに問題となる。

(4) 原因において自由な行為

(i) 意　義

　「原因において自由な行為」とは，故意または過失により，自己を責任無能力の状態におとしいれ，責任無能力の状態において構成要件的結果を惹起させることをいう。責任主義の見地からは，責任能力は，行為の時に存在する必要があるので，行為者は，責任能力のある状態でおこなった行為およびその結果についてのみ責任を問われることになる。これを「行為と責任の同時存在の原則」という。この原則の適用を厳格に要求すると，原因において自由な行為のばあい，構成要件上要求されている定型的行為をおこなう時点では行為者には責任能力がないので，行為者に対する責任追及はできないのではないか，という疑問が生ずる。そこで，この原則の要求を満たしつつ，原因において自由な行為の可罰性を合理的に説明する必要に迫られる。

　通説は，原因設定行為に「実行行為」性をみとめることによって，行為と

責任の同時存在の原則の要請を充足しようとする。すなわち，行為と責任の同時存在の原則における行為を，未遂犯の成立要件である「実行の着手」の基準となる「実行行為」と同義であると解しているわけである。これに対して，行為を「広義の行為」と解し，「意思決定」の段階で責任能力の有無を考えるべきであるとする見解が主張されている。

(ii) 可罰性の論拠づけ

原因において自由な行為の可罰性の論拠づけについて，学説上，見解の対立がある。

(a) 間接正犯類推説

通説は，原因において自由な行為のばあい，実行行為と責任の同時存在を肯定するためには，原因設定行為が定型的な「実行行為」であると解すべきであるとする。しかし，実行の着手時期を実行行為の開始にみとめる通説の立場からは，本来，定型性を欠くと考えられる原因設定行為に実行行為性を求めるのは，矛盾である。それを合理的に説明するために，通常，間接正犯の理論の類推がなされる。すなわち，間接正犯が他人を「道具」として利用するものであるのに対して，原因において自由な行為は自己の責任のない状態を「道具」として利用するものである点に違いはあるにせよ，その論理構造は同じであるとされるのである。そして，この説によれば，間接正犯のばあいに，利用者の行為が実行行為であるとされるように，原因において自由な行為のばあいは，原因設定行為が実行行為とされるのは当然であるということになる。

(b) 広義の行為説（修正説）

通説に対して「実行行為」と責任の同時存在の原則を修正する説は，次のように主張している。すなわち，通説の欠陥は，「実行行為」と責任との同時存在の原則をみとめ，原因設定行為に「実行行為」性を求めたことに起因する。そこで，責任主義の要請は，必ずしも「実行行為」ではなくて，「広義の行為」と責任の同時存在を要求するものであると解すべきなのである。すなわち，元来，責任能力の判断を含む責任評価は，行為者の意思決定に向けら

130　第7章　有責性（責任）

れるのであり，その意思決定は，必ずしもつねに実行行為のときになされる
わけではない。責任能力の判断も責任評価の一種である以上，意思決定の時
に，その存否を問題にすべきである。したがって，ある行為が1つの意思決
定によって貫かれ，その意思決定が責任能力のある状態でなされたばあいに
は，行為者は，その行為全体について責任能力を有するものとして責任を負
う。このような広義の行為のうち，通常の犯罪のばあいにおける実行の着手
時期に関する標準に従って実行行為が確定されるのである。このような理解
は，責任主義の要請と構成要件における実行行為の定型性の要求をともに満
たそうとするものである。

(c)　広義の行為説の妥当性

　通説の立場を徹底させると，たとえば，泥酔中に人を殺すつもりで飲酒し
たが，そのまま酔いつぶれてしまったばあいにも，殺人未遂の成立を肯定し
なければならない。これは，社会常識に適合しないばかりか，通説が基本的
な前提とする「未遂」の客観主義的理解にも根本的に背反する。すなわち，
通説は，客観説の見地から，通常のばあいには，定型的な実行行為の開始の
時点をもって実行の着手時期と解しているが，原因において自由な行為のば
あいは，そのような行為以前の原因設定行為の開始を実行の着手時期と解し
ている。これは，統一のとれた理解ではない。

　このような結論を避けるために，通説の中にあって，定型性の弱い過失犯
や不作為犯については，原因行為に実行行為性をみとめるのは比較的容易で
あるが，故意による作為犯については，それが困難なばあいが多いので，立
法的に解決すべきであるとする見解も主張されている。しかし，故意による
作為犯については原因において自由な行為をみとめるべきではないという主
張には疑問がある。というのは，原因設定行為の段階ではまだ結果発生の可
能性が高くなくても，責任能力のある時点から継続している故意に基づくと
断定される事例は，けっして稀有ではないからである。

　通説のように，間接正犯を類推するかぎり，自己を単純な「道具」にする
ものといえるためには，自己をまったく責任能力のない状態におとしいれる
ことが必要である。いいかえると，自己の限定責任能力の状態を利用したば

あいには，原因において自由な行為の法理が適用される余地はないのである。このようなばあいには，心神耗弱の状態での挙動が実行行為なのであり，したがって，限定責任力者の行為として，つねに刑が減軽されることになる。しかし，これは不当な結論である。なぜならば，原因設定当時からの意思が継続しているばあいには，限定「責任能力」があるにもかかわらず翻意しなかったのも自己の責任であり，「限定」責任能力があるため翻意が困難で，そのため結果が実現されたのも自己の意思によるものであるので，両者を合わせて完全な責任を問うことは可能であると解されるからにほかならない。

また，通説の論理を貫けば，責任無能力状態に陥って一定の違法行為を犯すことを認容して原因設定行為をおこなったが，責任無能力状態に陥る前に，限定責任能力の状態で当該違法行為をおこなったばあい，一方において，原因設定行為の終了とともに1個の実行行為が成立し，他方において，限定責任能力状態でおこなわれた現実の違法行為について，限定責任能力者の行為としての評価が加えられるべき別個の実行行為が成立する，と解しなければならないことになる。それは，1個の犯意に基づく1個の社会的事象に対して2個の別個の実行行為をみとめるものであって，不合理である。

③ 違法性の認識と違法性の錯誤

⑴ 意 義

違法性の認識とは，自己の行為が違法であることを認識していることをいい，違法性の意識とも称される。違法性の錯誤とは，行為者が自己の行為は法律上許されていると誤信することをいい，法律の錯誤とも称される。従来，違法性の錯誤は故意を阻却するかどうか，という形で議論されてきた。というのは，違法性の錯誤があるばあいには「違法性の認識」が欠けることになるので，違法性の認識ないしその可能性（以下，たんに違法性の認識と略記する）が故意の成立の要件となるのかどうか，が問題となると解されてきたからにほかならない。

この点につき，違法性の認識は「故意の要素」であると解する説を「故意

132　第7章　有責性（責任）

説」といい，違法性の認識を故意の要素ではなくて独立の「責任要素」であると解する説を「責任説」という。

　違法性の錯誤の問題は，「故意」・「過失」の概念をどのようにとらえるのか，「責任」の内容と基礎づけをどのように考えるのか，故意責任と過失責任の「程度」の差をどのように基礎づけるのか，という根本的問題に関連する。

(2)　学説・判例

(i)　故意説

故意説は，厳格故意説と制限的故意説とに分かれる。

(a)　厳格故意説

　この説は，違法性の「現実的認識」を故意の要素であると解する。この説によれば，違法性の認識こそが，「故意と過失とを分つ分水嶺」であるとされる。厳格故意説は，故意の要件として「違法性の認識そのもの」を要求するので，違法性の錯誤があるばあいには違法性の認識が欠けるため，故意犯の成立をみとめず，過失犯を処罰する規定があるときには，あらためて過失犯の成否を問題とする。

(b)　制限的故意説

　制限的故意説は，故意の要件として違法性の現実的認識は必要ではなく，「違法性の認識の可能性」があれば足りると解する。これは，人格責任論の見地から主張されており，行為者が違法性の認識を有していなくても，それまでの人格形成に即して違法性の認識の可能性がみとめられるかぎり，行為者の直接的な反規範的人格態度が看取され得るので，故意責任を肯定できると主張する。制限的故意説によれば，違法性の錯誤があるばあい，違法性の認識の可能性が存在するときには故意犯が成立し，それが存在しないときには，過失犯処罰規定があれば，さらに過失犯の成否が問題とされる。

(ii)　責任説

責任説は，厳格責任説，制限的責任説および修正責任説に分かれる。

(a) 厳格責任説

この説は，違法性の認識ないしその可能性は故意の要素ではなくて独立の責任要素であると解し，「正当化事情の錯誤（違法性阻却事由の事実的前提に関する錯誤）」も違法性の錯誤であるとする。厳格責任説によれば，違法性の錯誤があるばあい，その錯誤を避けることができたときには，違法性の認識の可能性があるから，故意犯の成立が肯定され，それを避けることができなかったときには，違法性の認識の可能性が欠けるから，責任が阻却されて故意犯は成立せず，あらためて過失犯の成否を問題にする必要はないとされる。正当化事情の錯誤のばあいに違法性の阻却の可能性を肯定する二元的厳格説は，違法性が阻却されないときの扱いについては，厳格責任説と同じである。

(b) 制限責任説

制限的責任説は，違法性の認識ないしその可能性を独立の責任要素であると解している点で厳格責任説と同じであるが，正当化事情の錯誤を「事実の錯誤（構成要件的事実の錯誤）」と解して故意阻却をみとめる点で異なる。違法性の錯誤の取扱いについては，本説は厳格責任説とまったく同一である。

(c) 修正責任説

修正責任説は，故意を責任要素と解しながら，違法性の認識の可能性は故意とは別個の責任要素であるとする点に特徴がある。これは，「故意」を責任の要素とする点で純粋の責任説と異なるが，違法性の認識の可能性を故意ではなくて責任要素と解している点で責任説の一種であるとされる。

(iii) 判 例

判例の主流は，大審院時代から最高裁に至るまで違法性の認識不要説をとっているといえる。大審院の判例は，「刑法上罪を犯すの意ある行為とは犯罪事実を認識して為したる行為を指称し違法の認識は一般的に犯意の要素に属するものに非ず」（大判昭 8・10・10 新聞 3643 号 10 頁）して「所謂法定犯に付特に刑法第三十八条第三項を適用せざる旨若は違法の認識を必要とする旨規定せざる場合に於ては法定犯に付ても所謂刑事犯と同様に犯意の成立には違法の認識を必要とせざるものと解する」（大判昭 6・1・19 刑集 10 巻 1 頁）と判示

し，最高裁も「所謂自然犯たると行政犯たるとを問わず，犯意の成立に違法の認識を必要としないことは当裁判所の判例とするところである」と判示して（最判昭25・11・28刑集4巻12号2463頁），大審院の基本的立場を踏襲している。判例が違法性の認識を故意に包含させていないのは，故意を社会に実在する形で把握するものとして評価できるが，しかし，判例が違法性の認識の問題を罪責判断にあたって一切考慮しないという見解をとっているとすれば，それは妥当ではない。そのような見解は，近代刑法の基本原則である責任原理からみて疑問があるからである。この点についての最高裁の明確な判断が望まれる。しかし，このような状況の中にあって，法律の錯誤に「相当の理由」があるばあいに故意阻却をみとめる下級審判例もいくつかあり，最近，最高裁は，いわゆる百円紙幣模造事件において違法性の認識不要説から一歩踏み出す姿勢をみせる判断を示しており（最決昭62・7・16刑集41巻5号237頁），今後の発展が期待される。

(3) 故意と過失の限界

故意と過失の決定的な相違点は，違法性の認識の有無ではなくて，構成要件的結果を「意図的に」実現したか否か，にあると解すべきである。つまり，故意行為が故意行為たる所以は，構成要件的結果の「意図的実現」にある。過失犯においては，認識なき過失のばあいには，そもそも結果実現の意図は存在し得ないのであり，認識ある過失のばあいには，結果発生の可能性を認識していてもそれを意欲していない以上，結果実現の意図は存在しないのである。そうすると，故意と過失の分岐点をなすのは，「実現意図」の有無であって違法性の認識の有無ではないということになる。

故意犯としての特徴は，すでに「事実的故意」によって形成されているのであり，この故意行為について行為者に対して責任非難を加え得るか否かは，別個の問題である。故意説があくまでも故意責任・過失責任という考えを固執するのは，「責任形式」としての故意・過失という観念を維持しようとするからにほかならない。さらにその源をたどると，「倫理的責任」観・「道義的責任論」に行きつく。すなわち，故意犯のばあい，自己の行為が「違法

であること」，つまり反倫理的・反道義的であることを認識しながらも，あえて違法行為を遂行するがゆえに，過失犯よりもさらに強い倫理的非難・道義的非難が加えられると解されるわけである。しかし，道義的責任の観念によらなくても，法的責任としての責任非難は基礎づけられ得るので，違法性の認識を故意概念に包含させる必要はないのである。

違法性の認識が責任要素であるとしたばあい，故意責任と過失責任の「程度」の差はどのように説明されるのであろうか。

違法性の現実的認識があるばあいには，通常，適法行為を決意すること（反対動機の形成）が容易にできる。それにもかかわらず，あえて違法行為を決意したとすれば，その決意について非常に強い責任非難が法秩序の見地から行為者に対して加えられることになる。すなわち，違法性の現実的認識がなく認識の可能性があるにすぎないばあいよりも強く非難されるのである。なぜならば，このばあいには，反対動機の形成がより容易であるにもかかわらず，あえて違法行為を決意している点において，責任の実質をなす「法敵対性」ないし「法敵視性」が強度であるので，それだけ重い責任非難が課せられるからである。故意犯と過失犯を比較すると，故意犯の方が「法敵対性」の程度が強いので，それだけより重い責任非難が加えられることになる。これに対して，過失犯においては，構成要件的結果を実現する意思が存在しないから，違法性の現実的認識は存在し得ず，したがって，その限度で定型的に故意犯より責任非難の程度は軽いわけである。また，実現意思がないので，違法性の認識の可能性も相対的に低いため，やはり責任非難の程度は軽いといえる。

このようにして，本書は，かつてメッガーが制限的故意説を基礎づけるために主張した「法敵対性」の観念を，責任説の見地から，責任非難の実質をなすものとして捉え直すことを提唱するものである。

ところで，責任説においては，事実の認識とその可能性については質的差異がみとめられるが，違法性の認識とその可能性との間に質的差異はなく，たんに量的差異があるにすぎないことになる。このような考え方に対しては，自己の行為が違法であることを認識しつつ，あえてその行為をおこなう

136　第7章　有責性（責任）

ばあいと，違法性を認識する可能性はあったが，現実には，その認識を欠いて行為したばあいとでは，行為者の心情自体がまったく異なるので，それに向けられる責任非難の程度も当然に異なるべきであるという批判がある。

　たしかに，心情的な相違は存在するが，その違いは，定型的に違法である事実を認識しているばあいとそれを認識していないばあいとの間に存在する心情的な相違に比べると，やはり量的なものにすぎない。およそ犯罪となり得ない事実を認識して行為する者にとっては，そもそも刑法上問題となるべき事態はその心理には存在しない。いいかえると，明らかに適法である行為をおこなおうとする者と違法となり得る事実を認識してそれを実現する者とでは，その心情は決定的に異なるので，「質的相違」が存在することになる。

　これに対して，違法性の認識のばあいは事情が違う。すなわち，行為が違法であることを知りながら違法行為を決意するばあいも，違法性を認識しようと思えば認識できるのにそれをしなかったときも，その行為者に対する責任非難は基礎づけられ得る。両者は，責任非難を基礎づける点では，質的に同じである。価値秩序を侵害しようとする心情において差異は存在しない。前にも述べたとおり，違法性の認識があるばあいには，直接的な反規範的態度，つまり「法敵対性」がきわめて強度であるが，違法性の認識の可能性があるにとどまるばあいは，間接的な反規範的態度，つまり「法に対する無関心」がみとめられ，法敵対性の程度が低いのである。したがって，故意責任と過失責任の「程度の差」は，責任説の見地からも合理的に説明できるのである。

4　期待可能性

(1) 意　義

　期待可能性は，期待可能性の理論によって基礎づけられ，責任の重要な要素をなすものである。期待可能性の理論とは，適法な行為をするように意思決定することが期待できない状況があったばあいには，その行為者に対して責任を問い得ないとする見解をいう。すなわち，行為時の具体的事情のもと

において，行為者に対して適法行為に出ることが期待可能なばあいにのみ，その行為者に責任非難を課し得ると解する理論なのである。この理論は，従来，支配的であった心理的責任論を克服して「規範的責任論」を基礎づけた点で，学説史上，きわめて重要な意義を有する。すなわち，心理的責任論においては，故意・過失が責任条件と解され，故意・過失があれば責任があるとされるにとどまり，責任の実質はほとんど解明されないままであった。責任の実質が「非難可能性」という規範的要素から成ることを明らかにしたのは，まさしく期待可能性の理論にほかならない。適法行為の期待可能性があるからこそ，その行為者に対する非難可能性が基礎づけられることになる。ここにおいて，規範的責任論が理論的に根拠づけられたのであった。

　ドイツにおいて，20世紀初頭にフランクの論文を起点にフロイデンタール，シュミット，メッガーなどの有力な刑法学者によって確立されたこの理論も，ナチス時代には，刑法を軟骨化するものであるとして激しく攻撃された。にもかかわらず，期待可能性の理論は，学説上，強く支持されてきた。わが国においても，この理論は，学説上，承認されており，後にみるように，この理論の機能については理解が分かれているが，理論それ自体を否定する論者はいない。

⑵　判例の立場

　下級審判例には，期待不可能性による責任阻却を是認するものもあるが，最高裁の判例は正面からこれを承認しているとはいえない。最高裁判例は，期待可能性の理論を直接，肯定も否定もしていないとみるべきであろう。たしかに，期待可能性の欠如を理由にして無罪を言い渡した下級審判決が最高裁判所で破棄されたケースは少なくないが，しかし，下級審で期待可能性がないことを理由に無罪とした事件について，可罰的違法性の欠如を論拠に無罪判決を維持したり（最判昭31・12・11刑集10巻12号1605頁），失業保険料不納付に問われた事件においても，第2審が，工場長について期待可能性なしとして無罪としたのに対して，納付義務そのものがないとして構成要件該当性を否定して，無罪判決を維持しながら期待可能性論の採否については判断を

避けたりしているのである（最判昭33・7・10刑集12巻11号2471頁）。

(3) 期待可能性の理論の実践的役割

可罰的違法性の理論や起訴便宜主義の適切な運用により，期待可能性の理論の実践的役割は，相対的に低下してきているが，しかし，これが具体的に妥当な結論をもたらす機能の重要性は失われていない。すなわち，形式的に苛酷な責任追及をするのではなくて，行為状況を考慮に入れたうえで，実質的観点から責任阻却の可能性をみとめることによって，具体的に妥当な結論が得られることになる。

(4) 期待可能性の体系上の位置づけ

期待可能性が存在しない状況下においてなされた行為について，刑罰が科せられないとする点で学説は一致しているが，それを理論的にいかに説明するか，という点に関しては対立がある。いいかえると，期待可能性または期待不可能性の問題を犯罪論体系上，どこに位置づけるか，については見解が分かれている。

(i) 責任阻却事由説（通説）

通説は，期待可能性がないこと（期待不可能性）を超法規的な責任阻却事由と解している。通説がこのように解するのは，「期待可能性を責任の要素と解するときは，期待可能性の存在しないばあい，すなわち，適法行為が期待不可能なばあいには，責任が阻却されることは当然である」といえるからにほかならない。

(ii) 故意・過失の要素説

期待可能性がないばあい，いいかえると「期待不可能性」が存在するばあいに責任阻却をみとめる点において，学説は一致しているが，その理由づけについては見解が分かれる。期待可能性を故意・過失の要素と解する説は，次のように主張する。すなわち，故意犯について，行為者が犯罪事実を表象

しかつ認容して行為をしたというだけでは，まだ行為者の人格態度を十分に評価できず，行為者に対する非難可能性の判断をするためには，端的な人格態度ではなく，具体的な事情を場とする人格態度をみる必要があるとされる。そして，犯罪事実の表象・認容や違法性の認識があっても，具体的な事情のもとにおいてその行為をすることがまったく無理もないばあい，つまり，その行為をしないことが期待され得ないであれば，もはや行為者に非難を加えることはできないので，期待可能性は故意の成立要件であるとされるのである。

(iii) 通説の妥当性

　通説は，期待可能性の不存在を責任阻却事由であると解する。すなわち，期待可能性が存在しないこと（「期待不可能性」）を責任の例外的要素と解するのである。この説によれば，責任能力と違法性の認識が存在するばあいには，行為者に適法行為に出ることを期待できるから違法行為に出たことを非難できる一応の推定がなされるが（原則型），しかし，適法行為の期待可能性がないばあいには（例外型），その行為者に責任非難を加えることはできないことになる。このようにして，期待可能性の不存在は責任阻却事由であるとされるのである。期待不可能性は，あくまでも例外的な事態において問題とされるものであり，責任判断における「原則−例外」の類型的構造に適合するし，思考経済上も訴訟手続き上も有益であるので，この説が妥当であると解する。

(5) 期待可能性の有無の判断基準

　期待可能性の有無の判断の標準ないし基準について，学説は次のように分かれている。

(ｉ) 行為者基準説

　この説は，行為の際に行為者自身の具体的事情を基準とする。この説によれば，刑法における責任は，構成要件に該当する違法な行為をおこなったことについて行為者に加えられる人格的非難であるので，行為者個人の立場か

140 第7章 有責性（責任）

ら考えられるべきであるから，期待可能性の判断基準は行為者であるとされる。行為基準説に対しては，次のような批判がある。いかなる人間もその具体的な行為状況においては，行為の外部的事情によって必然的に条件づけられているため，他の適法行為に出る可能性，すなわち期待可能性がないということになってしまう。したがって，「すべてを理解することはすべてを許すこと」になって，責任追及が不可能とならざるを得ないと批判されるのである。

(ii) 国家基準説

　この説は，行為者に適法行為を期待する国家ないし法秩序を基準とすべきであるとする。すなわち，期待可能性は，期待する者（国家）と期待される者（個人）との間における現実の情況下の緊張関係として把握すべきであり，個人の現実的能力を基準とするものではないとされる。国家基準説に対しては，期待可能性の根本的な思想は，人間性の弱さに対して法的救済を与えようとするものであるのに，この説はこの思想に反するとの批判がある。また，この説は，法律上いかなるばあいに期待可能性がみとめられるか，を論ずるにあたって，ただ法秩序がこれを期待するばあいであるとするものであり，「問いに答えるに問いをもってする」循環論であると批判されている。

(iii) 平均人基準説

　この説は，行為者がおかれた具体的事情の下で，平均人（通常人）にとって適法な行為が期待できたかどうか，を基準にする。この説が通説である。この説によれば，期待可能性の判断は，行為者がおかれた具体的事情の下で，行為者の代わりに通常の理性をそなえた人（英雄でも臆病者でもない平均人）におきかえ，その者に，適法な態度決定を期待できるかどうか，により決すべきであるとされる。平均人基準説に対しては，次のような批判がある。すなわち，責任非難は，行為者にとって可能なことを限界としなければならないので，平均人には期待が可能でも行為者に期待が不可能なときは非難ができないことになる。また，平均人という観念が不明確であるので，これを前提と

4 期待可能性 141

するかぎり，期待可能性の有無の判断が曖昧なものとなる。さらに，責任能力の観念が，すでに平均人の観念を基礎として構成されているので，期待可能性の標準として平均人の観念を用いるのは，屋上屋を架するものであると批判されている。

(iv) 平均人基準説の妥当性

　平均人基準説に対する上記のような批判に対しては，次のように反論することができる。すなわち，平均人は責任判断の法的基準の要素であって，これによって責任非難がなされるのは行為者であり，したがって，平均人を基準とすることは，行為者以外の他人について責任をみとめるものではないし，また，平均人概念が不明確であるとする批判は社会学的型概念としての平均人には妥当しないのである。法は，平均人に要求される準則の違背を有責的として非難するのであるから，平均人基準説が妥当である。

　平均人基準説は，行為者が行為した際の具体的な諸事情（外部的・客観的事情だけでなく，行為者の精神的・肉体的状況などの主観的事情をも含む）を検討し，そのような事情の下で平均人ならばどのように行為したであろうか，を期待可能性の判断の基準とするものであり，その判断にあたっては，期待する側の期待の強弱も考慮に入れられている。

(6) 期待可能性の錯誤

　期待可能性を失わせる事情がないにもかかわらず，その存在を誤認したばあいを期待可能性の錯誤という。この錯誤の取扱いをめぐって，学説は，次のように分かれている。すなわち，行為者の主観的な精神状態は期待可能性がないばあいとまったく同じであるから，錯誤が不可避であったときにかぎり，期待可能性の欠如に基づく責任の阻却をみとめるべきであるとする。その際，故意説は責任故意の阻却を，責任説は責任そのものの阻却をそれぞれみとめることになる。

第8章　未遂犯

1 未遂犯の意義

⑴　実行の着手

　刑法は,「犯罪の実行に着手しこれを遂げなかった」ばあいを未遂犯として処罰している (43条)。実行の着手前の準備行為を「予備」という。したがって,「実行の着手」は,未遂と予備とを限界づける概念である。「実行の着手」とは,犯罪を開始することをいい,何らかの意味で結果発生の危険をもたらす行為を開始することを意味する。

　刑法上,既遂犯処罰が原則であり,未遂犯は「各本条で」処罰する旨が定められているばあいに例外的に処罰される (44条)。予備は,原則として不可罰であり,きわめて例外的に処罰されるにとどまる。そうすると,実行の着手があるとみとめられるか否かは,可罰性の存否に直結するばあいがあるので,実際上,重要な意義を有する。

　実行の着手をどの時点でみとめるべきかは,未遂犯の処罰根拠にかかわり,違法性の本質をいかに解するか,という根本問題に遡って考察する必要がある。したがって,これは,理論上も,きわめて重要な問題である。

　実行の着手の問題は,さらに別の側面を有している。すなわち,不能犯論において具体的危険説をとったばあい,それは未遂と不能犯を分けるメルクマールともなるのである。なぜならば,未遂犯が結果発生の「具体的な危険性」を有する行為であるのに対して,不能犯は,その危険性のない行為を意味するからである。いいかえると,未遂犯が,当該行為事情の下で当該行為から結果発生が具体的にあり得たか否か,を判断するものであるのに対して,不能犯は,一般人の見地をも考慮して「想定された行為事情」の下で結

144 第8章 未遂犯

果発生があり得たか否か，を判断するものである。この点に関して，「結果発生の具体的可能性」を問題にする点で，両者は共通性を有しているのであり，そこに可罰的な未遂犯と不可罰的な不能犯との限界づけが存在することになる。

(2) 実行の着手に関する学説の状況

(i) 総 説

　前述のとおり，実行の着手は，未遂犯の処罰根拠にかかわる重要問題の1つである。未遂犯の処罰根拠に関して，人的不法論と物的不法論（客観的違法性説）は，まったく異なる理解を示す。したがって，実行の着手の問題を考えるにあたって，人的不法・物的不法または行為無価値・結果無価値の観点が重要な意味を有する。現在，実行の着手については，人的不法論・物的不法論の見地からどのように解されるべきか，が新たな焦点となっているといえる。その意味において，実行の着手の問題は，違法性の本質論の一環である。

　実行の着手時期をめぐって，かつて主観説と客観説とが対立した。すなわち，主観主義刑法学の立場から主観説が，客観主義刑法学の立場から客観説がそれぞれ主張されたので，その対立は，きわめて厳しかったのである。しかし，主観主義と客観主義の対立が解消し，現時点では，客観主義の内部における対立に転化しているので，主観説は意味を失っている。しかし，それは，学説史上の意義を有しており，それとの対比において，客観説の意義がより深く理解できることになる。

(ii) 主観説

　この説は，根本的には未遂犯において「行為者の危険性」を処罰しようと考える。この見地においては，行為者の危険性がみとめられれば未遂犯としての当罰性があることになり，行為者の危険性を徴表するものは故意にほかならないので，故意の存在が確定的に認定できる時点を，実行の着手時期と解する。このように，法益侵害の具体的危険の観点をまったく排除して，たんに行為者の危険性が確定的にみられる時点に実行の着手をみとめると，未

遂犯処罰の範囲が余りにも広がりすぎることになる。現在，主観説が支持されないのは，この点が憂慮されているからにほかならない。

(iii) 客観説

この説は，未遂犯処罰に関して，行為がもたらす「法益侵害の危険性」を重視する立場である。すなわち，主観説が「行為者」の危険性を問題とするのに対して，客観説は，「行為」の危険性を問題にしているのである。このような行為の有する危険性に関して，客観説は，何をもって結果発生の危険性があると解するか，をめぐって，さらに「形式的客観説」と「実質的客観説」とに分かれる。

(a) 形式的客観説

この説は，構成要件を基準にして法益侵害の危険性を形式的に把握するもので，構成要件の一部の実現があった時点，または全体としてみて定型的に構成要件の内容をなすと解される行為があった時点で，実行の着手をみとめる。構成要件該当行為を，法文の文理の側面から，生活用語例に基づいて解釈するとしても，この見地から犯罪の概念要素に属するとされる行為の範囲はあまりにも狭く，実行の着手を非常に遅い時期にみとめることになり，不当である。そこで，構成要件的行為そのものでは狭すぎるとして，「構成要件該当行為と直接関連あるため自然的観察のもとにその一部として理解されるべき行為」とか，「構成要件の全部または一部の事実またはそれに密接した事実を実現すること」とかの修正をほどこして，形式的客観説を出発点にしつつ，ある程度の実質化をめざす見解も主張される。しかし，それは妥当でない。なぜならば，それは，形式的な把握を前提としながら，かえってこれを否定する結論をみとめざるを得ないからである。この点はおくとしても，この説は，「密接する行為」の限界をさらに示さなければならず，また，予備行為と実行行為との区別を曖昧にしてしまうので，妥当でないとされるのである。

(b) 実質的客観説

この説は，実行の着手をもって「結果発生の現実的危険」を惹起する行動

146 第8章 未遂犯

をおこなうと解する立場で，法益侵害の危険性を実質的，現実的に把握する。実質的客観説は，「現実的危険性」の有無を判断するにあたって行為者の主観をどの範囲まで取り込んで考慮に入れるか，をめぐって，①行為者の意図・計画および性格の危険性を併せ考慮すべきであるとする説，②故意または過失のみを考慮すべきであるとする説，③主観的要素はまったく考慮すべきでないとする説とに分かれている。この説に対しては，行為者の主観面を考慮に入れるならば，もはや客観説とはいえないし，逆にこれを考慮に入れないならば実質的危険の存否は判定できないとの批判がある。

(iv) 折衷説

この説は，行為者の主観面と行為の法益侵害の危険性という客観面とを総合的に判断して実行の着手時期を定める立場である。これは，主観面と客観面の何れに重点をおくかによって「主観的客観説」と「個別的客観説」とに分かれる。

主観的客観説は，主観的見地から，行為者の「全体的企図」を基礎として当該構成要件の保護客体に対して直接危殆化に至る行為の中に犯罪的意思が明確に表現された時に，実行の着手があるとする。これに対して個別的客観説は，「客観的見地」から，行為者の犯罪の計画によれば直接的に犯罪の構成要件の実現を開始する時に，実行の着手があるとする。

折衷説によれば，行為者の所為計画によれば当該構成要件の保護客体に対する具体的危険が直接的に切迫した時に，実行の着手が肯定される。その判断にあたって主観面を考慮に入れる理由は，次のように説明される。すなわち，単純な作為犯のばあいであっても，たとえば，相手方が胸元に銃を構え，引金に指をかける行為は，行為者に殺意があれば，殺人罪の実行の着手がみとめられ，殺人未遂罪が成立する。しかし，単なる冗談であれば，殺人罪とはならない。このように，危険性の認定は，元来，客観的状況を基準にしてなすべきものであるが，危険が切迫したような客観的状況があっても，行為者が犯意をもたないことが被害者または第3者に明らかであれば，実行の着手はないとすべきであり，この結論は，実行の着手の認定のためには行為者

の主観面をどうしても考慮せざるを得ないことを意味するとされる。

　折衷説に対しては，行為者の「全体的企図」・「犯罪の計画」という主観的要素を基礎にして行為の危険性を判断する点に，批判が加えられる。すなわち，実行の着手時期が現実には多くのばあい，立証できない行為者の全体的所為計画という主観的・内面的要素を基礎にして定められるため，実用に堪え得ないとされるのである。

(v)　現実的危険と行為者の主観

　「現実的危険」・「具体的危険」は，行為者の主観をまったく排除して判断することができるのであろうか。結果発生の危険性を，客観的事実を基礎にして判断するばあい，たんに客観的・外形的・物理的側面だけをいかに詳細に認識し得たとしても，それだけでは，いかなる結果の発生の危険性を確定できるかは，明らかではない。行為者の主観をも考慮に入れてはじめて，具体的内容を有する「結果」の発生の危険性の有無が判定できるのである。

　たとえば，AがBにピストルを突きつけているばあい，Aの主観を考慮に入れなければ，危険性は具体的に判定できない。Aに殺意があれば殺人の実行の着手があり，たんに冗談であれば殺人の実行の着手はみとめられず，（ピストル所持の点を除けば）まったく違法行為は存在しないことになる。さらにいえば，殺人の実行行為なのか，傷害の実行行為なのか，あるいは脅迫の実行行為なのかは，行為者の主観をあわせ考えなければ判別できないし，ピストルを射ったが当たらなかったばあいでも，殺人未遂なのか，論理的には「傷害未遂」に相当する暴行なのかは，行為者の主観を考慮に入れなければ，判別できないのである。それだけでなく，殺人の故意があれば，行為者の行為は，その殺害の達成に適するように規整されることになる。主観的違法要素の理論において，未遂の故意が主観的違法要素であるとされるのは，まさに故意を考慮に入れてはじめて行為の客観的危険性が判断され得ることを意味する。

　このようにして，現実的危険性の判断資料として故意（または過失）を考慮に入れるべきことは明らかとなったが，さらに問題となるのは，故意または

148 第8章 未遂犯

過失以外の主観的要素を考慮に入れるべきかどうか，である。この点について，本書は，行為者の犯罪計画が現実的危険性に影響を与えることを否定できない以上，これをも考慮に入れるべきであるとする折衷説（個別的客観説）の立場を支持する。たしかに，通常は，故意の有無によって結果発生の危険が判断され得ることが多いといえる。しかし，それだけでは十分でないばあいも存在する。たとえば，Aがスリの意思（窃盗の故意）をもってBの着衣のポケットに外側から触れるという行為をおこなったばあいであっても，被害者を特定したうえで財布の位置を確認する意図でおこなったときと，被害者を物色する過程でいわゆる「あたり行為」をおこなったときとでは，決定的に異なる。すなわち，前者は未遂であり，後者は予備であって不可罰である。このように結論が異なるのは，故意のほかに計画の内容に差があるからである。したがって，両者を区別するためには，実行計画の内容にまで立ち入る必要があるのである。

(3) 判例の立場

　窃盗罪の実行の着手に関して，従来，判例は「密接行為」説の立場をとっていた。すなわち，大審院の判例は，窃盗罪につき「窃盗の目的を以て家宅に侵入し他人の財物に対する事実上の支配を犯すに付密接なる行為を為したるときは窃盗罪に著手したるものと謂ふを得べし」と判示し（大判昭9・10・19刑集13巻1473頁），最高裁の判例は，侵入窃盗のばあい物色行為を始めた時点で実行の着手をみとめ（最判昭23・4・17刑集2巻4号399頁），高裁の判例は，「犯罪構成事実に属する行為及びこれに直接密接する行為がなされたときに犯罪実行の着手がある」と判示したのである（東京高判昭29・12・27高刑集7巻12号1785頁）。しかし，その後，最高裁の判例は，折衷説ないし実質的客観説をとるに至っている。すなわち「店舗内において，所携の懐中電灯により真暗な店内を照らしたところ，電気器具類が積んであることが判つたが，なるべく金を盗りたいので自己の左側に認めた煙草売場の方に行きかけた」時に実行の着手を肯定している（最決昭40・3・9刑集19巻2号69頁）。判例は，もはや「密接行為」説に立つものとはいえないのである（「キャッシュカードすり替え

型窃盗罪」に関して，最決令4・2・14刑集76巻2号101頁は「被告人が被害者に対して印鑑を取りに行かせるなどしてキャッシュカード入りの封筒から注意をそらすための行為をしていないとしても，本件うそが述べられ，被告人が被害者宅付近路上まで赴いた時点では，窃盗罪の実行の着手が既にあったと認められる」とした）。

　さらに最高裁の判例は，不同意性交等罪につき「被告人が同女をダンプカーの運転席に引きずり込もうとした段階においてすでに強姦に至る客観的な危険性が明らかに認められるから，その時点において強姦行為の着手があった」と判示している（最決昭45・7・28刑集24巻7号585頁）。これは，実質的客観説の立場をより鮮明にしたものと解されている。

　ただし，「密接な行為」の視点を一切放棄したわけではない。殺人罪につき，最高裁の判例は「実行犯3名の殺害計画は，クロロホルムを吸引させてAを失神させた上，その失神状態を利用して，Aを港まで運び自動車ごと海中に転落させてでき死させるというものであって，第1行為は第2行為を確実かつ容易に行うために必要不可欠なものであったといえること，第1行為に成功した場合，それ以降の殺害計画を遂行する上で障害となるような特段の事情が存しなかったと認められることや，第1行為と第2行為との間の時間的場所的近接性などに照らすと，第1行為は第2行為に密接な行為であり，実行犯3名が第1行為を開始した時点で既に殺人に至る客観的な危険性が明らかに認められるから，その時点において殺人罪の実行の着手があったものと解するのが相当である」とする（最決平16・3・22刑集58巻3号187頁）。窃盗罪につき，高裁の判例は「窃盗罪における実行の着手は，構成要件該当行為自体の開始時点に限定されず，これに密接な行為であって，既遂に至る客観的危険性が発生した時点に認められると解される」とする（東京高判平22・4・20東高刑61巻1～12号70頁，判タ1371号251頁）。

(4)　特殊な犯罪類型における実行の着手時期

(i)　結合犯

　独立して犯罪となり得る一定の手段を要件とする犯罪類型を結合犯といい，結合犯のばあいは，その手段となる行為を開始した時点で結果発生の現

実的危険が発生するから，その時に実行の着手がみとめられる。たとえば，強盗・不同意性交等罪は，暴行・脅迫を手段とする結合犯であるから，強盗・不同意性交等の故意で暴行または脅迫を開始した時が実行の着手となる。

ⅱ　不作為犯

不作為犯における実行の着手は，作為義務が発生しているにもかかわらず，故意または過失により当該作為に出なかった時にみとめられる。作為義務の発生時期については，真正不作為犯と不真正不作為犯とで別個に考察する必要がある。たとえば，不解散罪（107条），不退去罪（130条後段）などの真正不作為犯のばあいには，作為の要求があった時に作為義務が発生する。これは，作為義務発生前にすでに法益侵害の危険性はある程度存在していたが，行為者の作為があればその危険を回避し得る，という点に，その根拠が求められる。たとえば，不保護罪（218条後段）などのように，作為義務発生の時期が法律に明らかでない真正不作為犯のばあいには，作為義務は，行為者が義務者たる地位についた時，またはとくに義務者の作為がないと法益侵害の危険が生ずる時に，発生する。

不真正不作為犯のばあい，作為義務発生時期の確定は，かなり困難であるが，つぎの2種に分けることができる。第1は，法益侵害の危険がすでに発生しており，行為者の作為があればその危険を回避できるばあいである。たとえば，自分の子供が溺れているのをみた父親や事務所の一部に火がついたのをみた管理者のばあいなどが，これにあたる。このばあいには，作為義務は，行為者が危険の存在を認識した時に発生する。第2は，とくに行為者の作為がないと法益侵害の危険が発生するばあいである。たとえば，乳児に授乳しない母親の事例が，これにあたり，作為義務は，すでに潜在的に発生しており，作為義務の内容たる作為に出なかった時に，作為義務違反が問題になるのである。

ⅲ　間接正犯

間接正犯とは，利用者（正犯者）が他人（被利用者）を道具のように利用して

犯罪を遂行することをいう。間接正犯における実行の着手時期については，①利用者が被利用者を犯罪に誘致する行為を開始した時点とする利用者説，②被利用者が実行行為を開始した時点とする被利用者説，③構成要件的結果発生に至る現実的危険性を惹起した時点とする個別化説が対立している。

必ずしも利用行為の開始が構成要件的結果発生の現実的危険を惹起するわけではないから，利用者の行為が結果発生の現実的危険を惹起した時に実行の着手があると解する③個別化説が妥当である。したがって，間接正犯の態様によって，利用行為の開始時に実行の着手をみとめることもあれば，被利用者の行為の開始時に実行の着手をみとめることもあり得るのであり，一律に利用者または被利用者いずれか一方の行為を基準とすることはできない。

間接正犯の1種として離隔犯がある。離隔犯とは，行為者の行為と構成要件的結果発生との間に，時間的・場所的間隔が存在する犯罪をいう。たとえば，友人を毒殺するために毒入りウィスキーを友人宅に送付するばあいが，これにあたる。このばあいにおいても，実行の着手時期は，結果発生の現実的危険を惹起するに至ったか否か，が基準となるので，発送時，到着時または飲用できる状態に至った時のいずれも実行の着手時期となり得る。たとえば，Aが，Bを毒殺しようとしてBがいつも通る農道に農薬入りジュースを置いたばあい，それによってAのなすべき行為は完全に終了していても，その時に実行の着手をみとめることは困難である。翌朝，他家の子供がこれを飲み死亡したばあいには，当該「ジュースが拾得飲用される直前に普通殺人についての実行の着手」がみとめられることとなる（宇都宮地判昭40・12・9下刑集7巻12号2189頁）。

(ⅳ) **原因において自由な行為**

原因において自由な行為の実行の着手については，①責任能力のある状態における原因行為に求める説，②責任無能力または限定責任能力状態における結果行為に求める説とが対立している。ここにおいても，構成要件的結果発生の現実的危険を惹起したか否か，が基準となるから，結果発生の現実的危険を惹起した時点に実行の着手がみとめられる。

2 中止未遂（中止犯）

(1) 中止未遂（中止犯）の法的性格と成立要件

(i) 中止未遂（中止犯）の意義と問題の所在

中止未遂（中止犯）とは，犯罪の実行に着手して後，自己の意思によって犯罪の遂行を止めたばあいをいう。中止未遂は，刑がつねに減軽または免除される（43条ただし書き）。結果の不発生が行為者の意思に基づかない障害未遂のばあいには，刑は任意的に減軽されるにとどまる（43条本文）。障害未遂においては，客観的に結果が発生しなかったことだけが問題となり，現実に法益侵害があった既遂と比べ，結果無価値の程度が低いので違法性の程度も減少するから，刑の減軽がみとめられる。しかし，このばあいにも，既遂との比較をするのであれば，刑の減軽は必要的でなければならないはずである。そうであるにもかかわらず，任意的減軽とされているのは，危険性の程度または行為遂行の態様による違いを考慮に入れるべきであるとすることによってしか説明がつかない。その点はおくとしても，中止未遂においては，行為者の意思に基づいて結果発生が防止されたことと刑の必要的減免との関係が問題となる。これは，中止未遂の法的性格の捉え方のいかんによって理解が分かれる。中止未遂の法的性格をいかに捉えるかは，古くから争われ，今なお争われている根本問題の1つである。

未遂犯は，構成要件の実現態様の問題ないし実現段階の問題として構成要件該当性の領域に位置づけられる。しかし，構成要件は違法行為が定型化・類型化されたものであるから，未遂犯の処罰根拠の問題は，違法性論の領域で議論されなければならない。違法性論はもっぱら客観的要素を判断の対象とすべきであるとする物的不法論（修正された客観的違法性説）は，中止未遂にとって重要な意味をもつ行為者の「意思の任意性」という「主観的要素」をどのように取り扱うべきか，という難問に直面する。すなわち，これを主観的違法要素とするか，それとも責任要素とするか，について決断を迫られ，その理論的根拠を明らかにしなければならないのである。さらに，それとの

関連において刑の必要的減免を合理的に説明する必要が生ずるので，法的性格的について見解が分かれることなる。

(ii) 中止未遂の法的性格に関する学説の状況

中止未遂の法的性格に関して，学説は，「刑事政策説」，「法律説」および「両者を併用する説」に分かれる。

(a) 刑事政策説

この説は，ドイツにおける通説であるが，わが国では少数説である。これは，いったん成立した未遂犯を中止行為によって消滅させることはできないが，任意に中止したばあいには，そのことに対する褒賞として刑の減免をみとめることが，犯罪の防止という刑事政策の目的に合致するとする見解である。この説によれば，中止未遂の処分を緩和する理由は，刑事政策的見地から，行為者に対して「退却のための黄金の橋」を構築しようとする刑事政策的目的に求められる。

(b) 法律説

刑事政策的考慮だけでは中止未遂の本質を把握できないとして，犯罪の成立要件との関係という観点から中止未遂を理解しようとする見解が法律説である。併用説は，法律説を刑事政策説によって補充するものであるから，法律説の中に問題の核心があることになる。それゆえ，ここで法律説を検討することにする。

(α) **違法性減少説** この説は，未遂犯においては，故意は主観的違法要素であるから，一度故意を生じた後にこれを放棄し，または自ら結果の発生を防止したばあいは，違法性の減少をみとめることができるとする。

(β) **責任減少説** この説は，刑の減免の根拠を責任非難の程度の減少に求める。責任非難の減少をもたらす根拠について，多彩な表現で説明されているが，「法的義務にふたたび合致しようとする意思」という表現が妥当であると解する。

問題は，このような意思をそれぞれの責任論の見地からどのように「評価」するか，という点にある。道義的責任論は，この意思が道義的・倫理的責任

非難を減少させると解し，人格責任論は，これに人格形成責任の動的変化による減少をみとめ，性格的責任論は，これに反社会的危険性の減少を見出すことになる。

（γ）**諸説の検討**　上述のように，見解が分かれているが，これらを検討することにしよう。ドイツ刑法24条などは，中止未遂を不処罰としているが，わが刑法は，刑の必要的減免をみとめているにすぎないので，これだけでは犯罪防止の目的は達せられ難い。刑が減軽されるべきばあいと免除されるべきばあいとを区別する理由は，刑事政策的見地からは説明がつかない。また，犯罪防止の目的を達成するためには，刑の免除または減軽という具体的な特典が事前に行為者に知られていることが要請されるが，現行法上，それは要件とされていない。現行法上，中止行為について刑を免除するか刑を減軽するか，の選択は裁量的・事後的であるから，刑事政策的効果は十分に期待されないので，刑事政策説は妥当でない。

　主観的違法要素としての故意の放棄に基づいて違法性が減少することをみとめるが，それは，故意放棄の限度においてである。中止未遂の法的性格が違法性減少に尽きるとすれば，中止行為について「任意」性を要求する必要はないであろう。なぜならば，任意性があろうがなかろうが，故意の放棄だけで十分に違法性減少を説明できるはずだからである。しかし，法は「自己の意思によ」って中止行為がなされたことを要求しており，この点は違法性とは別個の観点から説明されるべきである。この点について，人的不法論の見地から，任意性は社会的相当性を基礎づけるものであるので，違法性の程度に関わり得ると解する余地はある。しかし，このばあい，任意性は，行為の遂行態様に関して問題になるのではなくて，行為の「決意」に関して，つまり行為の動機に関して問題となることに注意しなければならない。いいかえると，違法性の問題としての「法益侵害」の「態様」ではなくて，責任の問題としての「違法行為の決意」に対する法的非難が，ここで議論されるべきなのである。この観点からいえば，中止未遂に任意性が要求されるのは，任意の中止によって責任の量が減少するからにほかならない。「責任」は倫理的なものではなく，あくまでも「法的」責任であり，その実質は，行為者の

「法敵対性」の中にあると解すべきである。

　責任減少説の中には，中止未遂における任意性を倫理的悔悟と解して，倫理的責任の減少を基礎にして責任減少をみとめる見解もある。しかし，これは，法的責任と倫理的責任を混同するものであって妥当でない。物的不法論の見地から責任減少説を主張することには，それなりの理由があるが，しかし，中止未遂には違法性減少の側面がみとめられるべきであるから，これを全面的に否定する点において，責任減少説は妥当でないといえる。

　「法的責任」としての責任非難は，規範的責任論の見地から決せられるべきであり，その責任の実質をなすのは「法敵対性」であると解すべきである。すなわち，違法行為をおこなった行為者に対して，法的責任としての責任非難が加えられるのは，行為者が倫理的にみて悪いとされたからではなくて，反対動機の形成，つまり適法行為の決意が可能であったにもかかわらず，あえて違法行為を決意してこれをおこなった点において，法規範（法秩序）に敵対しこれを侵害したからなのである。この見地からは，「法的義務にふたたび合致しようとする意思」は，法敵対性を緩和し弱めるものであるから，責任の実質が減少し，したがって，責任が減少することになる。法的責任が倫理的責任ではない以上，中止未遂の要件として倫理的悔悟を要求すべきではない。

　このようにして，違法・責任減少説が妥当であると解する。すなわち，故意を主観的違法要素としてみとめるかぎり，中止行為による違法性減少を肯定すべきであり，また，任意性のある中止行為は，法敵対性を弱めるので，責任減少もみとめられるのである。

(iii)　成立要件

　中止未遂の成立要件は，「自己の意思により」犯罪の遂行を「中止した」ことである。すなわち，「任意性」と「中止行為」の存在が必要とされるのである。

(a)　自己の意思によること（任意性）

　中止行為の任意性をいかに解するか，について，次のように見解が分かれ

156 第8章 未遂犯

ている。

（α） **主観説** この説は，内部的動機が外部的障害の表象によって生じたものでないばあいに任意性があるとする。その際，フランクの公式により，行為者が中止にあたって，「たとえ為し得るとしても，為し遂げることを欲しない」としたばあいに任意性があり，「たとえ欲したとしても，為し遂げることはできない」としたばあいには任意性がないとされる。為し遂げることができたか否かは，行為者を基準にして判定される。

（β） **限定的主観説** この説は，主観的事情を限定的に解し，悔改・慚愧・同情・憐愍などの「広義の後悔」に基づいて中止するばあいに任意性があるとする。

（γ） **客観説** この説は，一般の経験上，意思に対して「強制的影響」を与えない事情が動機となって止めたばあいに任意性があるとする。判例は，この立場をとっていると解される（最判昭24・7・9刑集3巻8号1174頁，最決昭32・9・10刑集11巻9号2202頁）。

（δ） **諸説の検討** 上記の見解は，中止未遂の法的性格をめぐる見解の対立とどのように関連するのか，をみることにしよう。まず，限定的主観説が責任減少説と密接な関連をもっていることは明らかである。なぜならば，責任減少の根拠を道義的非難・倫理的非難の減少に求めるかぎり，広義の後悔を要件とせざるを得ないからである。しかし，法的責任としての責任は，非難可能性を基礎とする規範的責任であるにとどまり，倫理的責任である必要はないので，この説はすべての責任減少説からの論理的帰結とはいえない。

主観説は，違法性減少説と結びつきやすい要素を有する。なぜならば，違法性を減少させる原因となるのは主観的違法要素としての故意の放棄であるので，当の行為者を基準にして故意の放棄とみとめられるかどうか，を考えればよいはずだからである。しかし，責任の減少も当の行為者を基準にすべきであるとすれば，責任減少説とも結びつき得るので，必ずしも違法性減少説からの帰結ともいえないことになる。主観説は，行為者の主観だけで任意性を判断する点に規範論の見地から問題がある。

客観説は，責任減少説と結びつきやすく，その点からも通説的見解となっ

ている。しかし，これとても責任減少説からの論理的帰結と断定することはできず，違法性減少説をとっても，この立場に立つことはできるのである。

このようにみてくると，いかなる観点から違法性減少または責任減少と関連を有するかを実質的に判断しなければならないことになる。実質的観点から考えてみると，事後的な合義務的行動といえるためには，たんに故意を放棄しただけでは足りず，一般的には障害となるような事情があるにもかかわらず，それを押し切って行動する点にこそ，法敵対性の緩和による責任の減少がみとめられるのであるから，ここに責任減少説と客観説の実質的連関を見出すべきであると解される。このようにして，違法・責任減少説の見地から客観説を妥当と解するものである。

(b) 「中止した」の意義

(α) **総　説**　「中止した」とは，中止行為，つまり犯罪の完成を阻止する行為をしたことを意味する。着手未遂のばあいは，実行行為を続行しないという「不作為」があれば足りるが，実行未遂のばあいには，結果の発生を防止すべき「作為」をおこなわなければならない。すなわち，着手未遂においては，実行に着手した時点で実行行為の遂行をそれ以上おこなわなければ，実行行為による結果発生はあり得ないので，不作為でも足りるのである。これに対して実行未遂においては，結果をもたらし得る実行行為が完了しており，そのまま放置すると結果が発生する危険性がきわめて強いので，これを除去するための積極的な作為が要求されることになる。

(β) **中止行為の真摯性**　判例・通説は，さらに，中止行為が結果発生防止のために真剣な努力を払っておこなわれたこと，つまり「真摯性」を要求する（大判昭13・4・19刑集17巻336頁）。いったん違法「行為」を終了してしまっている以上，法的義務にふたたび合致しようとする態度があるといえるためには，真剣に結果発生防止に取り組む必要があると解される。すなわち，真摯な中止行為がなされてはじめて，中止行為者の「法敵対性」が弱まると解されるのである。このようにして，本書は，判例・通説の立場を支持する。真摯性は，倫理的評価とは直接，関係をもたず，結果の不発生を真に意欲して行動したか否か，という観点から判断されることになる。

158 第8章 未遂犯

（γ）　**中止行為と結果不発生との間の因果関係**　真剣な中止行為によって結果発生が防止されたばあいに，中止未遂が成立する。それでは，真摯な中止行為がなされたが，他の原因で結果発生が防止されたばあいは，どうなるのであろうか。これは，中止行為と結果の不発生との間に因果関係が必要か，という問題にほかならない。

　責任減少説は，中止行為それ自体が有する責任非難の減少を積極的に評価するので，そのような中止行為がなされれば足り，因果関係を不要とする結論をみとめるべきであろう。これに対して，違法性減少説は，結果不発生の原因として中止行為をみるので，因果関係を要求すべきことになろう。通説・判例は，因果関係の存在を必要と解している。しかし，違法性・責任減少説の見地からは，因果関係を厳格に解すべきではなく，未遂にとどまるかぎり，なお違法性減少をみとめ，さらに責任減少もあるので，中止未遂規定の適用を肯定してもよいと解される。

（δ）　**結果が発生したばあいの取扱い**　真摯な中止行為がなされたにもかかわらず，結果が発生したばあいに，中止未遂に関する規定の類推適用をみとめるべきであろうか。

　このばあい，責任減少説を徹底すれば，中止未遂に関する規定の類推適用をみとめるべきであろう。というのは，結果発生の有無とは無関係に中止行為による責任減少を肯定することは，論理的には可能であるからである。違法性減少説によれば，結果が発生した以上，違法性の減少はあり得ず，中止未遂を議論する余地はないことになる。通説・判例は，中止未遂は未遂犯に関するものであるから，結果が発生した以上，中止未遂に関する規定の適用はあり得ないと解している。たしかに，結果が発生してしまった以上，違法性減少をみとめにくいであろうが，しかし，主観的違法要素としての故意放棄による行為無価値の減少に基づいて違法性減少を肯定する余地はある。また，ふたたび法的義務に合致しようとした点で法敵対性の微弱化による責任減少もみとめられるのであるから，両者を考慮して刑の減軽の限度で，中止未遂に関する規定の類推適用を肯定してもよいと解される。

（η）　**予備の中止未遂**　予備の段階で任意に実行の着手に出ることを止め

たばあいに，これを中止未遂に関する43条ただし書きの準用ないし類推適用をみとめることができるか，が問題となる。予備罪は，実行の着手前の問題であり，さらに予備行為があればただちに犯罪として成立するので，予備の中止を論ずる余地がなくなり，判例も「予備罪には中止未遂の観念を容れる余地のないものである」と解している（最決昭29・1・20刑集8巻1号41頁）。

　しかし，予備罪は修正された構成要件であるから，その限度で，予備行為についても実行の着手に相当する事態を観念することができる。そうだとすれば，法益侵害の危険が発生した未遂について中止未遂の恩典が与えられる以上，そのような未遂の前段階である予備においては，法益侵害を発生させないようにしたときにはなおさら同様の恩典が与えられるべきであろう。したがって，予備についても中止未遂に関する規定の類推適用をみとめるのが妥当であると解される。

(iv)　共同正犯の中止未遂

　中止未遂に関する規定が，当然に共同正犯に適用され得るのか，適用され得るとしたばあい，まったく修正はいらないのかどうか，が問題となる。共同正犯は，「一部実行の全部責任」がみとめられるところにその本質がある。すなわち，「共同者の誰かが未遂に終わったとしても，他の者が犯罪を完成させれば，全員が既遂の責任を負わなければならない」点に共同正犯の特徴があるわけである。したがって，共同正犯について中止未遂に関する規定の適用をみとめると，「個々人の未遂を考慮せよ」ということを要求することとなって，「共同正犯をみとめる実益」はなくなってしまうとの批判が加えられる。

　たしかに，中止未遂に関する規定と共同正犯の規定（60条）の文言を形式的にみると，上の批判にも一理ある。共同正犯の正犯性の根拠を行為の共同に求める「行為共同説」をとり，さらに違法性の本質論に関しては，行為者の主観を考慮に入れる「人的不法論」をとっている本書の立場においては，個別化をいっそう容易に基礎づけることができることになる。そこで，共同正犯について中止未遂に関する規定の適用をみとめるべきであると解してい

160　第8章　未遂犯

るのである。

　中止未遂に関する規定の適用にあたっては，共同正犯にはその特殊性があるので，その観点からの修正が必要である。すなわち，全員が任意に結果の発生を防止すれば，全員について中止未遂がみとめられることはいうまでもない。共同者の一部が任意に結果の発生を完全に阻止したばあいは，それらの者について中止未遂が成立し，他の者については障害未遂が成立することになる。なぜならば，共同者の一部によって結果発生を阻止された者にとっては，障害によって結果が発生しなかったこととなるので，障害未遂にほかならないからである。

③ 不能犯

(1) 意　義

　不能犯とは，行為者の主観においては犯罪の実行に着手したつもりであったが，現実には結果の発生が不能であるので不可罰とされるばあいをいう。いいかえると，不能犯は，犯罪の実行に着手した外観を有するが，行為の性質上，構成要件の内容を実現する可能性（危険性）がないばあいを意味する。ドイツでは「不能未遂」といわれ可罰的な不能犯もあり得るが，わが国では不能犯とされたものはすべて不可罰である。どういうばあいに，結果発生の危険性があるといえるのか，に関する判断基準をめぐって，見解が対立している。これは不能犯と未遂犯との区別に関連して議論されている。不能犯か未遂犯か，の議論は，「構成要件の実現」に関連するという観点からみれば，構成要件該当性の問題である。しかし，構成要件は，違法行為を定型化したものであり，結果発生の危険（構成要件を実現する危険）は，「法益侵害」の危険にほかならず，その観点からみれば，不能犯と未遂犯の区別は，違法性の問題ということになる。このようにして，「未遂犯」の処罰根拠との関連で不能犯が議論されることになる。

　従来，この点に関しても，客観主義刑法理論と主観主義刑法理論とが厳しく対立したのであった。すなわち，未遂犯の処罰根拠に関して，客観主義は

行為の危険性だけを問題にしたが，主観主義は行為者ないし法秩序の危険性を問題にしたので，不能犯学説は錯綜したのである。

　未遂犯の処罰根拠の問題は，究極的には違法性の本質論にさかのぼって検討されるべきものである。刑法理論において，客観主義と主観主義との対立は，客観主義が通説となり，もはや解消されたとみてよい。現在では，人的不法論と物的不法論（客観的違法性説）とが対立しており，不能犯論もこの対立の観点から再検討がなされている。

(2)　不能犯に関する学説

(i)　絶対不能・相対不能説

　この説は，未遂犯の処罰根拠を行為の法益侵害の危険性に求め，客体および手段に抽象的・客観的危険がなく，およそ結果の発生が不能のばあいを不能犯とし，たまたま結果の発生が不能であるばあいを未遂犯とする。この説によれば，たとえば，死者を生きている人と信じてこれを殺す意思でピストルを発砲したようなばあいが，「客体の絶対不能」である。致死量の毒を与えて人を殺す意思で誤って砂糖を毒と思って与えたようなばあいが「手段の絶対不能」である。これに対して，他人を射殺する意思で，その者が在室中と考えこれに向って発砲したが，たまたま不在であったようなばあいが，「客体の相対不能」である。人を殺す意思でその者に向ってピストルをかまえ引き金を引いたが，たまたま弾丸が不発に終ったようなばあいが，「手段の相対的不能」である。この説の特徴は，行為の具体的事情および行為者の意思内容を抽象化し，かつ事後的に危険の判断をする点にある。

(ii)　具体的危険説

　この説は，「新しい客観説」ともいわれ，未遂犯の処罰根拠を法益侵害の危険性に求め，行為時において，一般人が認識できた事情および行為者がとくに認識していた事情を基礎にして，そのような事情の下で行為がなされたならば，一般人の見地において，結果発生の可能性があるばあいを未遂犯とし，これがないばあいを不能犯とする。この説は，通説であり，行為当時存在し

162 第8章 未遂犯

た具体的事情を基礎に，それを行為者が知っていたものと一般人が知り得たものに限定して，危険判断をおこなう点に，この説の特徴がある。すなわち，絶対不能・相対不能説が，危険判断を「事後的に」おこなうのに対して，この説は，これを「事前的に」おこなうのである。

(iii) 判 例

判例は，「犯罪行為の性質上結果発生の危険を絶対に不能ならしめるもの」を不能犯と解しており（最判昭25・8・31刑集4巻9号1593頁），大審院の判例以来（大判明44・10・12刑録17輯1672頁），絶対不能・相対不能説をとっていると解されている。下級審の判例には，明らかに具体的危険説の立場に立ったものがある。すなわち，拳銃で射殺された被害者Aを生きていると信じ，とどめをさすつもりでこれを日本刀で突き刺したという事案につき，「単に被告人Xが加害当時被害者の生存を信じていたという丈けでなく，一般人も亦当時その死亡を知り得なかつた」という事情，一般人も，「被告人Xの前記のような加害行為によりAが死亡するであろうとの危険を感ずるであろうことはいずれも極めて当然」であるので，「行為の性質上結果発生の危険がないとは云えない」として，未遂犯の成立をみとめている（広島高判昭36・7・10高刑集14巻5号310頁）。

なお，判例上，客体の不能がみとめられたものとして，胎児がすでに死亡しているばあいには堕胎罪の対象にならないとしたケース（大判昭2・6・17刑集6巻208頁），方法の不能がみとめられるものとして，硫黄で人を殺害しようとしたケース（大判大6・9・10刑録23輯999頁），永い間地中に埋没していたため雷管と導火線の結合が悪く，質的な変化を起こしていた手りゅう弾を投げつけたケース（東京高判昭29・6・16東高刑5巻6号236頁），覚醒剤の主原料が真正の原料でなかったために覚醒剤を製造することができなかったケース（東京高判昭37・4・24高刑集15巻4号210頁）などがある。

(iv) 諸説の検討と本書の立場

絶対不能・相対不能説は，なされた行為を事後的に観察し，行為者の主観

をまったく排除して，もっぱら行為の客体または手段の性質だけから結果発生の可能性を判定しようとする。この説は，何が絶対的か相対的かは基準の立て方によって動揺し不明確であると批判され，具体的危険説が通説となるに及んで，一般に否定された。ところが，物的不法論（客観的違法性説）を徹底する立場から，この説は再評価されている。すなわち，結果無価値論の観点から，行為者の主観を除外して事後的判断を加えたうえで，科学法則からみて法益侵害が危険のない行為は処罰すべきでないとする点が，改めて重要視されているわけである。

人的不法論と物的不法論における違法性判断の構造という観点，とくに判断の基準時という観点からみると，具体的危険説は，行為時に行為者がとくに認識していた事情および一般人ならば認識できたであろう事情を危険の判断基底とし，客観的危険説は，裁判時までに判明したすべての客観的事実だけを基礎にして危険性判断をおこなうのである。

一般人を名宛人とする「行為規範」として刑法を捉える立場においては，一般人の見地および行為時の事情がきわめて重要な意味をもち，結果の違法性も行為時の事情を基礎にして判断されるべきであることになる。すなわち，発生した結果の客観的な帰責は，行為時において行為者が認識した事情および一般人が認識できた事情を基礎として判定されるべきなのである。したがって，客観的危険説は，刑法の「行為規範性」をまったく無視する点において，妥当でない。そうすると，人的不法論の立場からは，具体的危険説に合理性があり，支持されるべきことになる。

ここでいう「危険」は，法益侵害の危険にほかならない。法益侵害の危険とは，法益を現実に侵害する可能性ないし蓋然性である。それは，事実判断であって法律的な価値判断ではないが，純粋に物理的な可能性ないし蓋然性そのものではなく，一般人の見地から判断される法益侵害の可能性ないし蓋然性である。それは，純然たる物理的可能性・蓋然性ではないという意味において，「規範的判断」である。規範的判断を純化すると行為の危険性判断が当然に行為者の危険性判断に到達する，という関係はみとめられない。なぜならば，行為の危険・行為者の危険は，「危険判断の対象」の問題であり，今

ここで議論しているのは「危険判断の基準」の問題であって，両者は次元を異にしているからである。行為者の危険性は，規範的判断に由来するものではないので，危険判断の性質を上述した意味における規範的判断と解しても，「行為」の危険性を重視する具体的危険説の立場と矛盾しないのである。

第9章 共 犯

1 共犯の基本概念

(1) 共犯の意義と種類

共犯とは，最も広い意味では，2人以上の行為者が，共同して犯罪を実現するばあいをいう（「最広義の共犯」）。これには，任意的共犯と必要的共犯とがある。任意的共犯とは，法律上，単独犯として予定されている犯罪を，2人以上の行為者が共同しておこなうばあいをいい，刑法総則第11章に規定されている共同正犯（60条），教唆犯（61条）および幇助犯（従犯）（62条・63条）がこれにあたる。教唆犯および幇助犯を「狭義の共犯」または加担犯といい，これに共同正犯を併せて「広義の共犯」という。共同正犯は，単独犯および同時犯とともに，正犯の1種であり，狭義の共犯に対立する概念である。それゆえ，（共同）正犯と（狭義の）共犯の区別が理論的に重要な問題となる。

(2) 正犯と共犯の区別

(i) 意 義

わが刑法は，条文上，明らかに正犯と狭義の共犯とを区別している。諸外国の立法例においても，正犯と狭義の共犯との区別をみとめる立場が一般的である。これに対して，犯罪の成立に条件を与えた者をすべて正犯者として，教唆犯・従犯との区別を重視しない「統一的正犯」概念ないし「包括的正犯」概念による立法例もある。

統一的正犯概念をみとめない立法主義の下においては，正犯と狭義の共犯の区別の基準は，きわめて重要な意味を有する。この点について，①主観説と客観説，②拡張的正犯概念と制限的正犯概念，③行為支配説，④実行行為

166　第9章　共　犯

性説（形式説）などが主張されている。

(ii)　主観説と客観説

主観説は，因果関係論における条件説を基礎として，すべての条件は原因として等価的であるから，正犯と共犯を因果関係の見地から区別することは不可能であるとし，正犯の意思 (animus auctoris) で行為をおこなう者を正犯，他人の行為に加担する意思 (animus socii) で行為をおこなう者を共犯であると解する。客観説は，因果関係論における原因説を基礎として，結果に対して原因を与えた者を正犯，たんに条件を与えたにすぎない者を共犯であると解する。主観説と客観説は，両説の基礎となっている条件説および原因説が不当なものである以上，妥当な基準を提供するものとはいえない。

(iii)　拡張的正犯概念と制限的正犯概念

拡張的正犯概念とは，構成要件的結果の発生に何らかの条件を与えた者はすべて正犯であるとする見解をいう。この見解によれば，その行為者の態度が単独で構成要件的結果を実現したのか，それとも他人の行為を介してそれを実現したのかは，問題でないとされる。したがって，正犯と共犯との間には，元来，区別はないのであり，ただ法律がその一部について特別な取扱いを規定しているばあいにのみ，共犯がみとめられることになる。すなわち，教唆行為・幇助行為をおこなった者も正犯であるが，法律はこれをとくに教唆犯・幇助犯として規定しているので，共犯規定は「刑罰縮小事由」であるとされる。これは，因果関係論における条件説（等価説）の立場に立つ正犯論である。

これに対して制限的（限縮的）正犯概念は，正犯の概念を制限的に解し，構成要件該当の行為をみずからおこなう者が正犯であるとする見解である。この見解によれば，正犯とみとめられるためには，その者の行為が，それ自体で構成要件該当行為とみられ得ることが必要である。したがって，他人をそそのかして犯罪を犯させたり（教唆犯），または他人の犯罪行為を援助したり（従犯）する行為は，構成要件的結果をみずから実現するものではないから，

正犯たり得ないことになる。制限的正犯概念によれば，正犯と狭義の共犯は，行為類型として根本的に異なるものであるとされる。

制限的正犯概念も，拡張的正犯概念と同様に，主として「間接正犯の理論的処理」のために主張されたものであり，「構成要件的正犯概念」は「本来の正犯概念」であって，制限的に解されるべきではない。固有の正犯概念は間接正犯をも含み得るから，拡張的正犯概念も制限的正犯概念も妥当でない。

(iv) 行為支配説

行為支配説とは，構成要件を実現する意思をもって，その実現のために因果関係を目的的に支配・統制することを行為支配とし，行為支配の有無によって正犯と共犯を区別する説をいう。行為支配説は，目的的行為論を基礎にして，「行為支配」を有する者を正犯と解している。すなわち，正犯は，行為の遂行とその経過とをみずから支配する者であり，共犯とは，正犯の行為支配に従属する者であるとされるのである。行為支配説に対しては，次のような批判がある。すなわち，行為支配という観念は，もともと責任の有無判定の基準として提案されたものであり，あまりに漠然としているためほとんど問題とされなかった観念の焼き直しにすぎず，それが責任よりはるかに細かい解釈問題である正犯と共犯の区別に関する基準としては役に立たないと批判されているのである。

(v) 実行行為性説 (形式説)

実行行為性説 (形式説) とは，基本的構成要件に該当する行為，つまり実行行為をおこなう者を正犯，修正された構成要件に該当する行為，つまり教唆行為および幇助行為によって正犯に加功する者を共犯と解する説をいう。この説は，構成要件論の立場から「基本的構成要件」に該当する行為の実行を正犯のメルクマールとする立場である。この見解によれば，正犯と共犯は「実行行為」の有無という「形式的」基準によって区別されるが，正犯と共犯の「実質的」差異は，次の点にある。すなわち，正犯は，当該犯罪を実現したことについて，第1次的な責任を負担すべき者であり，共犯は，正犯を通して

168　第9章　共　犯

その犯罪の実現に加わったことによって，第2次的な責任を課せられるべき者である。いいかえると，正犯は，みずから直接的にその犯罪を実現したか（直接正犯），または，これと法的に同視し得る形態で，他人を道具として利用することによってその犯罪を実現した（間接正犯）ことを要するのに対して，共犯は，そのような正犯を，教唆または幇助することによって，その犯罪の実現に関与した者とされるのである。

　本書は，構成要件的有意行為論・相当因果関係説の立場に立っているので，目的的行為論や条件説・原因説を前提とする諸説を支持することはできない。構成要件論を堅持しつつ，正犯と共犯を「構成要件の実現態様」と解しているので，実行行為性説（形式説）を支持することになる。

⑹　間接正犯と教唆犯の相違

　教唆犯に似ているが，なお正犯とされるものに「間接正犯」がある。間接正犯は，他人を犯罪実現のために利用する点において，共犯と同じであるが，共犯の要件である行為者相互間の意思の疎通（意思の連絡）が欠けている点において共犯と異なる。むしろ間接正犯は，他人を一方的に利用するという点において，あたかも道具を使用する直接正犯と同じ性質を有するものと解されるのである。

⑶　犯罪共同説と行為共同説

　共犯論は，数人の者が協力して犯罪を遂行する社会心理学的現象に対して，刑法上いかに規制すべきか，を問題とし，この社会心理学的現象の中核として何を捉えるのか，をめぐって，犯罪共同説と行為共同説とが対立している。犯罪共同説は，「特定の犯罪」を数人の者が共同して実現する現象として共犯を把握する。これに対して行為共同説は，数人の者が行為を共同にして「各自の犯罪」をそれぞれおこなう現象として共犯を把握する。すなわち，共犯を犯罪共同説は「数人一罪」と解し，行為共同説は「数人数罪」と解しているとされるのである。観点を変えると，両説の対立は，共犯現象を，共犯者の「集団的な合同行為」とみるか，それとも共犯者相互間の「個別的な

利用関係」とみるか，の争いとして解することができる。

　本書は，行為共同説が妥当であると解している。社会心理学的現象として共犯をみたばあい，そこに集団力学（グループ・ダイナミックス）が存在する。しかし，それは，必ずしもつねに犯罪「団体」的な一心同体として結合しているものではなく，個人の集合体であるにとどまる。すなわち，各人が各自の目的をもち，その目的を実現するために集合力を利用し合っているという集団現象が存在するのである。犯罪を単独では実現できないばあいでも，分業形態・合同力または相互的な精神的強化によって，これを遂行することができる。このような心理学的観点から，共犯の成立と処罰に関する「一部実行の全部責任」の原則が基礎づけられるのである。このような観点からみると，犯罪の共同というばあい，特定の「1個の故意犯」だけを共同することを意味することにはならない。したがって，数個の故意犯はもとより，過失犯についても共同正犯がみとめられ得ることになる。

　行為共同説は，従来，共同正犯において共同すべき「行為」を「前構成要件的」な社会的事実としての行為と理解し，そのような行為の共同で足りるのは，犯罪者の危険性の徴表がみとめられればよいということに求めていたので，主観主義からの帰結と解されてきた。しかし，行為共同説の中核はそこにはないのであり，主観主義とは無関係に基礎づけられ得る。すなわち，行為共同説は，「構成要件の外部的・客観的要素を実現する限度における実行行為」の共同を要求するものなのである。この見地においては，共同の行為は構成要件該当の実行行為であることを必要とするが，各共犯者は自己の犯罪を実現するという観点から，他人の構成要件該当の行為をそれぞれ利用する点に，特徴があることになる。したがって，行為共同説に対して加えられてきた従来の批判，すなわち，「構成要件を離れた行為の共同をみとめるのは構成要件論の見地から不当である」とする批判は，本書の立場にはあたらない。最近では，行為共同説は主観主義だけから導かれるものではないとする認識が一般化している。

170 第9章 共 犯

⑷ 共犯の従属性

狭義の共犯に関して，共犯従属性説と共犯独立性説が対立している。

(i) 共犯従属性説

共犯従属性説とは，狭義の共犯が成立するためには，正犯者が一定の行為をおこなったことを要すると解する説をいう。共犯従属性説は，客観主義刑法理論の立場から主張され，この見解によれば，教唆・幇助行為がなされても，それだけでは犯罪を構成せず，正犯としての被教唆者・被幇助者が犯罪を実行したばあいに初めて，共犯が成立することになる。いいかえると，共犯の犯罪性および可罰性は，正犯の一定の行為に「従属」しているわけである。この見地においては，一定の犯罪に対して直接的ないし重要な地位を有する行為は，独立して犯罪を構成する（「正犯」）が，間接的ないし軽微な関係を有するにすぎない行為は，主たる他の犯罪に従属して犯罪となるにすぎない（「従属犯」・「加担犯」）と解されているのである。

(ii) 共犯独立性説

共犯独立性説とは，狭義の共犯が成立するためには共犯者の固有の行為（教唆行為・幇助行為）があれば足り，被教唆者，被幇助者が犯罪を実行したか否か，を問わないと解する説をいう。共犯独立性説は，主観主義刑法理論の立場から主張され，この見解によれば，教唆行為および幇助行為も正犯行為と同様に，それ自体が行為者の反社会的性格を徴表するものであり，犯罪的結果に対して原因力を有するかぎり，犯罪性と可罰性を有することになる。被教唆者および被幇助者が犯罪を実行したか否かは，共犯の成立にとって重要でなく，その意味において，共犯は正犯から「独立」して成立することとなる。

(iii) 共犯従属性説の妥当性

61条は，「人を教唆して犯罪を実行させた者には，正犯の刑を科する」と規定し，62条は「正犯を幇助した者は，従犯とする」と規定している。これ

は，教唆犯および幇助犯の成立には「正犯の存在」が必要であるとするとともに，正犯と教唆犯・従犯との異質性を明示するものである。いいかえると，刑法典は，共犯従属性の立場をとっているのである。

　理論的観点からは，犯罪を正犯と狭義の共犯とに2分する「二元論的関与体系」をとるばあい，これら2つの犯罪形態をまったく異質なものとして捉える必要がある。さらに，構成要件理論の立場に立つと，「基本的構成要件」に該当する正犯の実行行為と，「修正された構成要件」にあたる教唆行為・幇助行為には，明らかに性格の違いがあり，後者の犯罪性は，通常，前者の犯罪性よりも低く，かつ，前者の実行行為を待ってはじめて可罰性を付与されるものと解すべきことになる。教唆・幇助行為自体は，結果発生に至る現実的危険性に乏しく，正犯の実行行為があってはじめて構成要件的結果発生の現実的危険性が生ずるのであるから，その段階に至った時に共犯行為の可罰性がみとめられるべきである。したがって，理論的にも共犯従属性説が妥当であるといえる。

(5)　従属性の程度

(i)　従属形式

　従属性の程度の問題とは，狭義の共犯が成立し，かつ，可罰性を有するためには，正犯の行為がどの程度に犯罪の要件を具備することを必要とするのか，を意味する。この点に関して，M・E・マイヤーは，次の4つの従属性形式を提示した。すなわち，①正犯がたんに構成要件に該当すれば足りるとする「最小従属形式」，②正犯が構成要件に該当し，かつ，違法であることを要するとする「制限従属形式」，③正犯が構成要件該当性，違法性および責任を具備することを必要とする「極端従属形式」，④正犯が構成要件該当性，違法性および責任のほかに，一定の可罰条件をも具備することを必要とする「誇張従属形式」が提示されたのである。

(ii)　諸説の検討

　最小従属形式を支持する立場もあるが，これは，たんに構成要件に該当す

172 第9章 共 犯

るだけで，違法性を欠く行為に対する共犯をみとめる点において，共犯の罪質を考慮していないうらみがある。誇張従属形式は，正犯の処罰条件や加重減軽事由が共犯に影響を及ぼさないとしている現行刑法の立場（244条2項・257条2項・65条2項参照）と相容れない。

　実質的・理論的観点からの検討が，さらに必要となる。極端従属性説に従うと，たとえば，14歳未満の者を教唆して犯罪を実行させたばあいには，すべて間接正犯が成立することとなって妥当でない。なぜならば，刑事責任年齢に達しない14歳未満の少年であっても，相当程度に規範意識を備え，自分の行為の犯罪的意味を十分に理解している者も存在し得るので，そのような者を利用する行為は，間接正犯ではなくて教唆犯と解すべきであるからにほかならない。したがって，狭義の共犯の成立の要件として正犯者に責任が存在することを必要とすべきではない。本来，責任は，反規範的な意思形成をおこなった行為者に向けられる法的非難であるから，各行為者についてつねに個別的に判断されるべきである。したがって，正犯者の責任に従属して教唆者・従犯者の責任を論ずるのは，合理的とはいえない。

　正当防衛行為，緊急避難行為などのような正犯者の適法行為を利用して犯罪を実現するばあいは，利用者自身に直接的な規範違反がみとめられて間接正犯となる。その意味において，正犯行為は，つねに違法でなければならないのである。したがって，正犯者の違法性を欠く行為に対する教唆犯，従犯はあり得ない。正犯者の行為が，構成要件に該当するものでなければならないことは当然であり，被利用者の構成要件該当性が欠ける行為を利用するのは，間接正犯である。このようにして，教唆犯，従犯の成立の前提として正犯者の行為は，構成要件に該当する違法な行為であれば足り，責任があることは必要でないと解する「制限従属性説」が妥当であることになる。

(iii)　判例の立場

　判例は，従属性の「有無」について，共犯従属性説の立場に立っている。すなわち，判例によれば，「教唆罪は実行正犯に随伴して成立するもの」であり（大判大4・2・16刑録21輯107頁），「教唆犯及び従犯は何れも正犯の行為に加

担するものにして独立したるものに非ず」とされ（大判大12・7・12刑集2巻718頁），「従犯の正犯に対し従属的性質を有するを以て正犯の成立を竢つて始めて成立し得べきものとす。然れども正犯が未だ起訴せられず又確定判決を受けざるも之が為めに正犯に先ち従犯の罪を論ずることを妨げざるを以て此場合に於ては先ず証拠に依りて正犯の事実を確認し而して従犯の事実を判定すべきものとす」とされている（大判大6・7・5刑録23輯787頁）。

　従属性の「程度」に関して，判例は，従来，極端従属形式をとる極端従属性説に立っているものと解されてきた。すなわち，10歳未満の幼児に窃盗をさせた事案において間接正犯の成立をみとめ（大判明37・12・20刑録10輯2415頁），13歳未満の少年に窃盗させた事案において間接正犯の成立をみとめたのである（仙台高判昭27・9・27判特22号178頁）。しかし，最高裁の判例は，「是非善悪の判断能力を有する」刑事未成年者を利用するばあいであっても「間接正犯が成立する」ことがあることをみとめており（最判昭58・9・21刑集37巻7号1070頁），制限従属性説の立場に接近してきているといえる。

② 共犯の処罰根拠

　共犯の処罰根拠に関して，学説は次のように分かれている。

⑴　責任共犯説

　この説は，教唆犯を主眼にして構築された理論で，共犯の処罰根拠を，共犯者が正犯者を堕落させ罪責と刑罰に陥れた点に求める。これは，刑法の任務は社会倫理の保護にあるとし，心情無価値論を基礎にしているとされる。社会的完全性侵害説は，共犯の処罰根拠を，共犯者が正犯者を社会との鋭い対立の中に陥れ，正犯者の社会的完全性を侵害する点に求める。これは，制限従属性説と調和するように修正された責任共犯説であり，この点以外は責任共犯説と同一の帰結に到達する。

(2) 違法共犯説

(i) 行為無価値惹起説

この説は，共犯の処罰根拠を，共犯者が他人（正犯者）の行為無価値を惹起した点に求める。これは，人的不法論に基礎を置いて主張されたものであり，二元的人的不法論の見地から妥当であると解される。

(ii) 純粋惹起説

この説は，共犯の処罰根拠を，共犯者が正犯者の実現した結果を共に惹起した点に求める。これは，刑法の任務を法益の保護に求める法益侵害説を基礎とし，正犯者・共犯者などの関与者によって違法判断が異なり得るという意味での「違法の相対性（個別性）」を肯定する。すなわち，共犯者は正犯者と共に結果を惹起すれば足りると解することになる。

(iii) 修正された惹起説

この説は，違法の相対性を否定し，共犯者は正犯者と共に違法な結果を惹起したので処罰されると解する（ドイツの通説）。これは客観的違法性説を基礎とする。

③ 共犯の特殊類型

(1) 必要的共犯

(i) 必要的共犯の意義と種類

必要的共犯とは，構成要件上，2人以上の行為者の共同行為を必要とする犯罪類型をいう。必要的共犯には「集団犯」と「対向犯」とがある。集団犯は，同一方向に向けられた多数の者の共同行為を類型化したものをいい，その例として内乱罪（77条）・騒乱罪（106条）などが挙げられる。対向犯は，相互に対向関係にある共同行為を類型化したものをいう。これは，①関与者双方が同一の法定刑で処罰されるもの（重婚罪，184条），②関与者が異なる法定刑で処罰されるもの（贈・収賄罪，197条・198条），③関与者双方の対向的行為

のうち一方だけが処罰されるもの（わいせつ物頒布等罪, 175 条）の 3 種類から成る。

(ii) 集団犯と共犯規定の適用の可否

集団犯のばあい，集団内部の者は，その関与形態に従ってそれぞれ処罰されるので，共犯規定を適用する余地はない。問題は，集団の外部から関与する行為について共犯規定が適用され得るか否か，である。

この点につき，集団犯罪ないし群衆犯罪の特質を考察して集団的行動に関与した者を一定の態様と限度で処罰しようとするものである以上，それ以外の態様の関与行為は不可罰とされるべきであるとする説が主張されている。しかし，通説は，集団外の者の関与行為について共犯規定の適用をみとめる。すなわち，刑法は，集団を構成する者を類型化して特別の処罰規定を設けているのであるから，集団を構成する者に対して共犯例を適用できないが，集団外において集団に協力する者に共犯例を適用することは何ら差支えないとされるのである。通説の立場が妥当である。

(iii) 対向犯の処罰

対向犯において，対向的行為のうちの一方だけを処罰する旨の明文規定があるばあい（対向犯の③），他の一方の行為について共犯規定を適用してこれを処罰することができるであろうか。判例・学説は，原則としてこれを否定する。しかし，その根拠については見解が分かれている。

(a) 立法者意思説（形式説）

この説は，対向犯的な性質をもつ X 行為と Y 行為の中うち，法律が X 行為だけを犯罪類型として規定しているばあいには，立法者は，当然に定型的に予想される Y 行為を立法にあたって不問に付したのであるから，Y 行為を罪としない趣旨であるとする。すなわち，対向的行為の定型性を基礎にして，立法者は，一方だけを処罰することによって他方の不可罰を明らかにしたものと解されるわけである。本説が妥当であると解される。

(b) 個別的実質説

この説は、必要的共犯の不可罰性を個別的に実質的観点から根拠づけようとする見解である。この説によれば、必要的共犯が不可罰とされる実質的根拠の第1は、「被害者」としての地位である。すなわち、わいせつ物頒布等罪のばあい、同罪の保護法益は個々人の性的モラルであり、買受け人はその「被害者」にほかならないから、買受け行為は不可罰であるとされる。実質的根拠の第2は、関与者に責任がないことに求められる。たとえば、犯人が自己を蔵匿してくれるように他人に依頼したばあい、他人に期待可能性がないために責任がないからこそ、犯人の行為は不可罰となるとされる（もっとも、通説は、犯人蔵匿罪は必要的共犯ではないと解している）。この説に対しては、法益の捉え方次第で結論が異なるので、被害者の地位の考慮も絶対的なものではない、との批判がある。

(c) 判　例

最高裁の判例は、弁護士法72条違反の非弁活動の教唆に関して、「ある犯罪が成立するについて当然予想され、むしろそのために欠くことができない関与行為について、これを処罰する規定がない以上、これを、関与を受けた側の可罰的な行為の教唆もしくは幇助として処罰することは、原則として、法の意図しないところと解すべきである」と判示している（最判昭43・12・24刑集22巻13号1625頁）。これは、立法者意思説をとるものである。

(2) 共謀共同正犯

(i) 意　義

共謀共同正犯とは、2人以上の者が一定の犯罪を実行することを共謀し、その共謀者中の一部の者が共謀した犯罪の実行に出たばあいに、共謀に参加したすべての者について共同正犯としての罪責がみとめられる共犯形態をいう。共謀共同正犯は、犯罪実行の背後にいて重要な役割を果たしている黒幕的な大物を、「正犯として」厳罰に処するという実践的な目的をもって判例によって確立されてきた観念であり、今なお判例によって堅持されている。しかし、共謀共同正犯は、共謀にとどまっている共謀者に「共同正犯」の成立

をみとめるものであるから，共謀者の「正犯」性を論証しないかぎり，その観念は理論的には是認され得ないことになる。かつて学説の多くはこれを否認したが，しかし，最近ではむしろ肯定説の方が多数説である。そこで，共犯論の観点からどのように正犯性を論拠づけられるべきかが，次の課題となる。

(ii) 共犯論による共謀共同正犯の基礎づけ

共謀共同正犯を理論的に基礎づけるばあい，これを個人主義的原理または集団主義的原理のいずれによるのか，が大きな分岐点となる。目的的行為支配説，間接正犯類似説および意思支配説は前者によって，共同意思主体説は後者によってそれぞれ基礎づけようとする。

(a) 共同意思主体説

この説は，2人以上の異心別体である個人が一定の犯罪を実現するという共同目的で同心一体となって「共同意思主体」を形成し，そのうちの1人がその共同目的を実現するために犯罪を実行すれば，その行為は共同意思主体の活動とみなされ，構成員全員について共犯が成立すると解する。すなわち，個人を超越した共同意思主体が犯罪を遂行するのであるから，この共同意思主体が犯罪の主体である。しかし，刑罰は個々人に科せられるとされる。共同意思主体説は，大審院の草野判事によって提唱され，大審院判例の基礎となった見解である。共同意思主体説がこのように解するのは，「犯罪主体」と「刑罰受忍主体」とを分裂させるものであって，近代刑法の基本原理に反することになる。

(b) 最高裁の練馬事件判決

本判決は，個人責任論を基礎とする新たな共謀共同正犯論を打ち出している（最〔大〕判昭33・5・28刑集12巻8号1718頁）。すなわち，本判決は，「共謀共同正犯が成立するには，二人以上の者が，特定の犯罪を行うため，共同意思の下に一体となつて互に他人の行為を利用し，各自の意思を実行に移すことを内容とする謀議をなし，よつて犯罪を実行した事実が認められなければならない。したがつて右のような関係において共謀に参加した事実が認められ

る以上，直接実行行為に関与しない者でも，他人の行為をいわば自己の手段として犯罪を行つたという意味において，その間刑責の成立に差異を生ずると解すべき理由はない。さればこの関係において実行行為に直接関与したかどうか，その分担または役割のいかんは右共犯の刑責じたいの成立を左右するものではないと解するを相当とする」と判示したのである。「他人の行為をいわば自己の手段として犯罪を行つた」という理由づけは，間接正犯類似の犯罪遂行の態様として共謀共同正犯を根拠づけるものであると解されている。ここに間接正犯類似説の基盤が見出される。

(c) 間接正犯類似説

　間接正犯は，被利用者の行動を，自己が規定した方向に向かって意のままに動かすことによって，その正犯性が根拠づけられる。共同正犯，ことに共謀者の利用行為は，間接正犯が正犯とみとめられるのと同様に，みずから手を下したものと「価値的に同一と評価できる」ばあいに正犯と解され得る。すなわち，そのばあい，共謀者を，他人と合意のうえ共同して相互に利用し合って結果を実現したという意味において，「共同の実行」をした者とみとめることが可能になるとされるのである。

　団体主義的原理は，現行法における共犯現象を説明する原理としては妥当でない。間接正犯類似説は，上述のような団体主義的原理を放棄して，個人主義的原理に依拠して主張されている。そこで，個人主義的原理に基づく共犯理論をみていく必要が生ずる。

　個人主義的原理は，広義の共犯の犯罪現象を個々の行為者の行為に還元したうえで各行為者の共同関係として把握する。すなわち，個性をもった個人が一定の役割を担うことによって犯罪を遂行する共犯は，「分業形態」による犯罪の完成をめざす協力関係と解されるのである。いいかえると，個人主義的原理は，独立の人格をもった行為者が，協同関係を作って犯罪行為を分担して遂行する犯罪現象として共犯を把握しているわけである。

　このように，個人主義的原理に基づいて「一部実行の全部責任」の原則が基礎づけられ得るのである。すなわち，人的結合によって強められた個々人の行為は，それ自体を取り出して形式的にみたばあいに，格別の意味をもた

なくても，それぞれの分業・分担を1つの「合同力」として統一的な観点からみたばあいには，重要な意味を有するのである。したがって，個々人の行為は，その部分だけを切り離して形式的に捉えられるべきではなくて，全体との関連において実質的に評価されるべきなのである。部分は全体との関係において有機的な意味を有し得るので，人的結合に加わった者は，全体の一部を遂行したにすぎないばあいであっても，発生した結果の全体に対して責任を負わなければならない。これは，個人を超越する者の責任を「代位」して負担するものではなくて，あくまでも分業・分担によって統一的に実現された結果に対して負担する「自己責任」なのである。これが，まさしく「一部実行の全部責任」の原則にほかならない。

　上記のような個人主義的原理に基づく共犯理論の観点からは，共謀共同正犯は，次のように解されるべきである。すなわち，共謀共同正犯関係にある個々の構成員の心理内容の中核をなすのは，それぞれ相手の行為を利用することによって，犯罪を容易に，かつ，確実に遂行・実現しようとすることである。いいかえると，共犯者間に存在する「相互的利用関係」こそが，共同正犯の本質をなすものであり，共謀共同正犯にもその存在がみとめられるのである。この利用関係を「全体として」みれば，まさしく犯罪の「分業・分担」にほかならず，共謀者も，それぞれ役割分担をしていることになるので，正犯性がみとめられるのである。このように解することによって，「行為共同説との理論的整合性」も得られる。すなわち，行為を共同するというのは，行為者の心理内容としては，他人の行為を「相互的に利用」することとなるのである。このような相互的利用関係は，各構成員にとって単独正犯としての間接正犯における利用関係に類似するものである。すなわち，藤木博士が指摘されたように，「2人以上の者が犯罪遂行について合意に達したばあい，この2人の行動を全体的にみたときは，間接正犯における利用関係に対比すべき実体をそこに見出すことが可能である」といえる。このようにして，本書は，間接正犯類似説を妥当な見解として支持しているのである。

180　第9章　共　犯

⑶　承継的共同正犯

　承継的共同正犯とは，ある行為者（先行者）が実行行為の一部を終了しその
結果の発生前に，他の行為者（後行者）が，その事情を認識したうえで先行者
との意思の連絡のもとに，事後の行為（残余行為）を共同しておこなうばあい
をいう。承継的共同正犯においては，後行者はいかなる範囲で共同正犯とし
ての罪責を負うのか，が問題となる。

(i)　肯定説

　先行者が予定した「全体としての犯罪」について共同正犯の要件が具備し
ていると解してよいか，が承継的共同正犯の肯否の根底に横たわる根本問題
である。この点について，肯定説は，全体について共同正犯の成立をみとめ
る。

(ii)　否定説

　この説は，後行者は関与後の行為についてのみ共同正犯としての責任を負
い，たとえば強盗罪のような結合犯のばあい，奪取行為のみを共同した後行
者は窃盗の罪責を負うにすぎないとする。その論拠として，①行為共同説の
見地から，たとえ先行者の行為を認識していても，後行者がその行為に加功
していない以上，遡ってその点についてまで共犯関係をみとめるべきでな
い，②目的的行為論・行為支配説の見地から，後行者は先行者のなした事実
に対して行為支配を有し得ないから，共同正犯としての罪責を負わない，③
部分的犯罪共同説の見地から，とくに別個に承継的共同正犯の概念をみとめ
るまでもないことなどが挙げられている。

(iii)　部分的肯定説

　この説は，原則として関与後の行為についてのみ共同正犯をみとめるが，
例外的に全体としての罪について共同正犯を肯定する。これを肯定すべきば
あいについては，次のように見解が分かれている。①犯罪共同説の見地から，
後行者が共同実行の意思をもって，先行者の実行に介入したとき以後の共同

実行行為について共同正犯がみとめられるのが原則であるが，結合犯はそれ自体が「独立した犯罪類型」であるから，その全体について共同正犯が成立するとする。②行為共同説・因果的共犯論の見地から，関与前の行為に対して後行者の行為が「因果性」を有することはないから，後行者は関与した時以後の正犯の行為およびその結果についてしか責を負わないが，先行者の行為が後行者の関与後にもなお効果を有し続けているばあいには，全体について共同正犯が成立することをみとめる。③共同正犯の性質上，合意以後の行為についてのみ共同正犯の成立をみとめるべきであるが，後行者の行為が先行者の行為をも含めた単一不可分の構成要件の実現に役立つばあいには，同時に承継的従犯として，その罪を幇助した刑責をも負うとする。本書は，行為共同説の立場から②説が妥当であると解する。

(4) 共同正犯関係からの離脱

(i) 共謀関係からの離脱

共同正犯関係からの離脱は，共同者が実行行為に着手する前と着手した後の2つの局面において問題となる。前者は，共謀共同正犯をみとめる判例において，「共謀関係からの離脱」の問題として扱われている。すなわち，判例は，犯罪の実行を共謀した者の一部が，他の共謀者が実行に着手しないうちに共謀関係から離脱したばあい，その離脱者は，他の共謀者が実行し実現した結果について共同正犯としての罪責を負わないとする。すなわち，「一旦他の者と犯罪の遂行を共謀した者でもその着手前他の共謀者にもこれが実行を中止する旨明示して他の共謀者がこれを諒承し，同人等だけの共謀に基き犯罪を実行した場合には前の共謀は全くこれなかりしと同一に評価すべきものであ」るとされる（東京高判昭25・9・14高刑集3巻3号407頁）。

共謀共同正犯の観念をみとめない立場からは，共同正犯の実行を共謀した者の一部が，実行の着手前にその共謀関係から離脱したばあいには，まだ実行行為を共同にしていないので，共同正犯の罪責を負わないことは当然であって，予備・陰謀罪が処罰されるときには，それについての共同正犯の成否が問題となるにとどまるとされる。

182　第9章　共　犯

　共謀関係からの離脱がみとめられるためには，実行の着手前に犯行を断念する旨を共犯者に表明しその了解を得る必要があるが，離脱の表明は，必ずしも明示的である必要はなく，黙示的でもよい。主謀者については，さらに実質的に共謀関係を解消させたと評価され得る積極的な行為が必要である。

(ii)　共同正犯からの離脱の取扱い

(a)　共同正犯からの離脱の理論

　通説・判例は，共同正犯の犯罪遂行の途中で一部の者が翻意したとしても，結果が発生したばあいには，全員について既遂の罪責をみとめる。しかし，これは途中で翻意した者にとって酷な扱いであるので，このようなばあいに，翻意者を解釈論上救済しようとする試みがなされる。これが「共同正犯からの離脱の理論」にほかならない。

(b)　本書の立場

　共同正犯からの離脱の問題は，共同正犯の本質にさかのぼって解決される必要がある。共同正犯の本質は，「一部実行の全部責任」の原則に端的に現われており，その原則は，共同者各人が加功することによって結果の実現が確実化されるから，みとめられるのである。結果実現の確実化は，結果発生に対する因果力・因果関係を意味する。したがって，共犯であっても自己の行為と因果関係のない結果についてまで責任を負う必要はなく，他の共犯者を媒介とした因果性が存在する範囲について罪責を負うと解すべきである。

(c)　判　例

　判例は，共犯関係からの離脱に関する次のような事案において，以下のように解している。すなわち，Xが，Y宅においてAの身体に対して暴行を加える意思をYと相通じたうえ，約1時間ないし1時間半にわたり，竹刀や木刀でこもごも同人の顔面，背部等を多数回殴打するなどの暴行を加えた後，「おれ帰る」といっただけで，自分としてはAに対しこれ以上制裁を加えることを止めるという趣旨のことを告げず，Yに対しても，以後はAに暴行を加えることを止めるよう求めたりせずに，現場をそのままにして立ち去った後，Yは，Aの顔を木刀で突くなどの暴行を加えた。Aは，頸部圧迫等によ

り窒息死したが，その死の結果が X の帰る前に X と Y がこもごも加えた暴行によって生じたものか，その後の Y による前記暴行により生じたものかは確定できなかった。最高裁の判例は，上記のような「事実関係に照らすと，被告人が帰つた時点では，Y においてなお制裁を加えるおそれが消滅していなかつたのに，被告人において格別これを防止する措置を講ずることなく，成り行きに任せて現場を去つたに過ぎないのであるから，Y との間の当初の共犯関係が右の時点で解消したということはできず，その後の Y の暴行も右の共謀に基づくものと認めるのが相当である。そうすると，原判決がこれと同旨の判断に立ち，かりに A の死の結果が被告人が帰つた後に Y が加えた暴行によつて生じていたとしても，被告人は傷害致死の責を負うとしたのは，正当である」と判示している（最決平元・6・26 刑集 43 巻 6 号 567 頁）。

本件では，実行の着手後の共同正犯関係からの離脱の肯否が問題となっている（実行の着手前〔住居侵入開始後，強盗の着手前〕における離脱の肯否が問題となった判例としては，最決平 21・6・30 刑集 63 巻 5 号 475 頁参照）。

4 幇助犯の因果関係

(1) 問題の所在

幇助犯（従犯）は，狭義の共犯の一形態であり，すでに犯罪の決意をしている正犯者に加担してその犯行を容易にする犯罪である。それは，物理的幇助と心理的幇助を内容とする。なぜ幇助犯について，とくに因果関係が，問題とされるのであろうか。

共同正犯・教唆犯が成立するためにも，因果関係の存在が必要である。共同正犯のばあい，共同実行者のうちの一部の行為と結果発生との間に因果関係が肯定されれば，他の者についてもそれが肯定される点に，特殊性がある。むしろ，このように他の関与者に対して因果関係が擬制される点にこそ，共同正犯の特色が存在するといえる。教唆犯のばあい，教唆行為と正犯者の犯意の形成との間の因果関係を考えれば足り，格別，問題はない。なぜならば，教唆→実行→結果発生という直線的な因果系列が問題となるからである。

184 第9章 共 犯

(2) 幇助犯の因果関係

幇助犯のばあい，因果関係が幇助行為と「正犯の結果」（正犯者が発生させた結果）との間に必要なのか，幇助行為と「正犯の実行行為」との間に必要なのか，さらには，そもそも幇助犯については因果関係は必要ではないのではないか，が争われる。この問題が生ずるのは，幇助と正犯の結果との間の因果系列が重畳的であるからである。

幇助犯における因果関係の問題は，第1に，共犯の処罰根拠にかかわる。結果の共同惹起を共犯の処罰根拠とする因果共犯論をとると，幇助犯についても厳格に因果関係を要求するのが筋である。しかし，正犯者を堕落させて責任と刑罰に導いたことに共犯の処罰根拠を求める責任共犯論の見地においては，正犯者への加担行為があれば足り，因果関係を厳格に要求するまでもないことになる。

幇助犯における因果関係の問題は，第2に，条件関係の確定にかかわる。たとえば，Aが窃盗の正犯者BにC宅の合鍵を渡したが，Cが鍵を締め忘れていたため，その合鍵を使用するまでもなく，Aは，C宅に侵入して窃盗をおこなうことができたとする。このばあい，Aの行為がなければBの窃盗の結果は発生しなかったとはいえないので，Aの行為と正犯の結果との間の条件関係の存在は否定されるべきことになる。ここに条件関係確定上の困難がある。このばあい，合鍵の供与によって，Bの犯罪遂行の意思が強化され犯行の遂行が容易になったとすれば，その点を捉えてAの行為とBの行為またはBの正犯結果との間の条件関係の存在が肯定され得る。

判例は，因果関係を不要とし「促進公式」（幇助者が正犯行為を促進すれば足りるとする思考）をとっている。すなわち，幇助犯が成立するためには，「犯人に犯罪遂行の便宜を与へ之を容易ならしめた」だけで足り，「其遂行に必要不可欠なる助力を与ふること」を要しないとされるのである（大判大2・7・9刑録19輯771頁）。

5 身分犯と共犯

(1) 刑法 65 条の解釈

　身分犯と共犯に関する刑法 65 条の規定の解釈をめぐって従前から見解が多岐に分かれ，錯綜した状況が続いている。

(i) 身分概念

　一定の身分が犯罪の成立要件とされるばあいを「構成的身分」といい，これを要素とする犯罪を「真正身分犯」という（たとえば，197 条の収賄罪）。身分の有無が刑罰の量に影響をおよぼすにすぎないばあいを「加減的身分」といい，これを包含する犯罪を「不真正身分犯」と称する（たとえば，186 条の常習賭博罪）。

　身分概念についての判例は，「刑法六五条にいわゆる身分は，男女の性別，内外国人の別，親族の関係，公務員たる資格のような関係のみに限らず，総て一定の犯罪行為に関する犯人の人的関係である特殊の地位又は状態を指称するもの」であると判示して（最判昭 27・9・19 刑集 6 巻 8 号 1083 頁），大審院時代の判例をそのまま踏襲している。この身分概念は通説によって支持されている。

　判例・通説に対して反対説は，次のように主張する。すなわち，65 条 1 項の身分は，社会的・法律的等の人的関係において特定の義務を負担する地位または資格を意味し，単なる犯罪の常習性や目的犯における目的のような行為者の永続的または一時的な心理状態を含まないのに対して，同条 2 項の身分は，刑の加重・減軽の原因となる地位・資格・状態であればよいので，判例によって定義された身分はこれにあたるとされる。

　身分概念に関する上記の対立は，究極的には，真正身分犯を「義務犯」として把握するか，「法益侵害犯」として把握するか，という身分犯の法的性質の理解に関する争いにほかならない。前者は，一定の身分から生ずる「義務」に違反する行為を処罰するのが真正身分犯であると解し，身分概念を厳格に

186　第9章　共　犯

把握する。これに対して後者は，法益侵害に重点をおいて，身分概念をゆる
やかに解している。したがって，目的犯における目的，かつての強姦罪にお
いて男性であることなども，真正身分犯の「身分」に含まれるとされるので
ある。

(ii)　1項における「共犯」の意義

　65条1項は，非身分者も「共犯とする」と規定しているが，これは共同正
犯を含む趣旨なのかどうか，が問題となる。この点につき判例は，当初，65
条1項はもっぱら共同正犯に関する例外規定であるから，教唆犯・幇助犯（従
犯）に対しては適用されないと解したが，後にこれを改め，教唆犯・幇助犯
はもとより共同正犯についても適用があると解している（大判昭9・11・20刑集
13巻1514頁）。

　学説は，次の4つに分かれている。すなわち，①すべての共犯形式に適用
されるとする説，②真正身分犯については教唆犯・幇助犯に対してのみ，不
真正身分犯についてはすべての共犯形式に対して適用されるとする説，③教
唆犯・幇助犯についてのみ適用されるとする説，④共同正犯についてのみ適
用されるとする説が，主張されているのである。

　①説が判例・通説の立場であり，妥当である。この説の根拠は，次の諸点
に求められている。(a)法文上，本条も共同正犯の規定もともに「共犯」の章
下にあり，65条1項も「共犯とする」との文言があるから，「共犯」には共
同正犯も当然に含まれる。(b)非身分者は，元来，身分犯の正犯とはなり得な
いのに，なぜ教唆犯・幇助犯とはなり得るのか，を合理的に説明しないかぎ
り，限定適用をみとめるべき成文上の根拠を欠く。(c)共同正犯排除説は，非
身分者には法律的意味での「実行」はあり得ないとするが，しかし，「実行」
は「事実的意味での協力実現行為」であるから，非身分者もこれをおこない
得る。(d)共同正犯を排除すると，非身分者は，現にきわめて重要な実行行為
をおこなっても正犯とならず，それが教唆の実質を伴わないかぎり，幇助犯
として刑の減軽をうけることとなって，教唆犯が正犯に準じて処罰をうける
のに比べて均衡がとれない。

5　身分犯と共犯　187

(iii)　65条1項と2項の関係

(a)　学説・判例の状況

　65条1項は身分が連帯的に作用することをみとめ（身分の「連帯性」），2項は身分が個別的に作用する旨を規定している（身分の「個別性」）ので，この相反する2つの原理をいかに調和させるか，をめぐって，学説・判例は，次のように分かれている。すなわち，①65条1項は真正身分犯についてその「成立と科刑」を規定して身分の連帯性をみとめ，2項は不真正身分犯についてその「成立と科刑」を規定して身分の個別的作用をみとめたものとする説（通説・判例），②65条は「違法性は連帯的に，責任は個別的に」という原理に基づいて，1項は身分が行為の違法性を規制する要素（違法身分）となっているばあいに違法性の連帯性を規定し，2項は身分が行為の責任を規制する要素（責任身分）となっているばあいに責任の個別性を規定しているとする説，③65条1項は真正身分犯および不真正身分犯を通じて身分犯における「共犯の成立」について規定し，2項は，とくに不真正身分犯の「科刑」について個別的作用をみとめる旨を規定しているとする説が主張されているのである。

(b)　通説・判例の妥当性

　上述のように見解が分かれているが，通説・判例の立場が妥当であると解する。その理由は，以下のとおりである。すなわち，刑法65条は，1項において「犯人の身分によって構成すべき犯罪行為」と規定しており，これが真正身分犯，つまり構成的身分犯に関する規定であることは，文言上，明らかである。「身分」によって「犯罪」を「構成」するということは，身分があることによってはじめて成立すべき犯罪，つまり「真正身分犯」にほかならず，これについては，65条1項が「身分のない者であっても，共犯とする」と規定しているので，共犯として扱うこととなり，共犯としての犯罪の「成立」だけでなく，その共犯に対する「科刑」まで本項が規定していることになる。これに対して，身分によって刑に軽重がある犯罪とは不真正身分犯を意味するから，2項は不真正身分犯について規定していることになる。不真正身分犯は，本来の身分犯ではないから，身分のない者でもその犯罪を犯すことはできるが，ただ，通常のばあいよりも身分の有無により刑の軽重が生ずるに

すぎない。このばあい，2項は「身分のない者には通常の刑を科する」と規定しており，これは，通常の「犯罪」が成立し，それについて「通常の刑を科する」ことを意味し，不真正身分犯についても2項が「成立」と「科刑」を規定しているのである。

(2) 加減的身分と共犯の具体例

不真正身分犯とされる特殊な犯罪類型について，共犯と身分の適用例を簡単にみておこう。

(i) 常習賭博罪 (186条1項)

判例は，不真正身分犯については65条1項は適用されないという立場をつらぬき，賭博の非常習者が賭博常習者の賭博行為を幇助したばあいにも，65条1項を適用すべきでないと解している（大判大2・3・18刑録19輯353頁）。

(ii) 横領罪 (252条・253条)

単純横領の占有者と非占有者との共犯については65条1項が，業務上の占有者と非業務上の占有者との共犯については同条2項がそれぞれ適用されるので，比較的問題は少ない。業務上の占有者と非占有者との共犯については問題が生ずる。このばあい，判例は，一貫して非占有者につき65条1項の適用をみとめて業務上横領罪の共犯とし，さらに同条2項により単純横領罪の刑を科している（大判明44・8・25刑録17輯1510頁，最判昭32・11・19刑集11巻12号3073頁，最判令4・6・9刑集76巻5号613頁）。

(3) 消極的身分犯と共犯

消極的身分犯とは，一定の身分を有しない者の行為についてその犯罪が成立するとされる犯罪類型をいう。たとえば，道交法上の無免許運転罪や医師法上の無免許医業罪が，これにあたるとされる。

これらのばあい，その身分があれば当該行為は適法であるから，非身分者が身分者に加功しても共犯と身分の問題は生じない。たとえば，医師免許を

有しない者が医師の医療行為に加功しても犯罪とはならない。これに対して，身分者が非身分者の行為に加功したばあい，たとえば，医師であるＡが医師でないＢを教唆して無免許医業をさせたばあいに，65条1項の適用の可否が問題となる。一定の身分を有しない者は，65条1項にいう構成的身分にはあたらないから，その適用をみとめない説が妥当であり，一般の共犯の成立を問題にすれば足りる。したがって，Ａには無免許医業の罪の教唆犯が成立することになる（大判大3・9・21刑録20輯1719頁〔従犯〕，大判昭14・7・19刑集18巻417頁〔教唆犯〕）。

(4) 刑罰阻却的身分（一身的刑罰阻却事由）と共犯

244条・257条は，非身分者の共犯に対しては人的刑罰阻却事由の適用を排除する旨を明らかにしている。このような明文がない105条については，とくに身分者が非身分者の行為に加功したばあいの取扱いが問題になる。たとえば，親族である妻が第三者を教唆して夫の被告事件の証拠を隠滅させ，または，犯人である夫を蔵匿させたばあいも，自ら単独でこれをおこなったばあいと同様に，105条を適用して刑の免除をうけることができるか，が争われる。通説は，これを肯定的に解しているが，親族という身分者が自らおこなったばあいに限定され，他人を利用する行為にまで及ばないとする見解もある。

第 10 章　罪数論および刑罰論

1　罪数論

⑴　罪数論の意義

　罪数論とは，犯罪の個数を決定し，数罪が成立するばあいの科刑を処理するための論議をいう。ある行為が，構成要件該当性，違法性および責任を具備すれば，犯罪が成立する。犯罪が成立するばあい，それらを1罪として処理すべきなのか，数罪として処理すべきなのか，また，数罪として処理すべきであるときには，行為者をどのような刑で処罰すべきか，が問題となる。このような問題を考察するのが罪数論にほかならない。

　犯罪の個数は，①刑罰を適用する際，および，②刑事訴訟手続きを進める際に，重要な意味を有する。まず，①1人に数罪が成立するばあいを「犯罪の競合」といい，犯罪の競合においては，科刑を具体的にどうするか，が問題となる。犯罪の競合の形態に応じて科刑の方法が異なり，競合する犯罪間の密接な関係を理由にして科刑上一罪として取り扱われるものもある。

　②ある事実が本来的一罪または科刑上一罪とされると，それは，刑事訴訟法上，1個の事件として取り扱われ（刑訴9条），公訴提起（起訴）の段階においては，公訴の効力がおよぶ範囲の基準，つまり公訴不可分の原則の基礎となり（刑訴338条3号・刑訴339条1項5号），審理の段階においては，訴因変更の許否の限界を画する基礎となる（刑訴312条1項）。そして，訴訟が終結した段階においては，一事不再理の効力の客観的範囲を画する基礎となるのである。

192 第10章 罪数論および刑罰論

(2) 一罪と数罪の種類

ある事実が1つの構成要件に1回該当するばあいが一罪であり，これを「本来的一罪」という。本来的一罪には「単純一罪」と「包括一罪」とがある。ある事実が1個の構成要件に数回該当するばあい，または数個の構成要件のそれぞれに該当するばあいを「数罪」という。数罪は，科刑上一罪としての「観念的競合」および「牽連犯」(54条)，「併合罪」(45条以下)，「単純数罪」に分かれる。

本来的一罪とは，「犯罪成立上の一罪」をいい，構成要件に1回該当すると評価された事実を意味する。本来的一罪は，「単純一罪」と「包括一罪」に分けて解するのが妥当である。罪数の評価を経るまでもない一罪を包括一罪から区別して把握しないと，一罪はすべて包括一罪となりかねないので，単純一罪と包括一罪を分けて論じ，「法条競合」は単純一罪であり，包括一罪とは異なるから，「評価上の一罪」としては包括一罪だけが問題になると解すべきである。

(3) 単純一罪

単純一罪とは，1個の構成要件に1回該当することが明白であるばあいをいい，「認識上の一罪」とも称される。このばあいには，1行為1結果で罰条の重なり合いは存在しない。

(i) 1個の罰条のみが問題となるばあい

これは，行為，結果（被害法益）が1個であることを予定している構成要件を単純に実現したばあいをいい，もっとも一般的な形態である。たとえば，Aが殺意をもってBをピストルで1発のもとに射殺したようなばあいが，これにあたる。

(ii) 法条競合

法条競合とは，1つの犯罪事実につき数個の罰条が適用可能であるようにみえるが，罰条の論理的関係から1つの罰条が適用されるばあいをいう。法

条競合は，各罰条の論理的な関係によって一罪とすべきばあいであって犯罪の単複の問題ではないから，「単純一罪」にほかならない。法条競合には，「特別関係」，「補充関係」，「択一関係」および「吸収関係」がある。

(a) 特別関係

特別関係とは，競合する 2 個以上の罰条が「一般法」と「特別法」の関係に立つばあいをいう。このばあいには，1 個の行為が，一般法とともに特別法にも該当するようにみえるが，「特別法は一般法を拒否する」という法理に従って，特別法にあたる罰条だけが適用される。たとえば，業務者が自己の占有する他人の物を横領したばあいは，業務上横領罪（253 条）だけが適用され，単純横領罪（252 条）は適用されない。特別関係は，「基本的犯罪類型」と「加重的または減軽的犯罪類型」との間にみられ，たとえば，殺人罪（199 条）と同意殺人罪（202 条），横領罪（252 条）と業務上横領罪（253 条），窃盗罪（235 条）と森林窃盗罪（森林 197 条・198 条），背任罪（247 条）と特別背任罪（会社 960 条・会社 961 条）などが，これにあたる。

(b) 補充関係

補充関係とは，競合する 2 個以上の罰条が基本法と補充法の関係に立つばあいをいう。このばあい，1 個の行為が，同時に基本法の構成要件と補充法の構成要件とに該当するようにみえるが，「基本法は補充法を拒否する」という法理に従って，基本法が適用されないばあい限って補充法が適用される。たとえば，傷害罪（204 条）が適用されるばあいには，暴行罪（208 条）は適用されない。

(c) 択一関係

択一関係とは，競合する 2 個以上の罰条が排他的関係に立つばあいをいう。このばあい，1 個の行為に，同時に適用されるようにみえる数個の構成要件は，相互に「両立し得ない関係」に立つので，そのどれか 1 個だけが適用されて他のものの適用は排除される。たとえば，横領罪（252 条）と背任罪（247 条）については，横領罪が適用されると，背任罪は適用されない。

(d) 吸収関係

吸収関係とは，競合する 2 個以上の罰条において構成要件的評価上，一方

194 第10章 罪数論および刑罰論

が他方を包括（吸収）する関係に立つばあいをいう。このばあい，1個の行為
に適用されるようにみえる数個の構成要件のうち，あるものが他のものに比
べて完全性を備えているときには，「完全法は不完全法を拒否する」という法
理に従って，より完全な罰条が適用される。たとえば，殺人が既遂に達した
ばあいは（199条），その行為による傷害罪（204条）・殺人未遂罪（203条）は，
これに吸収される。

(4) 包括一罪（包括的一罪）

　包括一罪（包括的一罪）とは，外形上，構成要件に数回該当するようにみえ
るが，1回の構成要件的評価に包括されるべき犯罪をいう。包括一罪の態様
には，行為の外形上，同一構成要件に数回該当するようにみえるばあいと行
為の外形上，異なる構成要件に該当するようにみえるばあいとがある。前者
は，外形上，同一の構成要件に該当する事実を1回的に包括して評価し一罪
とするものであるから，構成要件的評価における「同質的包括」といわれ，
後者は，外形上，異なる構成要件に該当する事実を1回的に包括して評価し
一罪とするものであるから，構成要件的評価における「異質的包括」といわ
れる。法条競合が罰条の外見だけの競合にすぎないのに対し，包括一罪は，
現実に数個の単純一罪が存在し数個の罰条が適用され得るにもかかわらず，
なお1個の罰条だけを適用して処断すべきばあいである。

　包括一罪の語は，多義的である。「狭義の包括一罪」は，1個の構成要件
に，同一の法益侵害に向けられた数個の行為態様が規定され，それらが相互
に手段・目的または原因・結果の関係に立つとき（たとえば，197条における賄
賂の要求・約束・収受，220条における逮捕についでおこなわれる監禁など），または，
それらの異なる態様の行為が事実上，不可分的に結合し，もしくは経済的に
一体視される関係にあるとき（236条における1項および2項，246条における1項
および2項）を意味する。これに対して「広義の包括一罪」は，上記のほか，
科刑上一罪である牽連犯または連続犯に類似する関係にある犯罪群，すなわ
ち吸収の包括一罪もしくは反覆的（継続的）包括一罪をも包含し，そのうち，
継続犯を除いたものを意味する。

⑸ 科刑上一罪

1人に数罪が成立するばあいを「犯罪の競合」という。「科刑上一罪」（科刑上の一罪・処断上の一罪）とは，犯罪の競合があるばあいに，刑罰を適用するにあたって一罪として取り扱われるものをいう。現行刑法における科刑上一罪には，観念的競合と牽連犯とがある（54条）。

科刑上一罪の性格については，犯罪として一罪が成立する「本来的一罪」であるが，罰条が競合すると解する説と数罪が成立して実在的に犯罪が競合するが，刑罰の「適用上一罪」として扱われると解する通説・判例とが対立している。

科刑上一罪のばあい，構成要件的評価の観点からは数罪の成立をみとめるべきであり，数罪が実在し競合する犯罪として把握されるべきである。「犯罪の成立」に関しては数罪であるが，「刑罰の適用」に関しては一罪として扱われるので，科刑上一罪は，「犯罪」論としての罪数論と「刑罰」論としての量刑論の性格を併せもっていることになる。科刑上一罪は，訴訟法上も一罪として取り扱われるから，「公訴事実の単一性」がみとめられ，その一部についての「一事不再理の効力」なども他の部分に及ぶこととなる。

⒤ 観念的競合

観念的競合（想像的競合，一所為数法）とは，「1個の行為が2個以上の罪名に触れ」るばあいをいう（54条1項前段）。観念的競合は，1個の行為が数個の罰条に触れ数回の構成要件的評価をうけるばあいに，本体となっている行為が1個であることを重視して，本来的一罪に準じ，科刑上，一罪として扱われる。

なぜ本来的な数罪が，「1個の」行為によるばあいには一罪として取り扱われ，併合罪よりも軽く処断されるのか，についていえば，1個の犯罪行為による方が，数個の犯罪行為によるよりも，「社会侵害性の程度」が低く，同様の意味において「非難の程度」も軽いという観点からは，観念的競合は併合罪に比べて，違法性および責任の両面において軽く評価されるので，軽い罪が科されることになる。

196　第10章　罪数論および刑罰論

(ⅱ) 牽連犯

牽連犯とは，「犯罪の手段若しくは結果である行為が他の罪名に触れるとき」(54条1項後段) をいう。牽連犯は，数個の行為がそれぞれ構成要件に該当し数罪をなすが，各犯罪の間に一方が他方の「手段」となるか，または，他方が一方の「結果」であるという関係がみとめられるばあいを意味し，科刑上，一罪として扱われ「その最も重い刑により処断」される。たとえば，住居侵入窃盗のばあい，窃盗罪と住居侵入罪の間には目的に対する手段の関係がみとめられ，私文書を偽造してこれを行使したばあい，私文書偽造罪と同行使罪との間には原因と結果の関係がみとめられ，いずれも牽連犯となる。

(6)　併合罪

(ⅰ)　意　義

併合罪 (実在的競合) とは，確定裁判を経ていない数罪をいう。ある罪について拘禁刑以上の刑に処する確定裁判があったばあいには，その罪とその裁判が確定する前に犯した罪とが併合罪となる (45条)。このように，併合罪には，数罪である犯罪事実がいずれも確定判決を経ていない「同時的併合罪」と数罪である犯罪事実のうちすでに確定裁判を経た罪のある「事後的併合罪」の2種類がある。

　同時的併合罪とは，たとえば，a，b，c，dおよびeの5罪が順次犯されたが，いまだ拘禁刑以上の確定裁判を経ていないときに，5罪が併合罪とされるばあいである。事後的併合罪とは，たとえば，e罪が犯される前にa罪について確定裁判があったときに，aとb，cおよびdとが併合罪となるばあいである。このときまだ確定裁判のないb，cおよびdをaの余罪という。このばあい，eは，a，b，cおよびdのそれぞれと併合罪ではなくなる。

　1人で数罪を犯した者に対して刑を言い渡すばあい，刑法は，併合罪としての要件をみたすときは，個々の罪ごとに刑を言い渡すのでなく，これを総合的に評価し，単一の刑で処断すべきものとしている。

(ii) 処断に関する立法主義

併合罪の処断に関しては，3つの主義がある。すなわち，併合罪にあたる各罪のうちもっとも重い罪の法定刑によって処断する「吸収主義」，そのもっとも重い犯罪に対する法定刑に一定の加重をほどこして処断する「加重（単一刑）主義」，および，各罪についてそれぞれ刑を定めて科し，これを併せて執行する「併科主義」がある。わが刑法は，加重主義を原則とし，刑の種類によって吸収主義または併科主義を採用している。

(iii) 一括処理の根拠

1人の行為者が，数罪を犯したばあい，本来，その各罪を別々に処分しても差支えないはずであるが，それらが同時に審判され得る状況にあったときは，刑の適用上，それらの罪を一括して取り扱う方が合理的である。また，実際には同時に審判し得なかった数罪についても，事後の判断において同時審判の可能性があったとみられるばあいには，同時に審判されたばあいとの権衡上，それらをある程度まとめて取り扱うことが適当であるといえる。これは，手続き上の根拠にほかならない。

さらに，実体上の合理的根拠が必要である。1人が数個の罪を犯したばあいには，行為責任を強調するかぎり，それぞれの行為について刑を科するのが自然である。しかし，その際，その者の素質・環境は，当然，責任の量を決定するために考慮され，他にどのような罪を犯したか，ということは，1つの罪の刑の量定に影響を与える。同時に審判されるばあいには，それぞれの行為に各別の刑を科すると同じ素質，環境が二重に評価されることになるし，また，ある罪について有罪の確定判決があったばあいには，その当時の行為者の素質・環境は，すでに考慮されているから，同時に審判され得たような余罪については，とくに考慮しなければならないのである。

(7) 単純数罪

単純数罪とは，犯罪が実在的に競合するばあいにおいて，併合罪とならない数罪，すなわち，拘禁刑以上の刑に処する確定判決の前後の罪をいう。単

198　第10章　罪数論および刑罰論

純数罪のばあいは，各犯罪ごとに刑が量定され，判決主文もそれぞれ別個に言い渡される（併科主義）。

　単純数罪は，併合罪でない数罪を，単純一罪の他方の極にあるものとして捉える概念である。単純数罪のばあいは，別々に刑が量定されて宣告される。量刑の実際においては，まず全体としての刑を考え，これを各罪に分配して各罪の刑を定めるという傾向があることがその根拠とされている。

⑻　罪数決定の基準

(i)　学説の状況

　罪数を定める標準について，①犯意標準説，②行為標準説，③法益標準説（結果標準説），④構成要件標準説，⑤個別化説などが主張されている。①犯意標準説とは，行為者の犯罪意思の個数を標準にして罪数を決める見解をいい，②行為標準説とは，犯罪行為の数を標準にして罪数を決める見解をいい，③法益標準説とは，侵害された法益の個数，とくに発生した犯罪的結果の数を標準にして罪数を決める見解をいい，④構成要件標準説とは，構成要件的評価の回数を標準にして罪数を決める見解をいい，⑤個別化説とは，罪数の種類によって標準を異にすべきであるとする見解をいう。構成要件標準説が通説的見解であり，判例も，基本的にこれに従っていると解される。

(ii)　諸説の検討

　①犯意標準説をとると，たとえば，1度に2人を殺す意思で同時に2人を殺害したばあいには一罪であるが，1人を殺した後に次の1人を殺そうと決意したばあいには二罪となり，犯罪意思が1個である以上，犯罪行為および法益侵害が複数であっても一罪とせざるを得なくなる点で妥当でない。②行為標準説によれば，たとえば，1回の発砲行為によって2人を殺害しても一罪となるが，これは，犯罪の本質的要素である法益侵害の点を無視するものであって妥当でない。③法益標準説は，犯罪の本質をなす法益侵害の個数によって罪数を決する点において基本的に妥当であるが，犯罪の成立において不可欠である行為および構成要件をまったく無視して罪数を決する点で妥当

でない。そこで，①説・②説および③説を総合した④構成要件標準説が主張されるに至った。構成要件標準説によれば，個々の構成要件は，故意，行為および結果または法益侵害の要素を含めて定型化したものであるから，それぞれの要素を考慮して，構成要件的評価において，構成要件に1回該当する行為であれば一罪が成立し，構成要件に数回該当する行為であれば数罪が成立すると解されることになる。犯罪は構成要件該当性を基準として成立するものであるから，犯罪が何個成立したかを決めるばあいには，構成要件該当性を標準とするほかはなく，構成要件標準説が妥当である。したがって，構成要件を離れて罪数を決定する⑤個別化説も妥当でない。

　このようにして，本書は，構成要件標準説によって罪数を決めるのが妥当であると解するのである。

⑼　観念的競合における行為の1個性

⑴　意　義

「1個の行為」の意義に関して，学説は，①自然的観察によるとする説，②社会的見解によるとする説，③構成要件を基準とする説などに分かれている。最高裁の判例は，従前の判例を変更して，「一個の行為とは，法的評価をはなれ構成要件的観点を捨象した自然的観察のもとで，行為者の動態が社会的見解上一個のものとの評価をうける場合をいうと解すべきである」と判示して（最〔大〕判昭49・5・29刑集28巻4号114頁），①説および②説を併用した立場に立っている。すなわち，本判決は，被告人の酒酔い運転行為および歩行者を死亡させた行為に関して，「自動車を運転する行為は，その形態が，通常，時間的継続と場所的移動とを伴うものであるのに対し，その過程において人身事故を発生させる行為は，運転継続中における一時点一場所における事象であつて，前記の自然的観察からするならば，両者は，酒に酔つた状態で運転したことが事故を惹起した過失の内容をなすものかどうかにかかわりなく，社会的見解上別個のものと評価すべきであつて，これを一個のものとみることはできない」として，酒酔い運転罪（道交117条の2第1号・道交65条）と業務上過失致死罪との併合罪の成立をみとめたのである。

200 第10章 罪数論および刑罰論

　このように見解が分かれているが，①説および②説ならびに判例は，構成要件的観点を捨象して行為の個数を決めようとしている。しかし，この点には疑問がある。すなわち，観念的競合とされるのか，併合罪とされるのかは，行為に対する構成要件的評価を離れて考えるべきではなく，その構成要件的評価と「科刑」の均衡という観点から決せられるべきであると解される。

　①説や②説のように，1個の行為を「社会的見解上」ないし「自然的観察において」1個であると解する自然的理解によると，たとえば，1個の石を投げて窓ガラスを破り，人を傷害したような単純な事例では，器物損壊罪と傷害罪が1個の行為によっておこなわれたとするのは容易である。しかし，たとえば，拳銃を不法に所持する者が，それを使用して強盗をおこなったばあいには，拳銃の不法所持罪と強盗罪とが1個の行為によっておこなわれたと解してよいかは，必ずしも明確であるとはいえない。このようなばあい，自然的理解だけでは解決困難であり，どのような「構成要件」に該当する行為であるか，を問題とせざるを得ず，そこには自ずと「規範的判断」が必要となる。すなわち，「構成要件的行為」相互の「重なり合い」が問題となり，どのような重なり合いがあれば1個の行為とみとめられるか，が問題となるのである。

(ii) 成立範囲

　観念的競合の成立範囲について，1個の行為が数個の罪名に触れるばあいはつねに観念的競合をみとめるべきであるとする「無制限説」と数個の犯罪相互の間に通常の関連性があることを必要と解する「制限説」とが主張されている。法文上，「一個の行為が二個以上の罪名に触れ」と規定されているにとどまり，何らかの制限を加える根拠を見出すことはできないので，無制限説が妥当であると解される。

　別々に犯罪を構成する行為が2個以上存在するばあい，その行為が重なり合うときは，その重なり合う部分は「1個の行為」であるから，観念的競合がみとめられる。どの範囲の重なり合いがあるときに1個の行為と評価され得るのか，について，学説は，数個の構成要件に該当する各自然的行為の主

要部分が重なり合っていることを要すると解する「主要部分合致説」，各自然的行為が何らかの点で重なり合っていれば足りるとする「一部合致説」，実行の着手の段階で各自然的行為が一体化していることを要すると解する「着手一体説」および一方の行為をし他方の行為をしないということが不可能でありこれを分割して考えることができないことを要するとする「分割不能説」に分かれている。

　構成要件的行為が主要部分において重なり合っていれば，それらは実質的に1個の行為と評価してもよいはずである。行為の評価において重複があるからこそ，観念的競合は一罪的処断がなされるのであり，この観点からは「主要部分合致説」がもっとも妥当である。

　主要部分合致説によれば，前述の拳銃の不法所持罪と強盗罪の関係については，たとえば，以前からもっていた拳銃を用いて強盗をおこなったばあいには，拳銃の不法所持行為と強盗行為とはまったく別のものとしておこなわれており，主要部分において重なり合っているとはいえない。しかし，たとえば，行為者が強盗をおこなうために拳銃を買い入れ，それを用いて強盗をおこなったばあいには，主要部分において重なり合っており，1個の行為として観念的競合がみとめられることになる。

(iii)　不作為犯のばあい

　「1個の行為」は不作為についてもみとめられる。1個の作為義務違反の不作為によって数個の不作為犯の結果を生じさせたばあいについて，①各義務違反の不作為は，社会的見解上1個の動態と評価すべきであるから，観念的競合になるとする見解，②1個の作為によって他の作為義務が果たし得るばあいでないかぎり1個の行為とはいえないから，原則として観念的競合にならないとする見解とが対立している。

　主要部分合致説の見地からは，1つの不作為犯の構成要件的行為としての不作為と他の不作為犯の構成要件的行為としての不作為とがその「主要部分」において重なり合うことを必要とする。そこで，たとえば，交通事故における救護義務違反と報告義務違反のばあい，逃走して救護しなければ救護義務

202　第10章　罪数論および刑罰論

違反と報告義務違反を同時に犯したことになるが，このばあい主要部分の重なり合いはみとめられない。なぜならば，不救護と不報告という不作為は，構成要件的に決定的に異なるからである。1個の作為によって他の作為義務を履行したと解されるばあいにはじめて，不作為は1個とみとめられるべきである。したがって，②説の立場が妥当である。

⑽　牽連犯における「手段と結果」の関係

(i)　学　説

　数個の行為間における手段と結果との関係に関して，学説は次のように分かれている。すなわち，①ある犯罪と手段または結果とが客観的観察において通常の関係にあることを要すると解する「客観説」，②行為者が数罪を手段または結果として牽連させる意思があることを要すると解する「主観説」，③数個の行為がその性質上，通常一般に手段または結果の関係にあり，かつ行為者の主観において牽連させる意思があることを要すると解する「折衷説」が主張されているのである。

　①客観説が妥当であると解する。その理由は，次のとおりである。すなわち，牽連犯は，本来，数罪にあたるものである。しかし，その数罪の間に，罪質上，一方が他方の手段・原因であり，または他方が一方の目的・結果であるばあいには，一方をおこなおうとすれば，通常，他方をもおこないがちであるから，これらを「一体として」把握することができる。つまり，結合犯に近い密接な関係がみられるので，各罪の刑の中，もっとも重い刑によって処断すれば，実質上，軽い罪に対する処罰をも含ませ得るという観点から，特殊な取扱いがみとめられているのである。したがって，牽連関係は，客観的見地から経験則に照らして，ある犯罪が，通常，他の犯罪の手段または結果としておこなわれるものとみられる関係にあることを要すると解すべきであって，たんなる主観的牽連性では不十分である。逆に，ここでは「経験上の類型性」が問題とされるべきであるから，主観的牽連性は不要とされることになる。

(ii) **判　例**

　最高裁の判例は，早くから「犯罪の手段とは，或犯罪の性質上其手段として普通に用いられる行為をいうのであり，又犯罪の結果とは或犯罪より生ずる当然の結果を指すと解すべきものであるから，牽連犯たるには或犯罪と，手段若くは結果たる犯罪との間に密接な因果関係のある場合でなければならない。従つて犯人が現実に犯した二罪がたまたま手段結果の関係にあるだけでは牽連犯とはいい得ない」と判示して（最判昭24・7・12刑集3巻8号1237頁），客観説の立場に立つことを明らかにしている。もっとも，その後，最高裁は，「牽連犯はその数罪間に罪質上通例その一方が他方の手段または結果となる関係があり，しかも具体的に犯人がかかる関係においてその数罪を実行した場合……に科刑上とくに一罪として取り扱うこととしたものである」と判示し（最〔大〕判昭44・6・18刑集23巻7号950頁），折衷説に近い見解も示している。

(iii)　**判例における「手段・目的」関係の具体例**

(a)　**判例において「手段──目的」の関係がみとめられた事例**

　①住居侵入関係。住居侵入罪と放火罪，住居侵入罪と不同意性交等罪，住居侵入罪と殺人罪，住居侵入罪と傷害罪，不退去罪と傷害罪，住居侵入罪と窃盗罪，住居侵入罪と強盗罪，住居侵入罪と軽犯罪法1条23号（のぞき見）の罪，②偽証関係。偽証罪と訴訟詐欺，偽証教唆犯と訴訟詐欺，③その他。不法監禁罪と恐喝罪，差押えの表示の損壊と差押えをうけた物の窃取，業務妨害罪と恐喝罪など。

(b)　**判例において「手段──目的」の関係が否定された事例**

　放火罪と保険金詐欺，監禁罪と不同意性交致傷罪，監禁罪と傷害罪，公印不正使用罪と収賄罪など。

(iv)　**判例における「原因・結果」関係の具体例**

(a)　**判例において「原因──結果」の関係がみとめられた事例**

　公文書偽造罪と同行使罪，公正証書原本不実記載罪と同行使罪，偽造公文

204　第10章　罪数論および刑罰論

書行使罪と詐欺罪，私文書偽造罪と同行使罪と公正証書原本不実記載罪と同行使罪など。

(b)　判例において「原因──→結果」の関係が否定された事例

　強盗殺人罪と犯跡を隠蔽するための放火罪，強盗殺人罪と死体遺棄罪，殺人罪と死体損壊罪，殺人罪と死体遺棄罪など。

⑾　科刑上一罪における「かすがい現象」

(i)　意　義

「かすがい現象」とは，本来ならば併合罪となる数罪が，それぞれ，ある罪と観念的競合または牽連犯の関係に立つことによって，数罪全体が科刑上一罪として取り扱われることをいう。たとえば，A罪とB罪とは，本来は併合罪であるが，たまたまA罪がC罪と科刑上一罪（観念的競合または牽連犯）の関係に立ち，同時に，B罪もC罪と科刑上一罪の関係に立つばあい，A罪・B罪も科刑上一罪として扱われることになる。このばあい，C罪が「かすがい」のように作用して併合罪となる数罪を結びつけて科刑上一罪にするので，比喩的に「かすがい」現象とよばれるわけである。

　かすがい現象には，①観念的競合によるばあい，②牽連犯によるばあい，ならびに③観念的競合および牽連犯によるばあいがある。

　①観念的競合によるばあいの例として，騒乱罪において行為者が住居侵入，恐喝，殺人をおこなったケースが挙げられる。②牽連犯によるばあいの例として，行為者が住居に侵入して強盗殺人を犯した後，放火したケースが挙げられる。③観念的競合および牽連犯によるばあいの例として，他人の株券を占有する行為者が，自己の債務の担保に供するために，株券の名義書換の委任状および処分承諾書を偽造し，これを株券とともに債権者に交付したケースが挙げられる。このケースにおいて，判例は，株券の横領罪と私文書偽造罪・同行使罪とは観念的競合の関係に立つことを理由に全部を一罪としている（大判昭7・4・11刑集11巻349頁）。しかし，私文書偽造罪と同行使罪が牽連犯，同行使罪と横領罪とが観念的競合による一罪となると解すべきであるといえる。

かすがい現象をみとめると，次のような事態が生ずる。たとえば，行為者が戸外で3人殺したばあいは併合罪であるから，有期拘禁刑を選択したとき，処断刑は5年以上30年以下となるのに（199条・47条本文・14条），住居侵入というもう1つの罪を犯すと，牽連関係がみとめられて3罪の「最も重い刑」として5年以上20年以下で処断されることになり（54条1項後段），かえって軽くなるのである。かすがいの作用をする罪が他の併合刑よりも軽いばあいには，つねにこのような事態が生ずるわけである。

(ii) 判例・学説の状況

判例は，他人の住居に侵入して順次，3人を殺害したばあい，「所論三個の殺人の所為は所論一個の住居侵入の所為とそれぞれ牽連犯の関係にあり刑法五四条一項後段，一〇条を適用し一罪としてその最も重き罪の刑に従い処断すべきであ」るとして，かすがい現象をみとめている（最判昭29・5・27刑集8巻5号741頁）。このばあい，本来ならば併合罪となる3個の殺人罪は，1個の住居侵入罪がその手段とされたことによって牽連犯となり，科刑上一罪として取り扱われるわけである。判例は，観念的競合についても，かすがい現象をみとめている。すなわち，無免許で古物商を営み，その間十数回にわたり盗品等を有償で譲り受けたばあいに1個の観念的競合をみとめ，業として同一の婦女を売春業者に接客婦として就業をあっせんし紹介手数料をとったばあい，労働基準法6条・118条1項と職業安定法63条2号の両罪の観念的競合になるが，複数の婦女をあっせんしていれば，労基法違反という1個の罪を「媒介として」複数の職安法違反の罪とも一罪の関係に立つとし（最判昭33・5・6刑集12巻7号1297頁），公職選挙法上の戸別訪問（集合犯）と数個の買収を一罪としているのである（最判昭36・5・26刑集15巻5号871頁）。

学説上，かすがい現象を全面的に承認する立場が通説となっている。しかし，たとえば，住居に侵入して，A・B・Cの3人を殺したばあいにかすがい現象をみとめるのは不合理であるから，これを否定したうえで修正しようとする説も主張されている。①罪数としてはかすがい作用による科刑上一罪としつつも，かすがいにあたる罪が結びつけられる罪の併合刑と同じ，または，

より重い罪のばあいはかすがい作用をみとめ，かすがいが軽いときにはかすがいが結び付けられる罪の併合刑で処断するという見解。これに対しては，科刑上一罪でありながら併合加重の余地をみとめる点に疑問があるとされている。②住居に侵入してA・B・Cを殺害したばあいに，住居侵入とAの殺害とを牽連犯とし，これとB・Cの殺害とを併合罪とする見解。これに対しては住居侵入とB・Cの殺害との牽連関係を無視しているとの批判が加えられている。③住居侵入と3個の殺人とをそれぞれ牽連犯とし，3つの牽連犯の併合関係をみとめる見解。これに対しては，住居侵入罪を三重に評価している点に疑問があるとされている。④A・B・Cに対するそれぞれの殺人の併合罪と住居侵入罪が科刑上一罪になるという見解。これに対してはこのような罪数処理を現行刑法はみとめていないのではないかとの疑問が提起されている。

　かすがい現象をみとめる判例・通説に対しては，次のような批判がある。すなわち，①戸外で3人殺せば併合罪であるのに，住居侵入を犯しさらに3人殺すと牽連関係がみとめられて科刑上一罪だというのは，妥当な処断といえない，②住居侵入を「呑（の）んで」起訴しなければ併合罪とし得るが，そのような運用は健全でない，③一事不再理の効力が及ぶ範囲が広がりすぎる，と批判されているのである。このうち②③は併合罪ではなく科刑上一罪として処理することに伴う不当性であるから，問題は①に帰着することになる。

　たしかに，かすがい現象をみとめると刑が軽くなって不当な結果をもたらすばあいが生じ得るが，しかし，現行法の解釈論としてはこれをみとめるほかはないであろう。すなわち，かすがい現象を肯定したうえで，量刑において具体的妥当性を追求すべきなのである。そして，実際上，刑法典の定める法定刑の幅が大きいことと，裁判所による量刑が一般的に法定刑の下限に近いところでおこなわれていることによって，具体的な不都合は回避されているといえる。

2 刑罰論

(1) 刑罰論における基本観念

　刑罰の種類と内容については，すでに第1章において述べたので，ここでは刑罰論の基礎について説明する。

(i) 応報刑主義・贖罪刑主義と目的刑主義・教育刑主義

　「応報刑主義」とは，犯人に対して刑罰を科するのは，応報の原理に基づくものであり，犯罪という害悪に対する反動として国家によって科せられる害悪が刑罰であると解する立場をいう。応報刑主義の中で，とくに過去の犯罪に対する贖罪を重視する立場を「贖罪刑主義」という。

　「目的刑主義」とは，刑罰を科するのは一定の他の目的，すなわち，社会の保護・防衛の目的を達成するためであると解する立場をいい，「保護刑主義」または「社会防衛論」とも称される。刑罰による社会防衛の目的は，犯人を教育し，これを善良な社会人として社会に復帰させることによって達成されるという見地から，刑罰の目的は犯人の教育・改善にあるとする「教育刑主義」・「改善刑主義」が導き出される。

(ii) 絶対主義，相対主義，併合主義および分配主義

　「絶対主義」とは，応報刑主義を前提とし，応報としての刑罰自体に，それに伴なう個々の目的，たとえば，威嚇とか改善とかを超えた絶対的意義をみとめる立場をいう。「相対主義」とは，刑罰にその個々の現実的目的，とくに将来に対する犯罪の予防の手段としての意義だけをみとめる立場をいう。

　絶対主義は，刑罰権の法的根拠を正義の要求，または，道義的必然性に求め，「犯罪があるから罰せられる」と主張し，相対主義は，刑罰の根拠を有用性ないし合目的性に求め，「犯罪を犯さないために罰せられる」と主張する。近代においては，古典学派のカント，ヘーゲル，ビンディングらの見解が前者を代表し，近代学派のリストやフェリーらの見解が後者を代表した。

208　第 10 章　罪数論および刑罰論

　もっとも，古典学派の学者が，つねに絶対主義の立場に立つわけではなく，たとえば，フォイエルバッハは，心理的強制による犯罪の予防を説いた点において，相対主義の立場に立ったのであり，19 世紀の中期以後の古典学派に属する学者は，ほとんどが相対主義的立場を承認していたのである。

　「併合主義」とは，このような絶対主義および相対主義の主張を併合し，刑罰の法的根拠を，正義および合目的性にあるとする立場をいう。これは，「犯罪があるから，そして犯罪を犯さないために罰せられる」と説く。

　「分配主義」とは，絶対主義や相対主義のように，刑罰の理念を，正義または合目的性のいずれかに統一して理解するのでなく，刑罰の発展段階に応じて，数種の異なった理念をみとめる立場をいう。たとえば，M・E・マイヤーは，刑罰を，立法者，裁判官および刑務官の各国家機関との関係において，「刑罰の法定」，「刑罰の量定」および「刑罰の執行」の 3 段階に区分し，各段階の刑罰の指導理念は，それぞれ，「応報」，「法の確証」および「目的刑」であって，その間に一貫した刑罰の目的を見出すことはできないとしたのである。

(iii)　一般予防主義と特別予防主義

　これは，「相対主義」の内部における対立である。「一般予防主義」とは，犯人に刑罰を科することによって一般社会人を威嚇・警戒し，その将来における犯罪を予防しようとする立場をいい，さらに「刑罰の予告」による一般予防主義と「刑罰の執行」による一般予防主義とに分かれる。フォイエルバッハの心理的強制説が前者であり，イタリアのフィラジェリの刑罰執行による威嚇主義が後者である。しかし，残虐な刑罰を執行して一般人を威嚇することは，今日の文化に適合しない（憲法 36 条参照）。

　「特別予防主義」とは，刑罰を科することによって，その犯人自身が将来再び犯罪をおこなうに至ることを予防しようとする立場をいう。これは，19 世紀のはじめ，フォイエルバッハの一般予防主義に対抗してグロールマンによって主張された見解や，その後，リストらの近代学派の刑法学者が採用した見解において，展開されている。前者は，犯人の威嚇を重視し，後者は，

犯人の改善を重視している。なお，「併合主義」においては，刑罰の目的として，このような一般予防と特別予防とを併せ考えるのが通常であり，また，「分配主義」においては，少なくとも刑罰の段階においては一般予防主義，その執行の段階にあっては特別予防主義がみとめられている。

(iv) 死刑存廃論

(a) 存廃論の沿革

啓蒙時代における死刑廃止論の代表者は，ベッカリーアである。彼は，死刑は社会契約の本旨にもとるので，国家の正常の状態においては廃止されるべきものであり，死刑の威嚇力は終身の自由刑に劣るし，死刑は残酷な行為の手本を与え社会的に有害である旨を主張した。その後の死刑廃止論の代表者は，リープマンである。

これに対して，啓蒙時代における死刑存置論の代表的主張者は，グローティウス，プーフェンドルフ，モンテスキュー，ルソー，カント，ヘーゲルらである。その後の主張者としては，カールがいる。存置論者は，人を殺した者がその生命を奪われねばならないことは一般人の法確信であること，死刑に威嚇力があること，死刑を廃止すると警察官・刑務官・一般人はつねに凶悪犯人による生命の危険にさらされること，極悪な人物は死刑によって社会から完全に隔離されるべきこと，などを根拠にして死刑の存置を主張したのである。

(b) 現在のわが国における死刑存廃論

わが国における死刑存廃論の主たる論点は，①国家は犯罪者の生命を奪う権限をみとめられているか（法哲学的論点），②死刑に一般予防機能があるか（刑事政策的論点），③死刑は憲法36条にいう「残虐な刑罰」にあたるか（憲法的論点），④誤判の可能性がある以上，取返しのきかない死刑を宣告することは適正手続きに反しないか（適正手続き的論点）に集約されている。

(c) 死刑存置論

存置論は，次のように主張して死刑の存続をみとめる。すなわち，①法哲学的論点に関しては，殺人犯など凶悪な犯罪者に対しては，死刑をもって臨

むべきであるということが，国民の道義的・法的確信ないし国民感情になっているとする。②刑事政策的論点に関しては，死刑には威嚇力があり，凶悪な犯罪から社会を防衛し法秩序を維持するためには，その威嚇力に期待しなければならないとする。③憲法的論点に関しては，執行方法が適切であるから「残虐な刑罰」にあたらないとする。④適正手続き的論点に関しては，刑事裁判制度論とは別個の問題であり，犯行が明々白々の犯人に対しても死刑をみとめないのか否か，が問題であるとし，さらに，極悪な犯罪者は生命剥奪によって社会から完全に隔離する必要がある（特別予防的観点）とする。近年においては，死刑の威嚇力ないし犯罪防止効果を強調して死刑を不可欠の刑罰として存置すべきであるとする見解は少数になり，国民感情を根拠にした死刑廃止尚早論が有力となっている。

(d) 死刑廃止論

死刑廃止論は，上記の論点の全部または一部を肯定して，死刑を刑罰制度から除去すべきであるとする。すなわち，①法哲学的論点に関しては，国が，一方において生命の絶対的価値を前提として殺人行為を犯罪としておきながら，他方において犯人の生命を剥奪するのは矛盾であるとする。②刑事政策的論点に関しては，死刑に威嚇力があるか否か，は不明であり，少なくとも「疑わしきは使わず」とする態度をとるべきであるとする。③憲法的論点に関しては，現在の文明に照らして死刑が残虐な刑罰にあたることは明らかであるとする。④適正手続き的論点に関しては，死刑は，ひとたび執行されれば事態を回復することができず，裁判に誤判の可能性がある以上，死刑の判決を言い渡すことは適正手続きに反するとする。

(e) 検 討

刑罰の理念は犯罪者の教育による「再社会化」であるとする見地からは，死刑は，刑罰による教育を根本から否定するものであるから，とうてい是認できないことになる。その意味において，死刑廃止論の論拠に賛成すべき点が多い。国民感情を基礎とする存置論にも「民主主義」の見地からは傾聴すべきものがあるが，「自由主義」の見地からは，やはり疑問が残るのである。死刑は，人間の存在の根源に関わる問題であるだけに，人道主義を振りかざ

して反対者を論難する態度を捨てて，冷静に議論を深めて廃止の方向へ進むことが望ましい。

　刑罰の歴史をみると，文明化とともに死刑が次第に制限されてきたことが歴然としている。すでに廃止している国も少なくない。1989年12月15日に国連総会においていわゆる「死刑廃止条約」が採択されているので，これを重視すべきであろう。

　このような歴史の潮流にかんがみると，将来，死刑は世界各国において廃止されるであろうと予測される。死刑が存在するわが国においても，死刑の執行が少ない状況からみて，死刑の存在意義は乏しくなっている。

　また，存置論が理由とする死刑の犯罪抑止力も，死刑を存置すべき積極的根拠にはなり得ない。すなわち，死刑の威嚇力については，死刑に特有の威嚇力が論証されないかぎり，犯罪抑止上，正当化されないが，その論証は不可能であると解される。危険な犯罪者を死刑に処してしまえば，その再犯の可能性を完全に消滅させることができるから，特別予防の効果は明らかであるが，再犯の可能性を消滅させる方法は他にもあり得るので，死刑が唯一絶対のものというわけではないのである。わが国においても，いずれ死刑は廃止される運命にあるといえる。

　(f)　**判例の立場**

　①**死刑の合憲性**　最高裁の判例は，死刑が「残虐な刑罰」にあたり違憲である（憲法36条違反）とする主張に対して，「刑罰としての死刑そのものが，一般に直ちに同条にいわゆる残虐な刑罰に該当するとは考えられない。ただ死刑といえども，他の刑罰の場合におけると同様に，その執行の方法等がその時代と環境とにおいて人道上の見地から一般に残虐性を有するものと認められる場合には，勿論これを残虐な刑罰といわねばならぬから，将来若し死刑について火あぶり，はりつけ，さらし首，釜ゆでの刑のごとき残虐な執行方法を定める法律が制定されたとするならば，その法律こそは，まさに憲法第三十六条に違反するものというべきである」と判示して（最〔大〕判昭23・3・12刑集2巻3号191頁），合憲説の立場に立つことを明らかにしている。

　②**死刑を選択する基準**　死刑を選択する基準に関して，最高裁の判例は，

212　第 10 章　罪数論および刑罰論

「死刑制度を存置する現行法制の下では，犯行の罪質，動機，態様ことに殺害の手段方法の執拗性・残虐性，結果の重大性ことに殺害された被害者の数，遺族の被害感情，社会的影響，犯人の年齢，前科，犯行後の情状等各般の情状を併せ考察したとき，その罪責が誠に重大であつて，罪刑の均衡の見地からも一般予防の見地からも極刑がやむをえないと認められる場合には，死刑の選択も許されるものといわなければならない」と判示している（最判昭58・7・8刑集37巻6号609頁）。このような基準に照らしても実際に死刑が適用される犯罪としては，強盗殺人・致死罪（240条）が最も多く，殺人罪（199条）がこれに次ぐ状況にある。

⒱　自由刑の問題
⒜　懲役と禁錮の区別の廃止（拘禁刑）

　刑法は，懲役と禁錮とを区別し，原則として破廉恥罪には前者を，非破廉恥罪には後者をそれぞれ科するものとされていた。しかし，令和 4 年〔2022年〕6 月 13 日の「刑法等の一部を改正する法律」（令和4年法律第67号）により，この区別が廃止され，「拘禁刑」が創設されるという改正が行われた。「拘禁刑に処せられた者には，改善更生を図るため，必要な作業を行わせ，又は必要な指導を行うことができる」（改正法12条3項）ことになった。

　受刑者に対する矯正処遇の柱は，従来から，作業（刑務作業）と指導（改善指導や教科指導）であるが，懲役受刑者に対しては，刑法上，作業が刑罰として義務づけられていたのに対して，指導は，刑事収容施設法に定めがあるものの，刑法には定めがなかった。そのため，指導により多くの時間を割く必要がある受刑者に対しても，作業が義務づけられているので，十分な指導の時間を確保できない事態が生じていた。一方，禁錮受刑者には，犯した罪が強い非難を伴わない非破廉恥犯であることを示す趣旨で，作業を義務づけない刑と考えられてきたものであり，悪質性の低い過失犯に適用されていた。そのため，犯罪を破廉恥犯と非破廉恥犯に分けることや作業の義務づけを苦痛の付与と位置づけ犯罪の非難の程度に結びつけることの合理性には疑問があった。そこで，拘禁刑では，作業と指導の目的をいずれも改善更生と位置

づけ，両者を受刑者の特性に応じて，柔軟に組み合わせて実施すべきものであることを刑法上明確にする改正が行われた。

⒝　短期自由刑の弊害

刑期の短い自由刑を「短期自由刑」という。短期自由刑のばあい，受刑者を改善するためには短かすぎ，かえって刑務所内で悪影響をうけるという弊害が生ずるとされる。これは，刑罰の教育的効果の観点から検討されなければならない課題である。

短期自由刑における「短期」の意義に関して，少なくとも6月以上なければ矯正効果はあがらないとする見地から，宣告刑を基準として6月未満の自由刑を短期自由刑と解するのが妥当であるとされている（通説）。

⑵　刑罰権発生のための条件—処罰条件

犯罪が成立すると，原則としてただちに刑罰権が発生する。しかし，その例外として，犯罪が成立しても，これに対する刑罰権の発生が他の事由に条件づけられているばあいがある。「客観的処罰条件」が，これにあたる。

犯罪は成立しているが，刑罰権の発生を妨げる事由を「処罰阻却事由」という。

⑶　刑の適用

⑴　法定刑および刑の加重・減軽

「法定刑」とは，刑罰法規の各本条において規定されている刑罰をいう。なお，法定刑に対し，法律上および裁判上の加重減軽を施したものを「処断刑」といい，処断刑の範囲内で具体的に刑を量定し，これを宣告したものを「宣告刑」という。

⒜　刑の軽重

主刑の軽重は9条に規定された刑の順序とし，その他の標準についても10条に定めている。

⒝　刑の加重・吸収・併科

刑の加重については累犯（57条）および併合罪（47条）において規定し，併

214　第 10 章　罪数論および刑罰論

合罪にあっては死刑および無期の拘禁刑は吸収主義により（46 条），罰金・拘留・科料および没収は併科主義による（48 条・49 条・53 条）。

　(c)　刑の減軽

　法律上のものと裁判上のもの（酌量減軽）（66 条・67 条）とがあり，法律上の減軽は，法律上当然のもの（「必要的減軽」）と裁判上任意のもの（「任意的減軽」または「裁量的減軽」）とがある。また，法律上の減軽には，犯罪一般に共通な一般減軽事由（たとえば，36 条 2 項・37 条 1 項ただし書き・39 条 2 項・40 条・38 条 3 項・63 条・42 条・43 条など）と特定の犯罪にだけみとめられた特別減軽事由（170 条・173 条）とがある。

　(ii)　刑の免除

　被告事件について犯罪の証明があったばあい，刑の免除事由があるとき，刑の免除の判決が言い渡される（刑訴 333 条・刑訴 334 条）。これは有罪判決の一種である。刑の免除は，法律上なされ，法律上当然のものと裁判上任意のものとがあり，一般免除事由（たとえば，36 条 2 項・37 条 1 項ただし書き・43 条ただし書きなど）と特別免除事由（80 条・93 条）に分かれる。

　法律上は刑の免除と規定しているばあいでも，人的処罰阻却事由を意味するばあい（105 条・244 条 1 項前段・257 条 1 項）と刑の免除を意味するときとがある。刑の免除は，刑の執行の免除（5 条ただし書き・31 条）と区別されなければならない。

　(4)　加減例

　「加減例」とは，刑を加重・減軽する方法および順序を定めた規定をいう。刑法は，68 条から 72 条においてこれを定めている。

　(i)　減軽の方法

　減軽方法の原則形態は，次のとおりである。

　　①死刑──→無期の拘禁刑または 10 年以上の拘禁刑

　　②無期の拘禁刑──→7 年以上の拘禁刑

③有期の拘禁刑──→長期および短期の2分の1減

④罰金──→多額および寡額の2分の1減

⑤拘留──→長期の2分の1減

⑥科料──→多額の2分の1減

(ii) 加減の順序

加減の順序は，次のとおりである。

同時に刑を加重し，または減軽するばあいには，①再犯加重，②法律上の減軽，③併合罪の加重，④酌量減軽の順序による。

(iii) 宣告刑の量定

宣告刑の量定の基準については，刑法はとくに規定していないが，起訴便宜主義に関する刑事訴訟法の規定（刑訴248条）が参考になる。

なお，改正刑法草案48条2項は，量刑に際して，①犯人の年齢，性格，経歴，環境等，犯人に関する情状，②犯罪の動機，方法，結果および社会的影響等，犯罪に関する情状，③犯罪後における犯人の態度等，犯罪後の情状が考慮されるべきである旨を規定している（刑訴248条〔起訴便宜主義〕参照）。

(5) 刑の執行

「刑の執行」とは，宣告された刑を実現することをいう。刑の言渡しの裁判の確定によって，現実的刑罰法律関係が生ずる。

刑の執行に関する法律関係には，①刑事訴訟法的関係と矯正法的関係との両面がある。すなわち，①確定した刑の言渡しの裁判は，刑事訴訟法（刑訴471条以下）に規定される手続きに従って執行されるが，刑の執行を担当する国家機関と受刑者との関係が，刑事訴訟法的関係である。②とくに自由刑に関しては，刑の執行を介して，受刑者の改善・教育がはかられるが，その手続きは，行刑や矯正関係の法令，たとえば，「刑事収容施設及び被収容者等の処遇に関する法律」や「更生保護法」などに規定されている。受刑者と自由刑の執行機関との間に生ずる関係が，矯正法的関係である。

(6) 刑の執行猶予

(i) 意　義

「刑の執行猶予」とは，刑の言渡しにあたって，情状によって必ずしも刑の現実的な執行を必要としないばあいに，一定期間，その執行を猶予し，猶予期間を無事に経過したときは刑の言渡しの効力を失わせ，刑の言渡しがなかったのと同様の効果を生じさせる制度をいう。

(ii) 執行猶予の要件

25条は，裁判所は，①初度の刑の言渡しをうける者に対するばあい（1項），②再度の刑の言渡しをうける者に対するばあい（2項）において，同条に掲げる要件が存在するときは，刑の言渡しと同時に判決をもって刑の執行猶予の言渡しをすることができる旨規定していた。執行猶予の要件に関して，令和4年〔2022年〕の「刑法等の一部を改正する法律」（令和4年法律67号）により，制限が緩和された。すなわち，①再度の執行猶予の言渡しが可能な宣告刑の上限が1年から2年に引き上げられ，また，②初度の執行猶予による保護観察中の再犯についても再度の執行猶予が可能となった。これらの改正は，執行猶予中に再犯に及んだ者に対する処分の選択肢を広げ，改善更生と再犯防止のためより適切な処遇をおこないやすくすることを目的とするとされている。

(iii) 執行猶予の効果

刑の執行猶予の言渡しを取り消されることなく猶予の期間を経過したときは，刑の言渡しは，効力を失う（27条）。

(iv) 執行猶予の取消し

猶予期間中に一定の事由が発生すると執行猶予は取り消される。

(a) 必要的取消し

刑の執行を猶予された者について，猶予期間中に一定の事由があるときは，裁判所は必要的に決定で執行猶予の言渡しを取り消さなければならない

（26 条）。

(b) 裁量的取消し

一定の事由があるときは，裁判所は任意的に執行猶予の言渡しを取り消すことができる（26 条の 2）。

執行猶予取消し制度は，執行猶予取消しの可能性に基づく心理強制が再犯防止効果を生ずることを期待した制度であると解される。ところで，猶予期間内に再犯に及んでも，判決が確定する前に猶予期間が経過してしまえば，執行猶予の取消しが不可能となる。そうすると，猶予期間の満了が近づくにつれて，再犯から判決確定までのタイムラグが存在するため，猶予取消しとはならないことが期待できる状態となるので，上記の心理強制による再犯防止効果が弱まってしまうことになる。そこで，「刑法等の一部を改正する法律」（令和 4 年法律 67 号）により，再犯予防効果が弱まることを回避するため，猶予期間内の再犯により有罪判決をうけた者について，期間内に公訴の提起がなされたばあいには，判決確定が期間経過後となったとしても，「猶予期間内の再犯」を理由に期間経過後に執行猶予を取り消せる仕組みが導入されたのである。

(v) 刑の一部執行猶予

「刑の一部執行猶予」制度が，「刑の一部を改正する法律」（平成 25 年法律 49 号）によって導入されている。刑の一部の執行猶予制度の内容は，立法提案によれば，次のとおりである。すなわち，「現行の刑法の下では，懲役刑又は禁錮刑に処する場合，刑期全部の実刑を科すか，刑期全部の執行を猶予するかの選択肢しか」ないが，しかし，「まず刑のうち一定期間を執行して施設内処遇を行った上，残りの期間については執行を猶予し，相応の期間，執行猶予の取消しによる心理的強制の下で社会内において更生を促す社会内処遇を実施することが，その者の再犯防止・改善更生のためにより有用である場合があると考えられ」る。「他方，施設内処遇と社会的処遇とを連携させる現行の制度としては，仮釈放の制度があ」るが，「その社会内処遇の期間は服役した残りの期間に限られ，全体の刑期が短い場合には保護観察に付することの

218　第10章　罪数論および刑罰論

できる期間が限定されることから，社会内処遇の実を十分に挙げることができない場合があるのではないかという指摘がなされている」。そこで，「刑法を改正して，いわゆる『初入者』，すなわち，刑務所に服役したことがない者，あるいは刑務所に服役したことがあっても出所後五年以上経過した者が三年以下の懲役又は禁錮の言渡しを受ける場合，判決において，その刑の一部の執行を猶予することができることとし，その猶予の期間中，必要に応じて保護観察に付することを可能とすることにより，その者の再犯防止及び改善更生を図ろうとするもの」であるとされる。そして，「この刑の一部の執行猶予制度は，刑の言渡しについて新たな選択肢を設けるものであって，犯罪をした者の刑事責任に見合った量刑を行うことには変わりがなく，従来より刑を重くし，あるいは軽くするもの」ではないとされている。

⑺　刑罰の消滅

⒤　意　義

「刑罰の消滅」とは，具体的な犯罪の成立に基づいて発生した個別的刑罰権が一定の事由によって消滅することをいう。このような事由は「刑罰消滅事由」と称される。刑罰消滅事由は，いったん発生した刑罰権を消滅させる点において，当初から刑罰権を発生させない「処罰阻却事由」とはその性質を異にする。

ⅱ　刑罰消滅事由の種類

刑罰消滅事由には，「観念的刑罰権」を消滅させるものと「現実的刑罰権」を消滅させるものとがあり，後者については，刑罰執行権を消滅させるものと刑の言渡しの効力自体を喪失させるものとが区別される。刑罰消滅事由の主なものとして，①犯人の死亡・法人たる犯人の消滅，②恩赦，③時効，④刑の執行の終了，⑤仮釈放期間の満了，⑥刑の執行猶予期間の満了，⑦刑の消滅（復権）がある。①ないし③は，裁判確定前においては，観念的刑罰権の消滅にかかわり，裁判確定後にあっては，現実的刑罰権の消滅にかかわる。

(8) 保安処分

(i) 意　義

「保安処分」とは，行為者の危険性に着眼し，それに対して社会的保全をはかるとともに，合わせて本人の改善・治療などを目的とする刑法上の法効果をいう。

　刑罰と保安処分の関係に関する立法主義として，次のような3種類がある。刑罰のほかに保安処分を刑法上の法効果とする主義（「二元主義」），刑罰だけを刑法上の法効果とする主義（「刑罰一元主義」），保安処分のみを法効果とする主義（「保安処分一元主義」）がある。

(ii) 保安処分の種類

　保安処分は，次の2種類がある。

(a) 自由剥奪を伴う保安処分

　社会的に危険な性格を有する者を一定の場所に収容して社会保全の利益をはかるものである（「狭義の保安処分」）。刑法はこの種の保安処分をみとめていない。

(b) 自由剥奪を伴わない保安処分

　対人的処分として自由を剥奪せず，自由の制限にとどめるものがある。これは，広義の保安処分に含まれる。保護観察（25条の2，少年24条，更生保護48条），更生緊急保護（更生保護85条）などが，これに当たる。

　対物的処分は，最広義の保安処分に含まれる。

事項索引

い

意思決定機能 …… 33, 34, 88
一部実行の全部責任
　…… 159, 169, 178, 179, 182
一部責任能力 ………… 127
1個の行為 … 193, 194, 195,
　199, 200, 201
一身的刑罰阻却事由 …… 189
一般的主観的違法要素
　………………… 89, 94
一般的正当行為 …… 97, 98
一般予防主義
　………… 57, 60, 208, 209
一般予防的機能 ……… 35
違法共犯説 …………… 174
違法性 …… 6, 47, 50, 51, 54,
　55, 64, 77, 80, 87, 88, 90,
　91, 92, 94, 95, 96, 98, 99,
　100, 104, 105, 107, 108,
　109, 110, 113, 117, 119,
　171, 172, 187, 191, 195
　——の錯誤 …… 109, 110,
　114, 131, 132, 133
　——の認識 ……… 56, 111,
　117, 131, 132, 133,
　134, 135, 136, 139
　——の認識不要説
　…………………… 133, 134
違法性減少説
　………… 153, 156, 157, 158
違法性推定機能 ……… 95
違法性阻却一元説 …… 105
違法性阻却事由 …… 6, 26, 64,
　94, 95, 96, 97, 98,
　99, 106, 107
　——の事実的前提に関す
　る錯誤 …… 107, 108, 133
　——の種類 ………… 96
違法性における事後判断と
　事前判断 ………… 90
違法・有責類型説 … 64, 77
違法類型説 ………… 64, 77

因果関係論

　………… 70, 71, 75, 166

お

応報刑主義 …………… 207
横領罪 ……… 188, 193, 204

か

概括的故意 …………… 78
外国判決の効力 ……… 44
拡張解釈 …… 4, 25, 26, 39
拡張的正犯概念
　………… 165, 166, 167
科刑上一罪 ……… 191, 192,
　194, 195, 204, 205, 206
　——における「かすがい
　現象」………… 204
加減的身分 ……… 185, 188
加減の順序 ………… 215
加減例 ……………… 214
加重主義 …………… 197
かすがい現象
　………… 204, 205, 206
過度の広汎性の理論
　…………………… 30, 31
可罰的違法性の理論
　…………………… 90, 91, 138
可罰的責任の理論 …… 117
科料 …… 8, 10, 14, 15, 213,
　214, 215
完結した構成要件 …… 64
慣習刑法の排斥 ……… 20
間接正犯 … 129, 130, 150,
　151, 167, 168, 172,
　173, 178, 179
　——と教唆犯の相違
　…………………… 168
間接正犯類似説
　………… 177, 178, 179
間接正犯類推説 …… 129
観念的競合 ……… 192, 195,
　200, 201, 204, 205

き

　——における行為の1個
　性 ……………… 199
　——の成立範囲 …… 200

基準的な行為 ……… 80, 81
規制的機能 …………… 33
期待可能性 ……… 56, 121,
　127, 136, 137, 138,
　139, 140, 141, 176
　——の有無の判断基準
　…………………… 139
　——の錯誤 ……… 141
　——の体系上の位置づけ
　…………………… 138
　——の理論
　…………………… 136, 137
規範的責任論
　…… 115, 121, 122, 137, 155
　——の妥当性 ……… 121
義務犯 ………………… 185
客体の不能 …………… 162
客観説 …… 74, 130, 144, 145,
　146, 156, 157, 165,
　166, 202, 203
客観的違法性説 …… 34, 87,
　88, 144, 161, 163, 174
客観的帰属の理論 …… 75
客観的帰属論 ……… 75, 76
客観的処罰条件 …… 56, 213
旧刑法 ………………… 7, 8
吸収関係 …………… 193
吸収主義 ……… 197, 214
急迫性 ……… 101, 102, 108
急迫不正の侵害
　…… 46, 101, 102, 103, 108
狭義の共犯 ……… 165, 167,
　170, 171, 172, 183
共同正犯からの離脱 … 182
共同正犯関係からの離脱
　………… 181, 183
共同正犯の中止未遂 … 159

222 事項索引

共犯 …… 6, 46, 165, 166, 167, 168, 169, 170, 172, 177, 178, 182, 186, 187, 188, 189
——の従属性 ……… 170
——の処罰根拠 ……… 173, 174, 184
共犯関係からの離脱 …… 182
共犯従属性説 ……… 170, 171, 172
——の妥当性 ……… 170
共犯独立性説 ……… 170
共謀関係からの離脱 ……… 181, 182
共謀共同正犯 …… 176, 177, 178, 179, 181
業務上過失と刑の加重 ……… 82
業務上の過失 ……… 82
極端従属形式 …… 171, 173
緊急行為 ……… 96, 97
緊急避難の法的性格 …… 105
禁錮 …… 8, 14, 15, 212, 218
——刑 ……… 10, 217
近代学派 …… 57, 59, 60, 61, 114, 123, 207, 208

く

偶然防衛 ……… 103, 104
——の法的効果 ……… 104
具体的危険 …… 144, 146, 147
——説 …… 143, 161, 162, 163, 164
区別説 ……… 84

け

傾向犯 ……… 92, 93
形式説 …… 166, 167, 168, 175
形式的意義における刑法 ……… 5
形式的客観説 ……… 145
刑事政策説 ……… 153, 154
刑事未成年 ……… 124, 126
継続犯 ……… 65, 194
刑の一部執行猶予 …… 217

刑の減軽 ……… 152, 158, 186, 214
刑の執行 …… 22, 38, 45, 123, 215
刑の執行猶予 ……… 9, 216
刑の適用 ……… 213
刑の変更 ……… 39, 40
刑の免除 ……… 189, 214
刑の免除または減軽 …… 154
刑罰権 …… 13, 21, 56, 58, 213, 218
——の濫用 ……… 28, 37
刑罰消滅事由の種類 …… 218
刑罰阻却的身分 ……… 189
刑罰の意義 ……… 13
刑罰の種類 ……… 11, 13, 14, 22, 207
刑罰の消滅 ……… 218
刑罰法規の明確性の理論 ……… 30
刑罰論 …… 1, 2, 113, 191, 207
刑法
——の意義 ……… 1
——の一部改正 ……… 8, 10, 43
——の解釈 ……… 3, 4
——の機能 ……… 33
——の謙抑主義 …… 35, 36
——の効力 ……… 38, 39
——の効力不遡及 …… 20, 23, 38, 39
——の時間的適用範囲 ……… 38, 40
——の種類 ……… 4
——の人的適用範囲 ……… 45
——の全面改正の動向 ……… 11
——の断片性 ……… 36
——の適用範囲 …… 38, 43
——の場所的適用範囲 ……… 41, 43, 44
——の場所的適用範囲と裁判権 ……… 43
——の倫理化 ……… 89

刑法解釈学 ……… 2, 3
刑法学 ……… 2, 3, 33, 48, 49, 51, 56, 58, 61
刑法学派の争い ……… 56
刑法典 …… 3, 5, 8, 9, 12, 54, 127, 171, 206
——の歴史 ……… 6
刑法典上の違法性阻却事由 ……… 97
結果発生の現実的危険 ……… 145, 149, 151
結果無価値論 ……… 88, 163
結合犯 ……… 149, 150, 180, 181, 202
血友病のケース …… 74
原因説 …… 71, 72, 166, 168
原因において自由な行為 …… 128, 129, 130, 131, 151
——の実行の着手 …… 151
厳格故意説 ……… 132
厳格責任説 ……… 110, 111, 132, 133
減軽の方法 ……… 214
現行刑法 …… 8, 10, 12, 123, 172, 195, 206
現実的危険 ……… 147
——と行為者の主観 147
現実的危険性 …… 146, 148, 151, 171
限時法 ……… 40
現代の刑法理論 ……… 61
限定責任能力 ……… 124, 130, 131
限定的主観説 ……… 156
謙抑主義 …… 35, 36, 37
牽連犯 ……… 192, 194, 195, 196, 202, 203, 204, 205, 206
——における「手段と結果」の関係 …… 202

こ

故意説 …… 131, 132, 134, 141
故意と過失の限界 …… 134
故意の種類 ……… 78
故意の対象 ……… 77

事項索引　223

故意の犯罪論体系上の位置
　づけ………………………77
行為規範
　………20, 24, 27, 76, 163
　――性………12, 20, 163
行為共同説…159, 168, 169,
　　　　　　　180, 181
行為責任論………………120
　――の妥当性…………120
行為と責任の同時存在の原
　則………………128, 129
行為無価値論………………88
行為論………53, 68, 69, 70
広義の共犯………165, 178
広義の行為説……………129
広義の行為説の妥当性
　………………………130
拘禁刑………8, 10, 14, 196,
　　　　　197, 212, 214
構成的身分………185, 189
　――犯…………………187
構成要件該当性……47, 50,
　　51, 53, 54, 55, 63,
　　64, 83, 84, 94, 99,
　　109, 113, 137, 152,
　　160, 171, 172, 191,
　　　　　　　　　　199
　――の判断……………53
構成要件的過失……70, 80,
　　　　　　　81, 109
構成要件的故意
　……70, 76, 77, 79, 107, 109
構成要件的有意行為論
　…………………70, 168
構成要件の種類…………64
構成要件の理論…………63
構成要件論の沿革………63
行動（制御）能力……124
拘留…8, 14, 15, 214, 215
国民以外の者の国外犯
　…………………10, 43
国家的刑罰権の発動
　…………………34, 37
誤想防衛………108, 109
誇張従属形式……171, 172

古典学派………57, 58, 59, 60,
　61, 114, 123, 207, 208
個別行為責任…………120
個別的客観説……146, 148
混合的方法………………124

　　　　さ

罪刑法定主義……4, 5, 6, 8,
　17, 18, 19, 20, 21, 23, 24,
　25, 27, 28, 29, 30, 39, 40,
　53, 55, 58, 83, 97
　――の思想的背景……18
　――の派生的原則
　………………4, 20, 38
最広義の共犯……………165
財産刑………………7, 15, 23
最小従属形式……………171
罪数決定の基準…………198
罪数論………1, 191, 195
作為義務の位置づけ……83
作為義務の発生根拠……84
作為との同価値性………83
錯誤による故意阻却……79
三元説………………50, 52
三権分立論…………………18

　　　　し

死刑……6, 7, 8, 14, 23, 209,
　210, 211, 212, 214
　――の合憲性…………211
　――を選択する基準
　………………………211
死刑存置論………………209
死刑存廃論………………209
死刑廃止論………209, 210
事後判断………90, 118
事実的故意……77, 107, 134
事実の錯誤説
　…………107, 108, 109
事前判断……103, 110, 111
実行行為性説
　…………165, 167, 168
実行の着手…129, 143, 144,
　145, 146, 147, 148, 149,
　150, 151, 158, 159, 201
　――に関する学説…144

実行の着手時期
　………129, 130, 144, 146,
　　　147, 149, 151
執行猶予の効果………216
執行猶予の取消し
　………………216, 217
執行猶予の要件………216
実質的意義における刑法
　…………………………5
実質的客観説
　………145, 146, 148, 149
実体的デュー・プロセスの
　理論……………………28
実体法………………5, 38
社会生活上必要な基準的行
　為………………………80
社会的行為論………68, 69
社会的責任論………59, 60,
　　114, 115, 118, 120
社会的相当性説……95, 96
写真コピー…………28, 29
自由意思と学派の争い
　………………………114
自由意思と規範的責任論
　………………………115
自由意思と責任………114
自由刑………6, 7, 14, 23, 66,
　209, 212, 213, 215
修正された惹起説………174
修正説……………………129
従属形式…………………171
従属性の程度……………171
集団犯と共犯規定………175
自由保障機能…33, 34, 37
主観的違法性説……34, 87
主観的違法要素……52, 91,
　92, 94, 147, 152, 153,
　154, 155, 156, 158
縮小解釈……………………4
主刑…………8, 14, 39, 213
主要部分合致説…………201
純粋惹起説………………174
傷害罪における被害者の承
　諾………………………99
消極的構成要件要素の理論
　………………………109

224　事項索引

消極的身分犯 …………… 188
承継的共同正犯 ………… 180
条件関係
　…… 71, 72, 73, 74, 75, 184
条件公式 ……………… 71, 73
条件説
　…… 71, 72, 73, 75, 166, 168
常習賭博罪 ……… 185, 188
状態犯 ………………………… 65
贖罪刑主義 ……………… 207
処罰条件 ………… 172, 213
処罰阻却事由
　…………… 45, 56, 213, 218
人格責任論
　…… 61, 120, 121, 132, 154
人格的行為説 …………… 69
新過失犯論 …………… 80, 81
新旧過失犯論争 ………… 80
真摯性 …………………… 157
心神耗弱者 ……… 124, 125
心神喪失者 ……… 124, 125
真正不作為犯 …… 82, 150
真正身分犯
　………… 65, 185, 186, 187
身体的動作説 …………… 68
人的処罰阻却事由
　…………… 45, 46, 56, 214
人的適用範囲 …………… 45
人的不法論 ……… 88, 89, 90,
　92, 103, 110, 118, 144,
　154, 159, 163, 174
人的不法論と物的不法論
　………… 88, 144, 161, 163
信頼の原則 …………… 81, 82
心理学的方法 …………… 124
心理的強制説
　………… 18, 19, 57, 208
心理的責任論 …… 121, 137

す

数人一罪 ………………… 168
数人数罪 ………………… 168

せ

性格責任論
　………… 60, 61, 115, 120

性格論的責任論 ……… 120
制限従属形式 …………… 171
制限的（限縮的）正犯概念
　…………………………… 166
制限的正犯概念
　…………… 165, 166, 167
制限的故意説 …… 132, 135
制限的責任説
　…………… 132, 133, 135
正当化事情の錯誤
　…………… 107, 108, 109,
　110, 111, 133
正当化事由 …… 26, 64, 94,
　95, 99, 108, 110, 111
　――の統一的原理 …… 95
正当防衛 …… 46, 54, 55, 97,
　101, 102, 103, 104,
　105, 108, 110
正犯と共犯の区別
　…………… 165, 167
生物学的方法 …………… 124
世界主義 ……………… 41, 42
責任 …… 23, 25, 28, 46, 47,
　49, 50, 51, 52, 53, 54, 55,
　56, 60, 61, 64, 67, 70, 80,
　81, 82, 87, 88, 91, 92,
　106, 110, 113, 114, 115,
　116, 117, 118, 119, 120,
　121, 122, 123, 125, 127,
　128, 129, 131, 132, 133,
　136, 137, 138, 139, 141,
　154, 155, 156, 157, 159,
　167, 168, 171, 172, 176,
　179, 180, 182, 184, 187,
　191, 195, 197
　――の意義 ………… 113
責任共犯説 ……………… 173
責任減少説
　…… 153, 155, 156, 157, 158
責任主義 ………… 28, 61, 67,
　113, 128, 129, 130
責任説
　…… 132, 133, 135, 136, 141
責任前提説 ……………… 127
責任阻却一元説 ……… 105

責任阻却事由 …… 26, 106,
　107, 117, 124, 139
責任能力 …… 6, 54, 56, 87,
　92, 117, 121, 123, 124,
　126, 127, 128, 129, 130,
　139, 141, 151
　――の意義 ………… 123
　――の位置づけ …… 127
　――の存在時期 …… 128
責任判断
　…… 114, 118, 119, 139, 141
責任無能力
　………… 117, 124, 128, 151
責任要素説 ……………… 127
積極的加害意思
　…………… 101, 102
絶対主義
　………… 57, 58, 207, 208
絶対的不確定刑の否定
　………………… 20, 21
絶対不能・相対不能説
　………………… 161, 162
是非弁別能力 …… 124, 126
宣告刑の量定 ………… 215

そ

相対主義
　………… 57, 58, 207, 208
相対的意思自由論
　…………… 117, 118, 120
相対的非決定論 …… 115, 116
相当因果関係説
　…… 71, 72, 73, 75, 76, 168
相当性の判断 …………… 74
促進公式 ………………… 184
属人主義 ……………… 41, 42
即成犯 ………………………… 65
属地主義 ……………… 41, 43

た

対向犯の処罰 …………… 175
対物防衛 ………… 104, 105
択一関係 ………………… 193
択一的競合 ………………… 73
択一的故意 ………………… 78
短期自由刑 ……………… 213

単純一罪
‥‥‥‥‥192, 193, 194, 198
単純数罪‥‥‥192, 197, 198

ち

秩序維持機能‥‥‥33, 34, 35
中止行為
‥‥153, 154, 155, 157, 158
──の真摯性‥‥‥‥157
中止犯‥‥‥‥‥‥‥152
中止未遂‥‥‥152, 153, 154,
　　　　155, 158, 159, 160
──の成立要件‥‥‥155
──の法的性格
　‥‥‥152, 153, 154, 156
懲役‥‥8, 14, 30, 212, 218
──刑‥‥‥‥10, 217
超法規的違法性阻却事由
‥‥‥‥‥‥‥‥‥96, 97

つ

追徴‥‥‥‥‥‥‥8, 15

と

統一的正犯概念‥‥‥165
道義的責任論‥‥‥59, 60,
　　114, 115, 118, 120,
　　121, 134, 153
時に関する効力‥‥‥38
独自の錯誤説‥‥‥108, 109
徳島市公安条例事件判決
‥‥‥‥‥‥‥‥‥‥30
特殊的主観的違法要素
‥‥‥‥‥‥‥‥91, 93
特別関係‥‥‥‥‥193
特別刑法‥‥‥‥5, 10
特別予防機能‥‥‥‥35
特別予防主義
‥‥‥‥‥‥60, 208, 209
閉じられた構成要件‥64
土地に関する効力‥‥41

に

二元説‥‥‥49, 52, 105, 106
二元的厳格責任説‥‥110,
　　　　　　　　　　111

二元的人的不法論
‥‥‥‥28, 88, 89, 90, 174
二分説‥‥‥105, 106, 107
任意性‥‥‥154, 155, 156
認容説‥‥‥‥‥‥78, 79

ね

練馬事件判決‥‥‥‥177

は

場所的適用範囲‥‥‥41
裸の行為論‥‥‥‥‥53
罰金‥‥‥6, 8, 10, 15, 30,
　　　　　　214, 215
犯罪共同説‥‥‥168, 180
犯罪後の法律による刑の変
　更と軽い刑法の適用
‥‥‥‥‥‥‥‥‥‥39
犯罪事実の表象・認容
‥‥‥‥‥‥76, 77, 139
犯罪の主体
‥‥‥‥49, 65, 123, 177
犯罪の定義‥‥‥‥‥54
犯罪類型の種類‥‥‥64
犯罪論‥‥‥1, 47, 49, 52, 53,
　　　54, 56, 61, 113
判例の不利益な変更‥‥38

ひ

被害者の承諾‥‥98, 99, 100
被害者の承諾の要件‥‥100
必要的共犯‥‥165, 174, 176
人に関する効力‥‥‥45
百円紙幣模造事件‥‥134
評価機能‥‥‥‥33, 34
表現犯‥‥‥‥‥‥‥93
開かれた構成要件‥‥‥64

ふ

ブーメラン現象‥‥‥109
付加刑‥‥‥‥14, 15, 39
附加刑‥‥‥‥‥‥6, 8
不作為犯
‥‥‥‥69, 82, 130, 150, 201
──における実行の着手
‥‥‥‥‥‥‥‥‥‥150

不作為犯論‥‥‥‥‥82
不真正不作為犯
‥‥‥‥‥‥‥82, 83, 150
不真正身分犯
‥‥‥65, 185, 186, 187, 188
物的不法論‥‥‥88, 89, 91,
　　　102, 104, 144,
　　　152, 155, 163
不能犯
‥‥143, 144, 160, 161, 162
──と未遂犯の区別
‥‥‥‥‥‥‥‥‥‥160
部分的責任能力‥‥‥127
フランクの公式‥‥‥156
分配主義‥‥‥207, 208, 209
文理解釈‥‥‥‥‥‥3

へ

併科主義‥‥‥197, 198, 214
平均人基準説‥‥‥140, 141
併合罪‥‥‥9, 192, 195, 196,
　　197, 198, 199, 200, 204,
　　205, 206, 213, 215
併合主義‥‥‥207, 208, 209

ほ

保安処分
‥‥‥‥5, 12, 60, 115, 219
防衛意思‥‥‥102, 103, 104
──の内容‥‥‥‥102
防衛意思必要説
‥‥‥‥‥102, 103, 104
防衛意思不要説
‥‥‥‥‥102, 103, 104
法益侵害犯‥‥‥‥‥185
法益保護機能‥‥‥48, 51
法益保護の機能‥‥‥34
包括一罪‥‥‥‥192, 194
包括的一罪‥‥‥‥‥194
法条競合‥‥‥192, 193, 194
幇助犯の因果関係
‥‥‥‥‥‥‥‥183, 184
法人の犯罪能力‥‥66, 67
法定刑‥‥‥3, 8, 9, 10, 14,
　　22, 28, 119, 174,
　　197, 206, 213

226 事項索引

法的責任の基礎 ………… 118
法的責任論 ……………… 118
法敵対性 …… 119, 135, 136,
　　　　　　　　155, 157, 158
方法の不能 ……………… 162
法律説 …………… 82, 153
保護主義 …………… 41, 42
補充関係 ………………… 193
補充を必要とする構成要件
　………………………… 64
保障人説 …………… 83, 84
保障人的地位 …………… 84
没収
　…… 6, 7, 8, 14, 15, 39, 214
本来的一罪
　……………… 191, 192, 195

み

未遂犯 ………… 94, 104, 129,
　　　　　143, 144, 152, 153,
　　　　　158, 160, 161, 162
　――の処罰根拠
　… 143, 144, 152, 160, 161
密接行為説 ……………… 148

未必的故意 ……………… 78
身分概念 …………… 185, 186
身分犯と共犯 …………… 185

め

明確性の原則 ………… 27, 32

も

目的説 ………… 95, 96, 99
目的的行為論 …… 61, 68, 69,
　　　　89, 94, 167, 168, 180
目的犯 …………… 92, 185, 186
目的論的解釈 ……………… 4

ゆ

有意行為論 ……… 68, 69, 70
優越的利益説
　………… 95, 96, 99, 107
優越的利益の原理 ……… 105
有責性
　………… 47, 55, 56, 77, 113

よ

予備の中止 ……………… 159

予備の中止未遂 ………… 158
四元説 …………… 50, 52, 53

り

立法者意思説 ……… 175, 176
両罰規定 …………… 66, 67

る

類推解釈
　………… 4, 25, 26, 28, 29
　――と拡張解釈の区別
　………………………… 25
　――の禁止 ……… 20, 25

ろ

65 条 1 項と 2 項の関係
　………………………… 187
論理解釈 ………………… 3, 4

わ

わいせつな行為 ………… 93

判例索引

大判明37・12・20刑録10輯2415頁 ……173
大判明43・10・11刑録16輯1620頁 ………91
大判明44・8・25刑録17輯1510頁 ……188
大判明44・10・12刑録17輯1672頁 ……162
大判大2・3・18刑録19輯353頁 ………188
大判大2・7・9刑録19輯771頁 ……184
大判大3・9・21刑録20輯1719頁 ……189
大判大4・2・16刑録21輯107頁 ……172
大判大6・7・5刑録23輯787頁 ……173
大判大6・9・10刑録23輯999頁 ……162
大判大12・7・12刑集2巻718頁 ……173
大判昭2・6・17刑集6巻208頁 ……162
大判昭6・1・19刑集10巻1頁 ……133
大判昭6・12・3刑集10巻682頁 ……124
大判昭6・12・21刑集10巻803頁 ………26
大判昭7・4・11刑集11巻349頁 ……204
大判昭8・10・10新聞3643号10頁 ……133
大判昭9・10・19刑集13巻1473頁 ……148
大判昭9・11・20刑集13巻1514頁 ……186
大判昭13・4・19刑集17巻336頁 ……157
大判昭14・7・19刑集18巻417頁 ……189
最〔大〕判昭23・3・12刑集2巻3号191頁
……………………………………211
最判昭23・4・17刑集2巻4号399頁 …148
最〔大〕判昭23・11・10刑集2巻12号1660
ノ1頁 ……………………………40
最判昭24・7・9刑集3巻8号1174頁
……………………………………156
最判昭24・7・12刑集3巻8号1237頁
……………………………………203
最判昭24・8・18刑集3巻9号1465頁
……………………………………101
最判昭24・9・1裁判集刑13号355頁 …39
最判昭25・8・31刑集4巻9号1593頁
……………………………………162
東京高判昭25・9・14高刑集3巻3号407
頁 ……………………………181
最判昭25・11・28刑集4巻12号2463頁
……………………………………134
最判昭27・9・19刑集6巻8号1083頁
……………………………………185
仙台高判昭27・9・27判特22号178頁 …173
最決昭29・1・20刑集8巻1号41頁 …159

最判昭29・5・27刑集8巻5号741頁 …205
東京高判昭29・6・16東高刑5巻6号236
頁 ……………………………162
東京高判昭29・12・27高刑集7巻12号
1785頁 …………………………148
最判昭31・12・11刑集10巻12号1605頁
……………………………………137
最決昭32・9・10刑集11巻9号2202頁
……………………………………156
最判昭32・11・19刑集11巻12号3073頁
……………………………………188
最判昭33・5・6刑集12巻7号1297頁
……………………………………205
最〔大〕判昭33・5・28刑集12巻8号
1718頁 …………………………177
最判昭33・7・10刑集12巻11号2471頁
……………………………………138
最判昭36・5・26刑集15巻5号871頁 …205
広島高判昭36・7・10高刑集14巻5号310
頁 ……………………………162
東京高判昭37・4・24高刑集15巻4号210
頁 ……………………………162
最決昭40・3・9刑集19巻2号69頁 …148
宇都宮地判昭40・12・9下刑集7巻12号
2189頁 …………………………151
最判昭41・12・20刑集20巻10号1212頁 …81
最決昭42・10・13刑集21巻8号1097頁 …81
最判昭43・12・24刑集22巻13号1625頁
……………………………………176
最〔大〕判昭44・6・18刑集23巻7号950頁
……………………………………203
最判昭45・1・29刑集24巻1号1頁 ……93
最決昭45・7・28刑集24巻7号585頁 …149
最〔大〕判昭49・5・29刑集28巻4号114頁
……………………………………199
最〔大〕判昭50・9・10刑集29巻8号489頁
…………………………………30
最判昭51・4・30刑集30巻3号453頁 …29
最決昭52・7・21刑集31巻4号747頁 …101
最決昭54・5・30刑集33巻4号324頁 …29
最決昭58・2・25刑集37巻1号1頁 ……29
最判昭58・7・8刑集37巻6号609頁 …212
最判昭58・9・21刑集37巻7号1070頁 …173

最決昭59・7・3刑集38巻8号2783頁
 ……………………………………125
最〔大〕判昭60・10・23刑集39巻6号413頁
 …………………………………………30
最決昭61・6・9刑集40巻4号269頁…80
最決昭62・7・16刑集41巻5号237頁…134
最決平元・6・26刑集43巻6号567頁…183
最決平2・2・9判時1341号157頁，判タ
 722号234頁…………………………77
長野地松本支判平14・4・10刑集57巻7
 号973頁………………………………76
最決平15・7・16刑集57巻7号950頁…76

最決平16・3・22刑集58巻3号187頁…149
最判平20・4・25刑集62巻5号1559頁
 ……………………………………125
最決平21・6・30刑集63巻5号475頁…183
東京高判平22・4・20東高刑61巻1〜12
 号70頁，判タ1371号251頁…………149
最決平29・4・26刑集71巻4号275頁…101
最〔大〕判平29・11・29刑集71巻9号467頁
 ………………………………………93
最決令4・2・14刑集76巻2号101頁…149
最判令4・6・9刑集76巻5号613頁…188

著者略歴

川端　博（かわばた ひろし）

昭和 19 年生まれ。昭和 42 年明治大学法学部卒業，司法修習修了，東京大学大学院法学政治学研究科修士課程修了。現在，明治大学名誉教授，法学博士。

［主要著書］

『刑法総論講義』，『刑法各論講義』，『刑事訴訟法講義』，『刑事法研究（論文集）』第 1 巻～第 23 巻（以上，成文堂），『文書偽造罪の理論』（立花書房）など。

明照博章（みょうしょう ひろあき）

昭和 44 年生まれ。平成 5 年明治大学法学部卒業，明治大学大学院博士後期課程単位取得退学。現在，松山大学法学部教授，博士（法学）（広島大学）。

［主要著書］

『正当防衛権の構造』，『積極的加害意思とその射程』，『薬物事犯における故意犯の成否』，『川端刑法学の歩み ―主客反照性の視角から―』［共編著］（以上，成文堂）。

今村暢好（いまむら のぶよし）

昭和 52 年生まれ。平成 12 年明治大学法学部卒業，明治大学大学院博士後期課程履修単位取得退学。現在，松山大学法学部教授。

［主要著書］

『行政刑法論序説』，『川端刑法学の歩み ―主客反照性の視角から―』［共編著］（以上，成文堂）。

刑法総論

2024 年 9 月 1 日　初版第 1 刷発行

	川　端		博
著　者	明　照	博	章
	今　村	暢	好
発行者	阿　部	成	一

〒169-0051　東京都新宿区西早稲田 1-9-38

発行所　　株式会社　成文堂

電話 03（3203）9201　Fax 03（3203）9206
http://www.seibundoh.co.jp

製版・印刷・製本　三報社印刷　　　　　　　検印省略

©2024　川端　博，明照博章，今村暢好　Printed in Japan
ISBN978-4-7923-5426-8 C3032

定価（本体 2400 円＋税）